行政办公管理
必备制度与表格范例

孙　超◎著

Administrative Management

北京联合出版公司
Beijing United Publishing Co.,Ltd.

图书在版编目（CIP）数据

行政办公管理必备制度与表格范例 / 孙超著. -- 北京：北京联合出版公司，2016.1（2023.3重印）

ISBN 978-7-5502-6465-6

Ⅰ.①行… Ⅱ.①孙… Ⅲ.①企业管理-行政管理 Ⅳ.①F272.9

中国版本图书馆CIP数据核字（2015）第252392号

行政办公管理必备制度与表格范例

项目策划 斯坦威图书 STW
作　　者 孙　超
责任编辑 夏应鹏
特约编辑 李　雯
封面设计 杜　帅

北京联合出版公司出版
（北京市西城区德外大街83号楼9层　100088）
河北鹏润印刷有限公司　新华书店经销
430千字　710毫米×1000毫米　1/16　20.75印张
2016年1月第1版　2023年3月第10次印刷
ISBN 978-7-5502-6465-6
定价：45.00元

前　言 PREFACE

企业行政管理是企业的中枢神经系统。它是以总经理为最高领导，由行政副总分工负责，由专门行政部门组织实施、操作的，其触角深入到企业各个部门和分支机构的方方面面，是一个完整的系统、网络。企业行政管理不仅担负着企业的管理工作，而且推动和保证着企业技术、生产、资金、经营、发展等的发展。可以说，一个企业要发展，要做大，就必须树立全新的发展理念，建立高效的行政办公管理体系，如此才能最大限度地发挥企业的人力、物力和财力优势，在激烈的市场竞争中立于不败之地。

企业行政办公管理是企业管理与行政管理相结合而产生的一个概念。企业行政办公管理既非一般的政府行政管理，也非企业管理，其含义是：企业行政系统为了企业的生存与发展而依靠一定的法律、制度、原则及方法，对企业进行职能性管理的总和。它更适用于企业管理，对于增强企业活力和提高企业效益具有重要意义。

《行政办公管理必备制度与表格范例》一书不是泛泛地讲解行政办公管理的整个体系，而是选取了行政办公管理中最实用、最核心的部分，即以行政办公管理最常见的六大内容——组织结构设计、岗位说明书、管理工作指导、行政经费管理、日常行政办公和行政公文写作为主线，以制度、表格、公文写作为内容，在实用性上下功夫，所有的制度、表格、公文范例都是“稍微修改一下便能用”，让你在没有“吃”透行政办公管理的情况下，也能轻松掌握这六大基础内容的实操方法。

为了更加方便大家阅读、使用，《行政办公管理必备制度与表格范例》一书在内容上更具特色：

1.融入微信“扫一扫”

《行政办公管理必备制度与表格范例》融入了微信“扫一扫”，打破了传统书籍受页数限制不能呈现太多内容的弊端，将书中所涉及到的所有制度与表格制成电子表格存放在云空间中，通过微信扫一扫便能轻松下载，可直接使用或稍微修改一下使用，非常方便，能大大提升工作效率。

2.管理制度与表格更加标准

《行政办公管理必备制度与表格范例》中，对行政办公管理中经常出现的制度、表格进行了标准化设计，更加规范、统一，方便大家理解、使用；同时将与每种制度紧密相关的表格放在相应的制度之后，增强了制度的针对性和可执行性，更加科学、标准，大大提升了实际执行的效果。

3.内容设计思路清晰

《行政办公管理必备制度与表格范例》专门对组织结构设计、岗位说明书、管理工作指导、行政经费管理、日常行政办公和行政公文写作这六大模块的内容进行设计，以制度、图表与范文的方式交互呈现，并采用双色排版，简洁明了。

总而言之，《行政办公管理必备制度与表格范例》力求将行政办公管理的实用、全面和新颖融为一体，做到更好、更方便，希望能够成为行政办公管理不可缺少的一本工具书，为大家提供全方位的行政办公管理工作指导与参考依据。

此外，《行政办公管理必备制度与表格范例》和《人力资源管理必备制度与表格范例》为同一个系列的表格类工具书，《人力资源管理必备制度与表格范例》已经出版，此后还会有更多相关的表格类工具书出版，欢迎大家随时关注。

孙 超

2015 年 12 月

目 录 CONTENTS

Chapter 1 行政组织结构设计 必须掌握的行政办公基础

- 大型企业行政组织结构设置图表
- 中小型企业行政组织结构设置图表
- 区域型行政组织结构设置图表
- 产品生产及服务型行政组织结构设置图表
- 业务流程行政组织结构设置图表
- 行政部组织结构设置图表
- 财务部组织结构设置图表
- 物控部总组织结构设置图表
- 物控部组织结构设置图表
- 成品仓辅助仓组织结构设置图表
- 售后服务部组织结构设置图表
- 品质部组织结构设置图表
- 采购部组织结构设置图表
- 销售部总组织结构设置图表
- 零售部组织结构设置图表
- 电子商务部组织结构设置图表
- 设计研发部组织结构设置图表
- 配件仓组织结构设置图表
- 生产车间组织结构设置图表

- 行政部门岗位说明书
- 行政总监岗位说明书
- 行政经理岗位说明书
- 行政主管岗位说明书
- 行政助理岗位说明书
- 行政秘书岗位说明书
- 总务后勤主管岗位说明书
- 公关主管岗位说明书
- 董事长岗位说明书
- 总经理岗位说明书
- 财务部经理岗位说明书
- 生产部经理岗位说明书
- 营销部经理岗位说明书
- 市场部经理岗位说明书
- 人力资源部经理岗位说明书
- 客户服务部经理岗位说明书
- 信息部经理岗位说明书
- 技术开发部经理岗位说明书
- 企业发展部经理岗位说明书
- 质保部经理岗位说明书
- 办公室主任岗位说明书
- 文秘科科长岗位说明书
- 董事长秘书岗位说明书
- 会计主管岗位说明书
- 会计核算科科长岗位说明书
- 供应科科长岗位说明书
- 计划统计科科长岗位说明书
- 生产科科长岗位说明书
- 设备科科长岗位说明书
- 质检科科长岗位说明书
- 质管科科长岗位说明书
- 储运科科长岗位说明书
- 总务科科长岗位说明书
- 保卫科科长岗位说明书
- 总机话务员岗位说明书
- 档案管理员岗位说明书
- 驾驶员岗位说明书
- 人事培训员岗位说明书
- 劳资员岗位说明书
- 仓储员岗位说明书
- 调度员岗位说明书
- 装卸工岗位说明书
- 市场调查员岗位说明书
- 业务管理员岗位说明书
- 会计档案员岗位说明书
- 出纳员岗位说明书
- 计检员岗位说明书
- 质检员岗位说明书
- 采购员岗位说明书

Chapter 4

行政经费管理　做好计划与预测

Chapter 6

行政公文写作 释放行政更大能量

- 行政公文处理规范
- 计划的写作要点汇总表
- 计划的写作范本
- 总结的写作要点汇总表
- 总结的写作范本
- 报告的写作要点汇总表
- 报告的写作范本
- 述职报告的写作要点汇总表
- 述职报告的写作范本
- 通知的写作要点汇总表
- 通知的写作范本
- 通报的写作要点汇总表
- 通报的写作范本
- 通告的写作要点汇总表
- 通告的写作范本
- 公告的写作要点汇总表
- 公告的写作范本
- 请示的写作要点汇总表
- 请示的写作范本
- 批复的写作要点汇总表
- 批复的写作范本
- 函的写作要点汇总表
- 函的写作范本
- 会议纪要的写作要点汇总表
- 会议纪要的写作范本
- 章程类文书的写作要点汇总表
- 章程类文书写作范本
- 制度的写作要点汇总表
- 制度的写作范本
- 规定的写作要点汇总表
- 规定的写作范本
- 细则的写作要点汇总表
- 细则的写作范本
- 办法的写作要点汇总表
- 办法的写作范本
- 请柬的写作要点汇总表
- 请柬的写作范本
- 聘书的写作要点与范本
- 聘书的写作范本
- 欢迎词的写作要点汇总表
- 欢迎词的写作范本
- 演讲稿的写作要点汇总表
- 演讲稿的写作范本
- 贺电的写作要点汇总表
- 贺电的写作范本
- 贺信的写作要点汇总表
- 贺信的写作范本

——致小小格子间里的英雄梦想

Des

行政组织结构设计

必须掌握的行政办公基础

ign

行政组织结构是构成行政组织各要素的配合和排列组合方式，对其进行设计是组织管理者根据组织内外环境因素，规划、选择、建立一种适合本组织自身特点、结构优良、功能齐全、运转灵活的组织结构的过程或活动，它可以让行政组织，乃至整个公司发展得更好。

1.1 行政组织结构设计六个要素

行政组织结构，是指构成行政组织各要素的配合和排列组合方式，包括行政组织各成员、单位、部门和层级之间的分工协作以及联系、沟通方式。为了充分发挥行政组织结构的功能，必须建立合理的组织结构。因此，行政组织结构设计至关重要，包括六个要素。

1. 工作可以进行协调

20 世纪初，亨利·福特通过建立汽车生产线而成为享誉全球的富翁。之所以如此，是因为他给公司的每一位员工分配了特定的、重复性的工作，即通过把工作分化成较小的、标准化的任务，使每个员工反复地进行同一种操作，如生产汽车时，负责安装右前轮的只负责安装右前轮，负责安装方向盘的只负责安装方向盘，如此一来，不仅能让每一个员工熟悉自己的任务，还能不断提高熟练性，提升工作效率。所以，亨利·福特利用技能相对有限的员工每 10 秒就能生产出一辆汽车，可谓业界奇迹。

工作可以进行协调本质上是指工作专门化，即一个人是不可能完成一项工作的全部的，它需要合作、协调，分解成若干步骤，每一个步骤由一个人去专门执行，以此来提升效率。同样重要的是，从组织角度来看，实行工作专门化有利于提高组织的培训效率。而且挑选并训练从事具体的、重复性工作的员工比较容易，成本也较低。对于高度精细和复杂的操作工作尤其是这样。

2. 部门化

通过工作协调、专门化完成任务细分之后，就需要按照类别对它们进行分组，以便使共同的工作可以进行协调。不过要知道的是，工作分类的基础是部门化。

对工作活动分类主要是根据活动的职能进行。以制造业为例，制造业的经理通过把工程、会计、制造、人事、采购等方面的专家划分成共同的部门来组织其工厂。当然，根据职能进行部门的划分适用于所有的组织。只有职能的变化可以反映组织的目标和活动。

这种职能分组法的主要优点在于把同类专家集中在一起，能够提高工作效率。职能性部门化通过把专业技术、研究方向接近的人分配到同一个部门中来实现规模经济。

工作任务也可以根据组织生产的产品类型进行部门化，这种分组方法的主要优点在于其可以提高产品绩效的稳定性，因为公司中与某一特定产品有关的所有活动都由同一主管指挥。如果一个组织的活动是与服务而不是产品有关，每一种服务活动就可以自然地进行分工。

还有一种部门化方法是根据地域进行划分的。以营销工作为例，一般营销都根据地域进行，可以分为东、南、西、北四个区域，分片负责。

此外，还有一种部门化方法是过程部门化，这种部门化适用于产品的生产和顾客的服务。如在铝试管的生产过程中，由每个部门负责一个特定生产环节进行工作。

首先金属被铸造成巨大的胚料；接着被送到锻压部，挤压成铝管；再把铝管转送到试管部，由试管部负责把它们做成体积各异、形状不同的试管；然后把这些试管送到成品部，由它负责切割、清洗工作；最后，产品进入检验、包装、运输部。由于不同的环节需要不同的技术，因此，这种部门化方法为在生产过程中进行同类活动的归并打下了基础。

最后还有一种部门化方法是根据顾客类型来进行划分的。以销售办公设备的公司为例，公司可下设三个部门：零售服务部、批发服务部和政府部门服务部。

3. 命令链

20 年前，命令链的概念是组织设计的基石，但今天它的重要性大大降低，不过在决定如何更好地设计组织结构时，管理者仍需考虑命令链的意义。命令链是一种不间断的权力路线，从组织最高层扩展到最基层，澄清谁向谁报告工作。举个最简单的例子，即命令链可以解决员工“我有问题时去找谁?”

“我对谁负责?”等问题。

在讨论命令链之前，应先讨论两个辅助性概念：权威和命令统一性。权威是指管理职位所固有的发布命令并期望命令被执行的权力。为了促进协作，每个管理职位在命令链中都有自己的位置，每位管理者为完成自己的职责任务，都要被授予一定的权威。命令统一性原则有助于保持权威链条的连续性。它意味着一个人应该对一个主管，且只对一个主管直接负责。如果命令链的统一性遭到破坏，一个下属可能就不得不穷于应付多个主管不同命令之间的冲突或优先次序的选择。

不过随着时代变化，电脑技术的发展和下属充分授权的潮流冲击，组织设计的原则，尤其是命令链、权威、命令统一性等概念的重要性大大降低了。现代企业信息如此发达，一个基层雇员能在几秒钟内便能得到20年前只有高层管理人员才能得到的信息。同样，随着电脑技术的发展，日益使组织中任何位置的员工都能同任何人进行交流，而不需通过正式渠道。而且，权威的概念和命令链的维持越来越无关紧要，因为过去只能由管理层做出的决策现在已授权给操作员工自己做决策。除此之外，随着自我管理团队、多功能团队和包含多个上司的新型组织设计思想的盛行，命令统一性的概念越来越无关紧要了。当然，还是有组织认为通过强化命令链可以使组织的生产率达到最高，但今天这种组织越来越少了。

4. 控制跨度

控制跨度的问题对于一个企业来说是至关重要的，因为在很大程度上，它决定着组织要设置多少层次，配备多少管理人员。在其他条件相同时，控制跨度越宽，组织效率越高。但是，在某些方面宽跨度可能会降低组织的有效性，也就是说，如果控制跨度过宽，由于主管人员没有足够的时间为下属提供必要的领导和支持，员工的绩效会受到不良影响。

控制跨度窄也有其好处，把控制跨度保持在5~6人，管理者就可以对员工实行严密的控制。不过控制跨度窄有三个缺点：

（1）管理层次会因此而增多，管理成本会大大增加；

（2）使组织的垂直沟通更加复杂，管理层次增多也会减慢决策速度，并使高层管理人员趋于孤立；

（3）控制跨度过窄易造成对下属监督过严，妨碍下属的自主性。

近几年，控制跨度有加宽的趋势。比如，在通用电气公司这样的大公司中，控制跨度已达10～12人，是15年前的2倍。

总而言之，加宽控制跨度与各个公司努力降低成本、削减企业一般管理费用、加速决策过程、增加灵活性、缩短与顾客的距离、授权给下属等的趋势是一致的，所以，加宽控制跨度在一定程度上是有必要的。不过，为了避免因控制跨度加宽而导致员工绩效降低，各公司都应在加宽控制跨度的同时，加强员工培训的力度和投入。如此，便能让员工充分了解自己的工作，提高工作效率。

5. 集权与分权

在大多数公司中，一般都是由高层管理者制定决策，低层管理人员只管负责执行高层管理者的指示。不过也有一些公司将决策权下放到基层管理人员手中。这两种方式当中，前者是高度集权式的，后者是高度分权式的。

集权化是指组织中的决策权集中于一点的程度。这个概念只包括正式权威，也就是说，某个位置固有的权力。一般来讲，如果组织的高层管理者不考虑或很少考虑基层人员的意见就决定组织的主要事宜，那么这个组织的集权化程度较高。相反，基层人员参与程度越高或他们能够自主地做出决策，组织的分权化程度就越高。

集权式与分权式组织在本质上是不同的。在分权式组织中，采取行动、解决问题的速度较快，更多的人为决策提供建议，所以，员工与那些能够影响他们工作生活的决策者隔膜较少或几乎没有。

近年来，分权式决策的趋势比较突出，这与使组织更加灵活和主动地做出反应的管理思想是一致的。在大公司中，基层管理人员更贴近生产实际，对有关问题的了解比高层管理者更翔实。

6. 正规化

正规化是指组织中的工作实行标准化的程度。如果一种工作的正规化程度较高，就意味着做这项工作的人对工作内容、工作时间和工作手段没有多大自主权。人们总是期望员工以同样的方式投入工作，能够保证稳定一致的产出结果。在高度正规化的组织中，有明确的工作说明书，有繁杂的组织规章制度，对于工作过程有详尽的规定。而正规化程度较低的工作，相对来说工作执行者和日程安排就不是那么僵硬，员工对自己工作的处理许可权就比较宽。由于个人许可权与组织对员工行为的规定成反比，因此，工作标准化程度越高，员工决定自己工作方式的权力就越小。工作标准化不仅减少了员工选择工作行为的可能性，而且使员工无需考虑其他行为选择。

组织之间或组织内部不同工作之间正规化程度差别很大。一种极端情况是，众所周知，某些工作正规化程度很低，如大学书商（向大学教授推销公司新书的出版商代理人）工作自由许可权就比较大，他们的推销用语不要求标准划一。在行为约束上，不过就是每周交一次推销报告，并对新书出版提出建议。另一种极端情况是那些处于同一出版公司的职员与编辑位置的人。他们上午 8 点要准时上班，否则会被扣掉半小时工资，而且，他们必须遵守管理人员制定的一系列详尽的规章制度。

1.2 行政组织结构设计八大原则

1. 战略导向原则

组织是实现组织战略目标的有机载体，组织的结构、体系、过程、文化等均是为完成组织战略目标服务的，达成战略目标是组织设计的最终目的。组织应通过组织结构的完善，使每个人在实现组织目标的过程中做出更大的贡献。

2. 适度超前原则

组织结构设计应综合考虑组织的内外部环境、组织的理念与文化价值观、组织当前以及未来的发展战略等，以适应组织的现实状况。并且，随着企业的成长与发展，组织结构应有一定的拓展空间。

3. 系统优化原则

现代组织是一个开放系统，组织中的人、财、物与外界环境频繁交流，联系紧密，需要开放型的组织系统，以提高对环境的适应能力和应变能力。因此，组织机构应与组织目标相适应。组织设计应简化流程，有利于信息畅通、决策迅速、部门协调；充分考虑交叉业务活动的统一协调和过程管理的整体性。

4. 有效管理幅度与合理管理层次的原则

管理层级与管理幅度的设置受到组织规模的制约，在组织规模一定的情况下，管理幅度越大，管理层次越少。管理层级的设计应在有效控制的前提下尽量减少管理层级，精简编制，促进信息流通，实现组织扁平化。

其中，管理幅度受主管直接有效的指挥、监督部属能力的限制。管理幅度的设计没有一定的标准，要具体问题具体分析，粗略地讲，高层管理幅度3~6人较为合适，中层管理幅度5~9人较为合适，低层管理幅度7~15人较为合适。

影响管理幅度设定的主要因素如下：

（1）员工的素质。主管及其部属能力强、学历高、经验丰富者，管理幅度可加大；反之，应小一些。

（2）沟通的程度。组织目标、决策制度、命令可迅速而有效地传达，渠道畅通，管理幅度可加大；反之，应小一些。

（3）职务的内容。工作性质较单纯、标准者，可扩大控制的层面。

（4）协调工作量。利用幕僚机构及专员作为沟通协调者，可以扩大控制的层面。

（5）追踪控制。设有良好、彻底、客观的追踪执行工具、机构、人员及程序者，可以扩大控制的层面。

（6）组织文化。具有追根究底的风气与良好的企业文化背景的公司可以扩大控制的层面。

（7）地域相近性。所辖的地域近可扩大管理控制的层面，地域远则缩小管理控制的层面。

5. 责权对等原则

责权相互对等是组织正常运行的基本要求。权责不对等对组织危害极大，有权无责容易出现瞎指挥的现象；有责无权会严重挫伤员工的积极性，也不利于人才的培养。因此，在结构设计时应着重强调职责和权利的设置，使公司能够做到职责明确、权力对等、分配公平。

6. 职能专业化原则

公司整体目标的实现需要完成多种职能工作，应充分考虑专业化分工与团队协作。特别是对于以事业发展、提高效率、监督控制为首要任务的业务活动，更应以此原则为主来进行部门划分和权限分配。当然，公司的整体行为并不是孤立的，各职能部门应做到既分工明确，又协调一致。

7. 稳定性与适应性相结合的原则

首先，企业组织结构必须具有一定的稳定性，这样可使组织中的每个人工作相对稳定，相互之间的关系也相对稳定，这是企业能正常开展生产经营的必要条件，如果组织结构朝令夕改，必然造成职责不清的局面。其次，企业组织结构必须具有一定的适应性。由于企业的外部环境和内部条件是在不断变化的，如果组织结构、组织职责不注意适应这种变化，企业就会缺乏生命力、缺乏经营活力。因此，企业应该根据行业特点、生产规模、专业技术复杂程度、专业化水平、市场需求和服务对象的变化，以及经济体制的改革需求等进行相应的动态调整。企业应该强调并贯彻这一原则，在保持稳定性的基础上进一步加强和提高组织结构的适应性。

8. 集权与分权相结合的原则

企业组织设计时，既要有必要的权力集中，又要有必要的权力分散，两者不可偏废。集权是大生产的客观要求，它有利于保证企业的统一领导和指挥，有利于人力、物力、财力的合理分配和使用。而分权是调动下级积极性、主动性的必要组织条件。合理分权有利于基层根据实际情况迅速而正确地做出决策，也有利于上层领导摆脱日常事务，集中精力抓重大问题。因此，集权与分权是相辅相成的，是矛盾的统一。没有绝对的集权，也没有绝对的分权。企业在确定内部上下级管理权力分工时，主要应考虑的因素有：企业规模的大小、企业生产技术特点、各项专业工作的性质、各单位的管理水平和人员素质的要求等。

1.3 行政组织结构设计九个重点

1. 组织的目标

使组织内部各部门在公司整体经营目标下，充分发挥能力以达成各自目标，从而促进公司整体目标的实现。

2. 组织的成长

考虑公司的业绩、经营状况与持续成长。

3. 组织的稳定

随着公司的成长，逐步调整组织结构是必要的，但经常的组织、权责、程序变更会动摇员工的信心，产生离心力，因此应该保证组织的相对稳定。

4. 组织的精简

组织机构精简、人员精干有助于资源的合理配置，实现工作的高效率。

5. 组织的弹性

主要指部门结构和职位具有一定的弹性，既能保持正常状况下的基本形式，又能适应内外部各种环境条件的变化。

6. 组织的分工协作

只有各部门之间以及部门个人之间的工作能协调配合，才能实现本部门目标，同时保证整个组织目标的实现。

7. 指挥的统一性

工作中的多头指挥使下属无所适从，容易造成混乱的局面。

8. 权责的明确性

权力或职责不清将使工作发生重复或遗漏、推诿现象，这样将导致员工挫折感的产生，造成工作消极的局面。

9. 流程的制度化、标准化与程序化

明确的制度与标准作业以及工作的程序化可缩短摸索时间，提高工作效率。

1.4 行政组织结构常见形态

一个组织，除了有形的物质要素外，在各个构成部分之间，实际上还存在着一些相对稳定的关系，即纵向的等级关系及沟通关系，横向的分工协作关系及其沟通关系，这种关系构成了无形的构造——组织形态。

企业组织形态取决于管理层次和管理幅度。管理层次是指组织内部纵向管理系统所划分的等级数。管理幅度是指管理层次中，主管能够直接有效地指挥和监督的下属数量。管理层次与管理幅度的反比关系决定了两种基本的管理组织结构形态：扁平结构形态和锥形结构形态。

1. 扁平结构形态

扁平结构形态是指组织规模已定，管理幅度较大而管理层次较少的一种组织结构形态。由于管理层次少，更有利于缩短上下级之间的距离，加快信息传递速度，使下属拥有较多的自主性；同时管理人员减少也会降低企业的成本开支。不过如此一来，上级所管理的下属人数较多，控制较松，容易失控；同时，同级之间的沟通比较困难，容易影响信息的及时利用。

2. 锥形结构形态

锥形结构形态是指管理幅度较小而管理层次较多形成的高、尖、细的金字塔式结构。在锥形的结构形态中，上级能给予下级更多的指导，上下级之间沟通方便。但是上级对下级的控制过于严密，遏制了下属的积极性；而过多的管理层次不但增加了过多的管理人员，使管理成本上升，也延长了组织中的等级链，使信息沟通的环节增多，从而加大了信息失真的可能性。

1.5　行政组织结构常见形式

1. 直线制

直线制是最早也最简单的一种组织结构形式，是一种从企业最高管理层到最低层以垂直系统建立各级机构，各级领导者执行统一指挥的管理职能，不设专门的职能机构的组织结构形式。

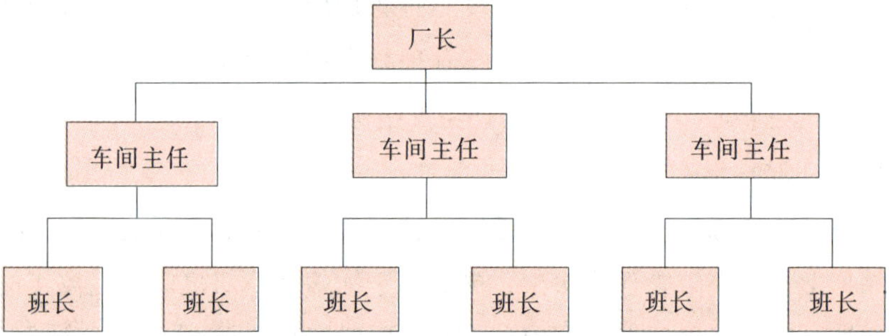

直线制组织结构图

优点：结构简化，权力集中，命令统一，决策迅速，责任明确。

缺点：没有职能机构和职能人员当领导的助手。在规模较大、管理比较复杂的企业中，主管人员难以具备足够的知识和精力来胜任全面的管理，因而不能适应日益复杂的管理需要。

适用范围：只适用于规模较小、生产技术比较简单的企业。

2. 职能制

职能制是各级领导之下，按专业分工设置职能部门的一种组织结构形式。各职能部门在自己业务范围内有权向下级发布命令或下达指示，下级既要服从上级领导的指挥，也要听从上级职能部门的命令。

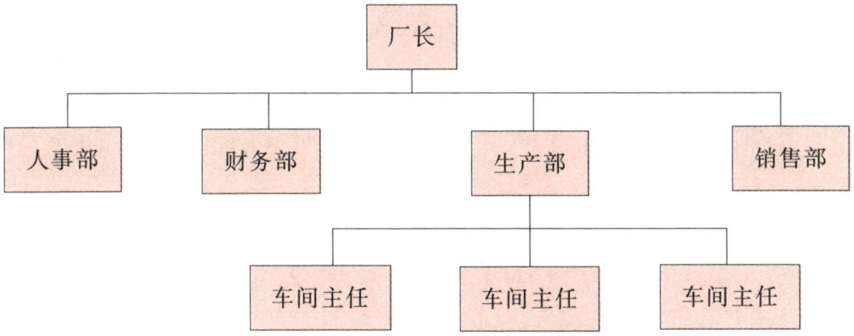

职能制组织结构图

优点：能适应现代化工业企业生产技术比较复杂，管理工作比较精细的特点；能充分发挥职能机构的专业管理作用，减轻直线领导人员的工作负担。

缺点：妨碍了必要的集中领导和统一指挥，形成了多头领导；不利于责任制的建立和完善，容易造成纪律松弛、生产管理秩序混乱，无法达到各部门的通力合作。

适用范围：适用于规模较小、生产技术比较简单的企业。

3. 直线职能制

直线职能制也叫生产区域制，或直线参谋制。它是在直线制和职能制的基础上，取长补短，吸取这两种形式的优点而建立起来的。这种组织结构形式把企业管理机构和人员分为两类：一类是直线领导机构和人员，按命令统一原则对各级组织行使指挥权；另一类是职能机构和人员，按专业化原则，从事组织的各项职能管理工作。直线领导机构和人员在自己的职责范围内有一定的决定权和对所属下级的指挥权，并对自己部门的工作负全部责任。而职能机构和人员则是直线指挥人员的参谋，不能对直接部门发号施令，只能进行业务指导。

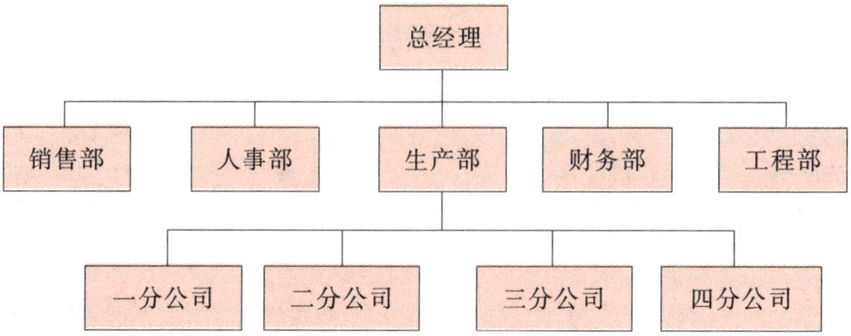

直线职能制组织结构图

优点：既保证了企业管理体系的集中统一，又可以在各级行政负责人的领导下，充分发挥各专业管理机构的作用。

缺点：职能部门之间的协作和配合性较差，容易产生脱节和矛盾，办事效率低。

适用范围：适用范围较广，是目前许多企业都采用的一种形式。

4. 事业部制

事业部制是一种高层集权下的分权管理体制，是分级管理、分级核算、自负盈亏的一种组织结构形式，即一个企业按地区或按产品类别分成若干个事业部，从产品的设计、原料采购、成本核算、产品制造，一直到产品销售，均由事业部及所属工厂负责，实行单独核算、独立经营，企业总部只保留人事决策、预算控制和监督大权，并通过利润等指标对事业部进行控制。还有某些事业部则按区域来划分。总体来说，事业部必须具有三个基本要素，即相对独立的市场、相对独立的利益和相对独立的自主权。

（1）产品事业部制。按照产品或产品系列组织业务活动，在经营多种产品的大型企业中早已显得日益重要。产品部门化主要是以企业所生产的产品为基础，将生产某一产品有关的活动，完全置于同一产品部门内，再在产品部门内细分职能部门，进行生产该产品的工作。这种结构形态，在设计中往往将一些共用的职能集中，由上级委派以辅导各产品部门，做到资源共享。

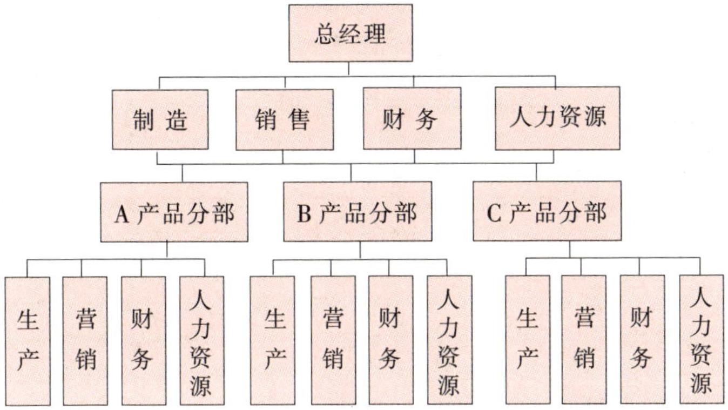

产品事业部制组织结构图

优点：适应企业的扩展与业务多元化要求，有利于采用专业化设备，并能使个人的技术和专业化知识得到最大限度的发挥；同时每一个产品部门都是一个利润中心，能独立评估其绩效，而在同一产品部门内有关的职能活动协调比较容易，比完全采用职能部门管理来得更有弹性。

缺点：需要的具有全面管理才能的人才不易找到；每一个产品分部都有一定的独立权力，高层管理人员有时会难以控制；产品分部间会因为资源、内部交易等问题发生冲突，导致不同产品线间的不协调和信息不畅通。

适用范围：最适合在变化迅速和不稳定环境中经营的企业。

（2）区域事业部制。又称区域部门化。对于在地理上分散的企业来说，按地区划分部门是一种比较普遍的方法。一个国家的每一个地区可能会有截然不同的爱好和需要，企业可能发现在当地生产销售更能满足该地区的特殊需要。其原则是把某个地区或区域内的业务工作集中起来，委派一位经理来主管其事。这种组织结构形态，在设计上往往设有中央服务部门，如采购、人事、财务、广告等，向各区域提供专业性的服务。

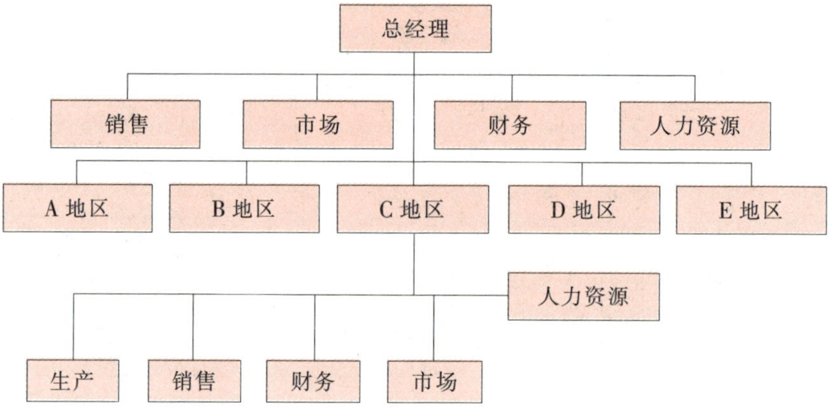

区域事业部制组织结构图

优点：每一个区域都有相应的权力和责任，都是一个利润中心，部门能根据不同地区的特殊需要妥善解决市场需求，有利于地区内部协调，也有利于培养通才管理人员。

缺点：随着地区的增加，需要更多具有全面管理能力的人员，而这类人员往往不易得到；每一个区域都是一个相对独立的单位，加上时间、空间上的限制，总部难以控制，难以维持集中的经济服务工作。各地区间也会因为资源等问题产生冲突。

适用范围：特别适用于规模大的企业，尤其是跨国企业。

5. 矩阵制

矩阵制组织结构是为了改进直线职能制横向联系差、缺乏弹性的缺点而形成的一种组织形式。它的特点表现在围绕某项专门任务成立跨职能部门的专门机构上，例如组成一个专门的产品（项目）小组去从事新产品开发工作，在研究、设计、试验、制造各个不同阶段，由有关部门派人参加，力图做到条块结合，以协调有关部门的活动，保证任务的完成。这种组织结构形式是固定的，人员却是变动的，需要谁，谁就来，任务完成后就可以离开。项目小组和负责人也是临时组织和委任的，任务完成后就解散，有关人员回原单位工作。因此，这种组织结构非常适用于横向协作和攻关项目。

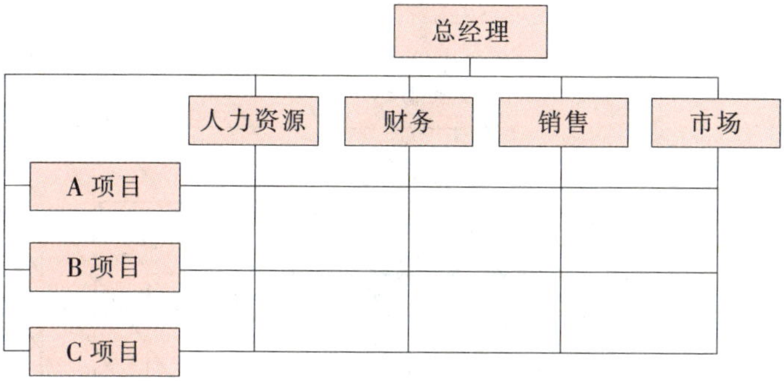

矩阵制组织结构图

优点：机动、灵活，可随项目的开发与结束进行组织或解散。由于这种结构是根据项目组织的，任务清楚，目的明确，各方面有专长的人在新的工作小组里能沟通、融合，能把自己的工作同整体工作联系在一起，为员工提供了发展职能技能和一般管理技能的机会。它还加强了不同部门之间的配合和信息交流，克服了直线职能制组织结构中各部门互相脱节的现象。

缺点：一个员工有时必须既向项目经理汇报，又向原部门领导汇报工作，造成冲突压力，使员工感到无所适从。各部门利益不一致，各部门间难以调和，常把时间浪费在会议决策中。成本和利润的责任不明。

适用范围：矩阵制组织结构适用于一些重大攻关项目，特别是以开发与实验为主的单位。企业可用来完成涉及面广的、临时性的、复杂的重大工程项目或管理改革任务。

6. 多维立体制

多维立体制组织结构是系统理论在管理组织中的一种应用。它又称立体结构，是矩阵制组织结构的进一步发展。该结构主要由三方面管理系统组成：

（1）按产品划分的事业部——产品事业利润中心；

（2）按职能划分的专业参谋机构——专业成本中心；

（3）按地区划分的管理机构——地区利润中心。

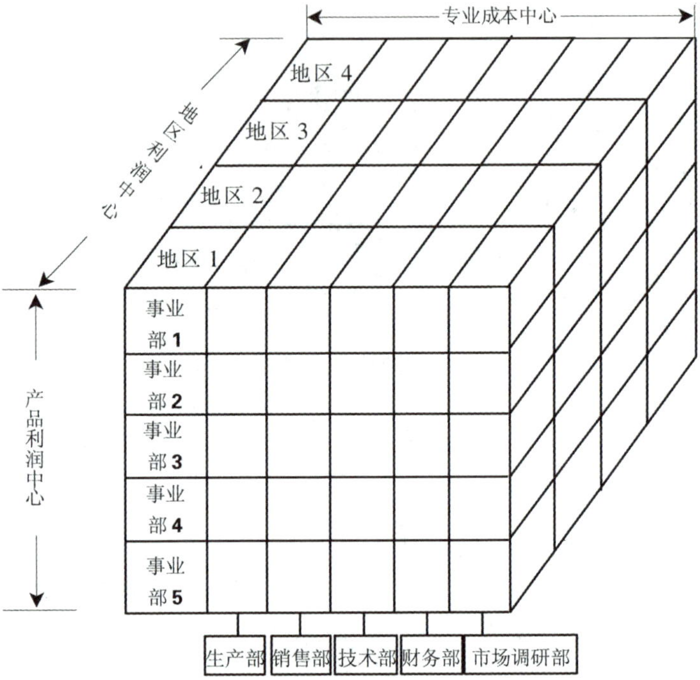

多维立体制组织结构图

优点：这种机构把产品事业部经理、参谋机构及地区部门经理三者的管理协调起来，有利于使产品事业部和地区部门以利益为中心的管理同参谋机构以成本为中心的管理较好地结合起来，同时，协调产品事业部之间、地区部门之间的矛盾，有助于及时互通信息，集思广益，共同决策。

缺点：管理成本较高，决策速度较慢，有时相互协调比较难。

适用范围：适用于跨国企业或规模庞大的跨地区企业。

除此之外，还有模拟分权组织结构和企业集团等常见形式，是现代较新型的组织结构，企业可结合自己的具体情况进行选择。

1.6 行政组织结构设计程序

企业组织结构的设计只有按照正确的程序进行，才能达到组织设计的高效化。组织设计可能出现三种情况：一是新建企业需要进行组织结构设计；二是当企业原有组织结构出现较大问题或企业战略发生变化时，需要对原有组织结构重新进行评价和设计；三是由于环境和情况的变化，需要对组织结构进行局部的调整。这三种情况下的组织设计程序大体相同，其中对新建企业的组织设计程序最为完整。一般按如下八个步骤进行。

1. 确定组织设计的基本方针和原则

进行组织设计的第一步是根据企业的战略、目标以及企业的内部条件和外部环境，确定进行组织设计的基本思路，规定一些设计的主要原则和主要参数，以作为进行组织设计的基本依据。例如，确定企业的管理幅度宽或窄，部门分工形式采用职能制还是事业部制，实行集权制还是分级分权制管理等。

2. 进行职能分析和职能设计

组织设计的第二步需要根据企业的战略和目标，对企业需要设置的各种职能进行设计，并确定其关键职能。具体地说，职能设计的主要内容就是对企业的管理业务进行总体设计，确定企业的各项管理职能及其结构，并层层分解为各个管理层次、管理部门、管理职务和岗位的业务工作。其内容可以概括为三个方面：基本职能设计、关键职能设计和职能的分解。职能设计是否正确合理，决定了整个管理组织是否能够顺利有效地运转，它是组织设计过程中的首要工作。

3. 业务流程的总体设计

业务流程设计是组织结构设计的开始，只有总体业务流程达到最优化，才能实现企业组织高效化。

业务流程是指企业生产经营活动在正常情况下，不断循环流动的程序或过程。企业的活动主要有物流、资金流和信息流，它们都是按照一定流程流动的。企业实现同一目标，可以有不同的流程。这就存在一个采用哪种流程的优选问题。因此，在企业组织结构设计时，首先要对流程进行分析对比、择优确定，即优化业务流程。优化的标准是：流程时间短，岗位少，人员少，流程费用少。

业务流程包括主导业务流程和保证业务流程。主导业务流程是产品和服务的形成过程，如生产流程；保证业务流程是保证主导业务流程顺利进行的各种专业流程，如物资供应流程、人力资源流程、设备工具流程等。首先，要优化设计的是主导业务流程，使产品形成的全过程周期最短、效益最高；其次，围绕主导业务流程，设计保证业务流程；最后，进行各种业务流程的整体优化。

4. 按照优化原则设计岗位

岗位是业务流程的节点，又是组织结构的基本单位。由岗位组成车间、科室，再由车间、科室组成各个子系统，进而由子系统组成全企业的总体结构。岗位的划分要适度，不能太大也不能太小，既要考虑流程的需要，也要考虑管理的方便。

5. 规定岗位的输入、输出和转换

岗位是工作的转换器，就是把输入的业务经过加工转换为新的业务输出。通过输入和输出就能从时间、空间和数量上把各岗位纵横联系起来，形成一个整体。

6. 岗位人员的定质与定量

定质就是确定本岗位需要使用的人员的素质。由于人员的素质不同，工作效率就不同，因而定员人数也就不同。人员素质的要求主要根据岗位业务内容的要求来确定。要求太高会造成人员的浪费；要求太低则保证不了正常的业务活动和一定的工作效率。

定量就是确定本岗位需用人员的数量。人员数量的确定要以岗位的工作业务量为依据，同时也要以人员素质为依据。人员素质与人员数量在一定条件下成反比。定量就是在工作业务量和人员素质平衡的基础上确定的。

7. 设计控制业务流程的组织结构

这是指按照流程的连续程度和工作量的大小来确定岗位形成的各级组织结构。整个业务流程是个复杂的系统，结构是实现这个流程的组织保证，每个部门的职责是负责某一段流程并保证其畅通无阻。岗位是保证整个流程实施的基本环节，应该先有优化流程，后有岗位，再组织车间、科室，而不是倒过来。流程是客观规律的反映，因人设机构是造成组织结构设置不合理的主要原因之一，必须进行改革。

8. 反馈和修正

组织设计是一个动态的过程，在组织结构运行过程中，很可能会发现以上设计中尚有不完善的地方，并且新情况也可能不断出现。这就要求企业定期或不定期地收集组织结构运行状况的反馈，及时发现和修正原有设计中的不足，使之不断完善，适应新的情况。

以上八个步骤，既有区别又有联系，必须经过反复的综合平衡、不断地修正，才能获得最佳效果。

1.7 行政组织结构设置图表

1.7.1 大型企业行政组织结构设置图表

<table>
<tr><td>表格名称</td><td colspan="2">大型企业行政组织结构设置图表</td></tr>
<tr><td colspan="2">行政管理岗位流程图</td><td>人员编制</td></tr>
<tr><td colspan="2" rowspan="5">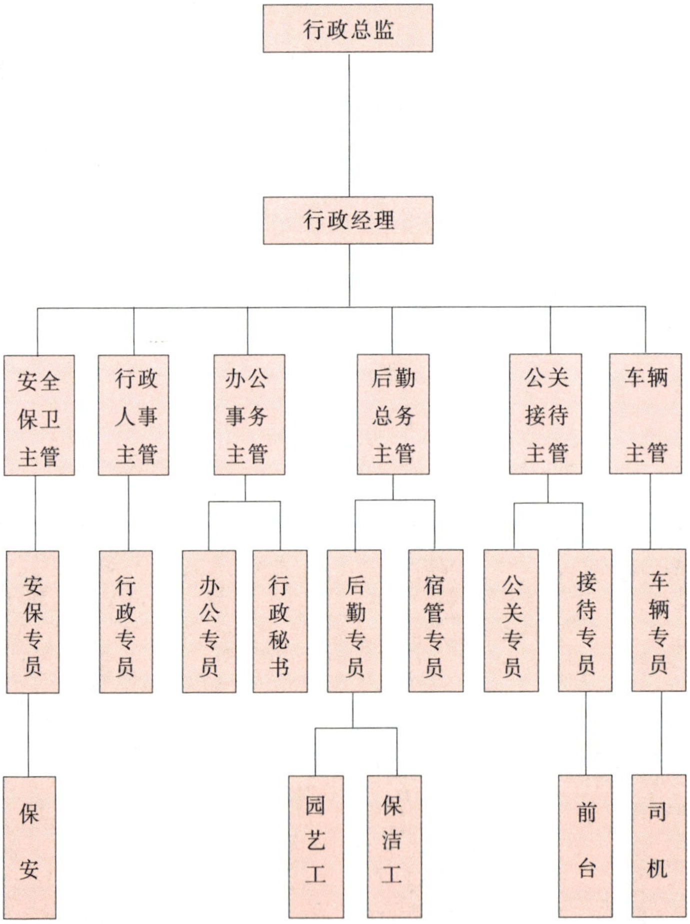
</td><td>总监级____人</td></tr>
<tr><td>经理级____人</td></tr>
<tr><td>主管级____人</td></tr>
<tr><td>专员级____人</td></tr>
<tr><td>基层员工____人</td></tr>
<tr><td>相关说明</td><td colspan="2"></td></tr>
</table>

1.7.2 中小型企业行政组织结构设置图表

<table>
<tr><td>表格名称</td><td colspan="2">中小型企业行政组织结构设置图表</td></tr>
<tr><td colspan="2">行政管理岗位流程图</td><td>人员编制</td></tr>
<tr><td colspan="2" rowspan="4">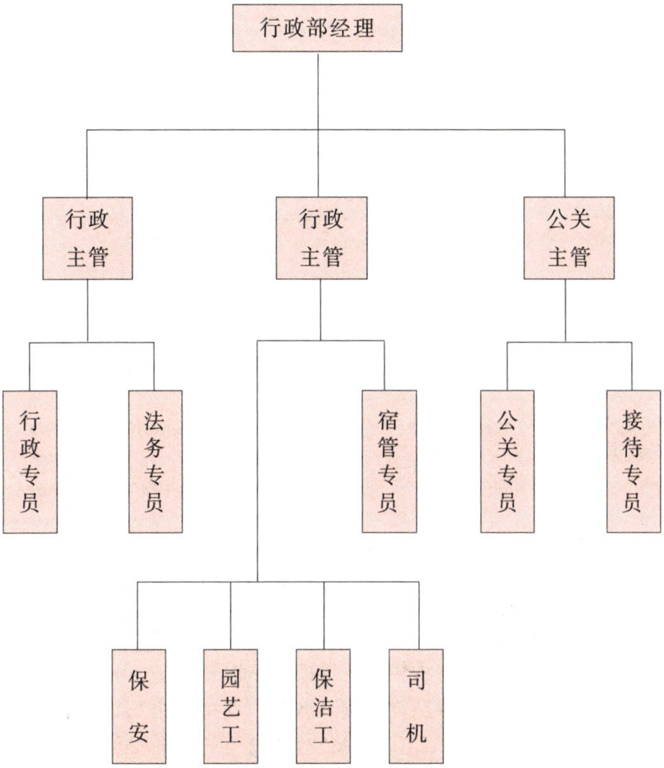
</td><td>经理级____人</td></tr>
<tr><td>主管级____人</td></tr>
<tr><td>专员级____人</td></tr>
<tr><td>基层员工____人</td></tr>
<tr><td>相关说明</td><td colspan="2"></td></tr>
</table>

1.7.3 区域型行政组织机构设置图表

<table>
<tr><td>表格名称</td><td>区域型行政组织结构设置图表</td></tr>
<tr><td colspan="2">区域型行政组织结构设计图</td></tr>
<tr><td colspan="2">
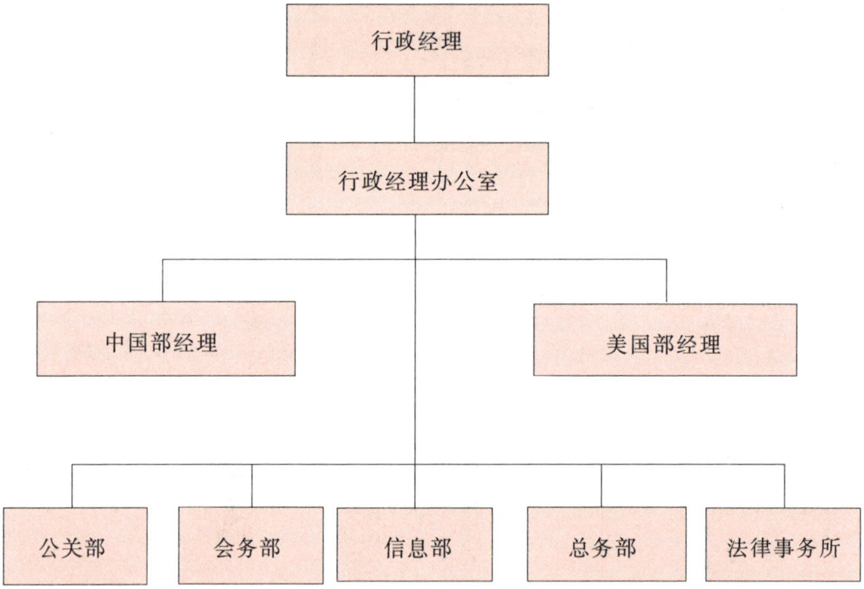

对于企业来说，其地理位置往往分布于不同的地区，当各个地区的政治、经济、文化等因素影响到企业的行政管理时，把某个地区或区域内的业务工作集中起来，委派一位行政经理来主管，这就是区域行政办公组织部门化方法。相对于区域分散的行政组织来说，区域部门化是划分企业行政部门的一种较为普遍的方法。
这种部门划分方法的优点是：可以谋求地方化管理效果，使行政组织更好地了解并适应本地管理情况，为本地经营业务服务；有利于对行政主管人员的培养和训练。
这种部门划分方法的缺点是：需要更多的具有全面管理能力的人员，增加了最高行政主管部门控制的困难，而且地区间往往不容易协调，集中进行行政服务工作也不容易。
</td></tr>
<tr><td>相关说明</td><td></td></tr>
</table>

1.7.4 产品生产及服务型行政组织机构设置图表

<table>
<tr><td>表格名称</td><td>产品生产及服务型行政组织结构设置图表</td></tr>
<tr><td colspan="2">产品生产或服务行政组织结构设计图</td></tr>
<tr><td colspan="2">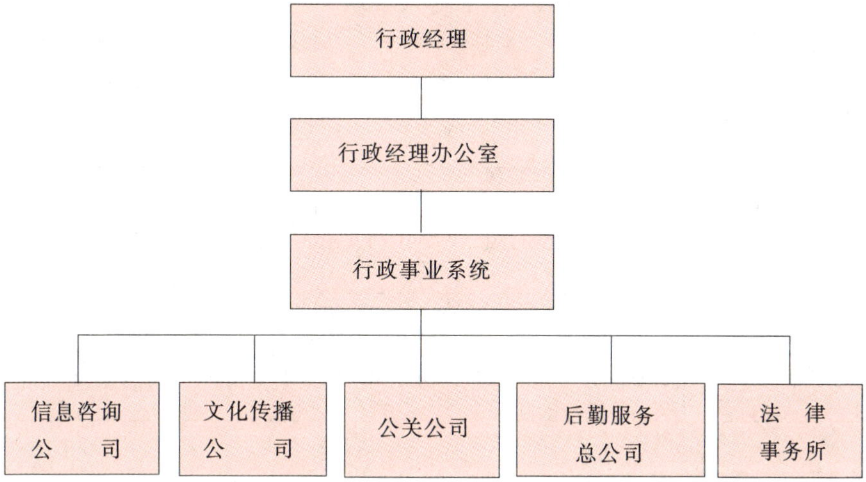

按行政系统向企业或社会提供的“产品”或服务划分，这种划分方法是随着企业规模的发展和相应科学技术的发展而产生的，它是“事业部制”在行政办公系统中的延伸。
这种部门划分方法的优点是：有利于发挥专用设备的效益；有利于发挥个人的技能和专业知识；有利于部门之间的协调；把部门主管人员把注意力集中在“产品”上，有利于“产品”的增长和发展。
这种部门划分方法的缺点是：要求更多的人具有全面的管理能力；“产品”部门独立性强，整体性较差，增加了主管部门协调控制的困难。</td></tr>
<tr><td>相关说明</td><td></td></tr>
</table>

1.7.5 业务流程行政组织结构设置图表

<table>
<tr><td>表格名称</td><td>业务流程行政组织结构设置图表</td></tr>
<tr><td colspan="2">业务流程行政组织机构设计图</td></tr>
<tr><td colspan="2">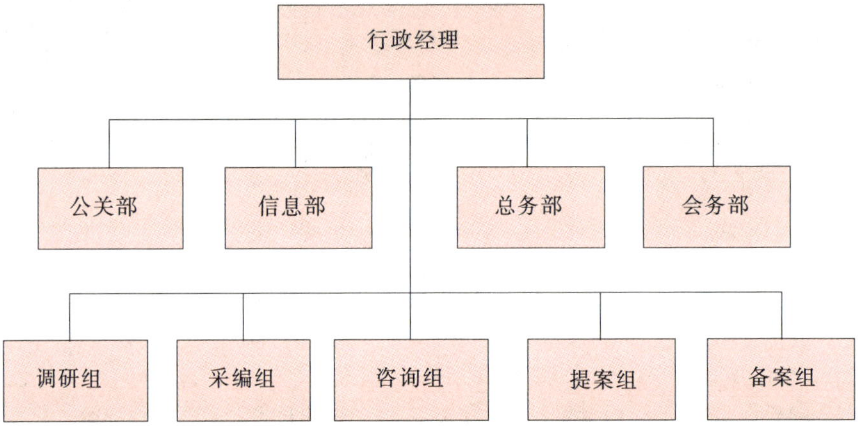

当人员、业务比较集中或工作流程比较连续紧密时，便可以按照工作或业务流程来划分部门。
这种划分方法的优点是：行政办公组织能够充分发挥人员集中的技术优势，易于协调管理，对市场需求的变动也能够快速灵敏地做出反应，容易取得较为明显的集合优势；简化了培训，容易在行政办公组织内容中形成良好的相互学习氛围，会产生较为明显的学习经验曲线效应。
这种划分方法的缺点是：行政办公部门之间的紧密协作有可能得不到贯彻，也会产生部门之间的利益冲突；权责相对集中，不利于培养出“多面手”式的管理人才。</td></tr>
<tr><td>相关说明</td><td></td></tr>
</table>

- 大型企业行政组织结构设置图表
- 中小型企业行政组织结构设置图表
- 区域型行政组织结构设置图表
- 产品生产及服务型行政组织结构设置图表
- 业务流程行政组织结构设置图表
- 行政部组织结构设置图表
- 财务部组织结构设置图表
- 物控部总组织结构设置图表
- 物控部组织结构设置图表
- 成品仓辅助仓组织结构设置图表
- 售后服务部组织结构设置图表
- 品质部组织结构设置图表
- 采购部组织结构设置图表
- 销售部总组织结构设置图表
- 零售部组织结构设置图表
- 电子商务部组织结构设置图表
- 设计研发部组织结构设置图表
- 配件仓组织结构设置图表
- 生产车间组织结构设置图表

Descr

各部门岗位说明书

保障行政工作更好地开展

ption

岗位说明书是表明企业期望员工做些什么、规定员工应该做些什么、应该怎么做和在什么样的情况下履行职责的总汇，根据公司具体情况而制定，注意编写时语言通俗易懂，内容具体明晰，可以保障行政工作更好地开展。

2.1 行政部岗位说明书

2.1.1 行政部门岗位说明书

<table>
<tr><td rowspan="2">表格名称</td><td rowspan="2">行政部门岗位说明书</td><td>受控状态</td><td></td></tr>
<tr><td>编　　号</td><td></td></tr>
<tr><td colspan="4">部门概述</td></tr>
<tr><td colspan="4">行政管理部是负责企业行政事务，对企业行政进行监督、管理等工作的部门；是企业各职能部门之间起协调作用的部门。</td></tr>
<tr><td colspan="4">部门机构设置</td></tr>
<tr><td colspan="4">行政管理部受行政总监领导，直接向行政总监报告工作，下设档案科、行政管理科、员工关系科、公共关系科等。</td></tr>
<tr><td colspan="4">部门职责</td></tr>
<tr><td colspan="4">1. 协调各职能部门的关系。
2. 建立各项规章制度并检查实施情况，促进各项工作规范化管理。
3. 负责公司资料、信息等管理，负责宣传报道工作，沟通内外联系和上下联系。
4. 公司会议的组织、记录及记录归档工作。
5. 公司印章、证照的管理。
6. 员工入职、离职过程中与行政相关的手续办理工作。
7. 公司各类档案的整理、归档、保管和借阅等工作。
8. 员工考勤、出勤统计、报表、分析等人事管理工作。
9. 员工暂住证、就业证等事项办理工作。
10. 员工保健管理，包括员工保健规章的制定，定期保健体检的实施，特约或定点医院的选择、联络，办理工伤事故。
11. 福利管理，包括员工福利制度的制定，并经批准后实施；福利制度的研究、修订、改进等事项；福利事项的办理；福利工作总结、分析和改进；退休、抚恤制度的制定及办理。</td></tr>
</table>

（续表）

12. 文件控制，包括发文制度及行文程序的拟定和实施，公司文件汇编和发放，文件与资料的登记、编号、发行、保管、维护等，过期文件的处理，文件与资料的有效性控制。 13. 公司公共关系的维护和改善工作，包括部门、员工等内部公共关系的建立和维护；政府、同行、社区、新闻等外部公共关系的建立和维护。 14. 行政稽查。 15. 行政开支预算的编制和行政开支成本的控制。 16. 其他相关职责。					
部门权力					
1. 依照制度，对稽查中发现的问题实施处罚的权力。 2. 依照制度，按规定程序实施其他单位提请的处罚建议。 3. 部门内部员工考核的权力。 4. 部门内部员工聘任、解聘的建议权。 5. 部门内部工作开展的自主权。 6. 要求相关部门配合相关工作的权力。 7. 其他相关权力。					
部门核心工作目标及风险防范点					
1. 保管企业的关键文件和关键资料，确保资料没有遗失。 2. 负责员工的基本福利管理，确保各类社会保障准确、按时执行。 3. 负责企业部分规章制度的制定和执行，确保制度合理并有效执行。 4. 负责企业部分公共关系事宜，有效维护企业社会关系。					
相关说明					
执行部门		监督部门		编修部门	
编制日期		审核日期		批准日期	

2.1.2 行政总监岗位说明书

职位名称	行政总监	职位编号	
所属部门		职位等级	
岗位定员		管辖人数	
工资等级		薪酬类型	
岗位性质	全面负责公司内外的各种辅助性支持工作及人力资源工作。		
岗位职责			
1. 协助总经理，参与相关工作 （1）协助总经理组织制定公司发展战略规划，组织并参与公司人力资源、行政等职能战略的制定。 （2）组织并参与制订公司年度经营计划、预算方案。 （3）负责监督公司战略规划的实施过程，随时关注内外变化，提出战略调整方案。 （4）参与公司财务、人事、行政、业务等重大问题的决策。 （5）向管理高层和总经理提供各种财务、人力资源、行政管理及外部政策等各方面信息，为高层决策提供依据和建议。 2. 负责公司的内部管理系统正常运行 （1）领导制定完善的公司管理制度体系，建立完善的内部文书、档案管理体系。 （2）负责督促、检查各部门工作计划完成情况与总经理办公会决议执行情况。 （3）负责组织监督、检查公司管理制度落实情况，维护办公秩序。 （4）负责组织公司对外形象宣传，代表公司与外界有关部门和机构保持良好的公共关系；负责组织公司重要会议、重大活动的筹备工作；接待公司重要来访客人。 （5）负责公司内部企业文化建设工作；负责公司内部所有证、照的办理。 （6）参与公司质量管理体系的运行与改进。 3. 领导公司行政事务工作，保障后勤支持 （1）负责组织公司保卫、消防工作，确保公司财产安全。 （2）负责组织固定资产、办公设施、办公用品管理与维护，保证办公条件，支持公司经营管理活动。 （3）负责组织公司办公环境的建设与维护。 （4）负责组织公司车辆管理，满足经营管理活动中的用车需求。 4. 领导人力资源管理工作的实施，为企业储备人才 （1）领导和督促人力资源部开展招聘、培训、考核与奖惩、薪酬、制度建设等工作。			

（续表）

（2）参与公司重大的人力资源调整，发掘、培养管理骨干和业务骨干。 5. 负责分管部门的组织管理工作 （1）领导分管部门制订年度工作计划、重大任务阶段工作计划，并监督实施。 （2）负责分管部门的员工队伍建设，提出和审核对下属各部门的人员调配、培训、考核意见。 （3）主持行政、人力资源等系统管理制度的制定，检查执行情况。 （4）负责协调分管部门内部、分管部门之间、分管部门与公司其他部门间关系，解决争议。 （5）监督分管部门的工作目标和经费预算的执行情况，及时给予指导。 6. 完成总经理交办的其他工作任务。
权限与责任
1. 权限 （1）公司重大决策建议权。 （2）在总经理授意下，代表公司参加外事活动权。 （3）对公司各项管理制度和规范执行情况的检查权。 （4）对各部门工作计划执行情况的检查权。 （5）对各部门防火安全与保卫隐患有限期整改权。 （6）对员工的人事裁决权和对管理层的人事裁决建议权。 （7）对各部门管理制度和运作效率的监督审核权。 （8）对各部门预算执行监督权。 （9）权限内的财务审批权。 （10）有对直接下级人员调配、奖惩的建议权，任免的提名权和考核评价权。 （11）对所属下级的工作有监督、检查权。 （12）对所属下级的工作争议有裁决权。 2. 责任 （1）对行政部工作质量负领导和组织责任。 （2）如因工作失职给公司造成损失，应付相应的经济责任和行政责任。
组织关系
1. 直接上级：总经理。 2. 直接下级：人力资源部经理、行政后勤部经理。

（续表）

<table>
<tr><td colspan="4">任职资格</td></tr>
<tr><td colspan="4">1. 教育背景
企业管理、人力资源管理、公共关系学、组织行为学等专业，本科以上学历。
2. 培训经历
受过管理学、心理学、公共关系、社会学、决策和领导科学、人力资源管理和财务管理等知识的培训。
3. 经验
5 年以上大中型企业相关工作经验，其中至少有 3 年以上的行政管理工作经验，任总监或类似职务至少 1 年，熟悉现代企业管理模式并具备相关实践经验。
4. 技能与素质
（1）对现代企业行政管理流程、手段和模式有较深入的认识，具备先进的行政管理理念与行政管理方法。
（2）具备极强的领导及管理能力，善于沟通，具备出色的组织协调能力及分析判断能力。
（3）具有优秀的中英文文字表达能力，有较强的计划、控制能力。
（4）具备较强的逻辑思维能力、观察能力和应变能力。
（5）擅长与人沟通和交往，富有亲和力和说服力；精通授权和激励的艺术。</td></tr>
<tr><td colspan="4">参加会议</td></tr>
<tr><td colspan="4">参加企业各种形式的会议，并负责会务及会议文件的准备、会议的记录、会议纪要的撰写等。</td></tr>
<tr><td>相关说明</td><td colspan="3"></td></tr>
<tr><td>编制人员</td><td></td><td>批准人员</td><td></td></tr>
<tr><td>编修日期</td><td></td><td>批准日期</td><td></td></tr>
</table>

2.1.3 行政经理岗位说明书

职位名称	行政经理	职位编号	
所属部门		职位等级	
岗位定员		管辖人数	
工资等级		薪酬类型	
岗位性质	受总经理的委托，负责对公司行政后勤、总务、保卫工作的指挥、指导、协调、监督和管理工作。		
岗位职责			
1. 全面规划、指导和协调公司内部相关行政支持系统。 2. 统筹管理公司后勤服务工作。 3. 各职能部门关系的协调和服务。 4. 组织制定公司规章制度，提高工作与管理效率。 5. 负责外联工作，与分部所在城市政府部门形成良好的关系。 6. 协调本部门各小组之间的关系，做好人员培养工作及团队建设，营造积极主动的工作氛围。 7. 组织职能范围内所涉及设备的购买、规划和维护工作。 8. 对员工进行公司规章制度等相关内容的培训。 9. 组织档案、文书、证章管理。			
权限与责任			
1. 权限 （1）依照制度，对稽查中发现的问题实施处罚。 （2）依照制度，按规定程序实施其他单位提请的处罚措施。 （3）部门内部员工的聘任、解聘与考核。 2. 责任 （1）对行政部工作质量负领导和组织责任。 （2）如因工作失职给公司造成损失，应负相应的经济责任和法律责任。			
组织关系			
1. 直接上级：分部总经理。 2. 直接下级：行政专员、行政助理和行政文员。			

（续表）

<table>
<tr><th colspan="4">任职资格</th></tr>
<tr><td colspan="4">1. 教育背景
企业管理、人力资源管理、公共关系学、组织行为学等专业，本科以上学历。
2. 培训经历
受过管理学、心理学、公共关系、社会学、决策和领导科学、人力资源管理和财务管理等知识的培训。
3. 经验
5 年以上大中型企业相关工作经验，其中至少有 2 年以上的行政管理工作经验，任主管以上至少 1 年，熟悉现代企业管理模式并具备相关实践经验。
4. 技能与素质
（1）对现代企业行政管理流程、手段和模式有较深入的认识，具备先进的行政管理理念与行政管理方法。
（2）具备极强的领导及管理能力，善于沟通，具备出色的组织协调能力及分析判断能力。
（3）具有优秀的中英文文字表达能力，有较强的计划、控制能力。
（4）具备较强的逻辑思维能力、观察能力和应变能力。
（5）擅长与人沟通和交往，富有亲和力和说服力，精通授权和激励的艺术。</td></tr>
<tr><th colspan="4">参加会议</th></tr>
<tr><td colspan="4">1. 参加公司召开的年度总结会、计划平衡协调会及其他有关会议。
2. 参加季、月度的经理办公会、经济分析会、考核评比会等会议。
3. 参加公司临时召开的相关会议。
4. 参加本部门召开的行政后勤、保卫工作会议等。</td></tr>
<tr><td>相关说明</td><td colspan="3"></td></tr>
<tr><td>编制人员</td><td></td><td>批准人员</td><td></td></tr>
<tr><td>编修日期</td><td></td><td>批准日期</td><td></td></tr>
</table>

2.1.4 行政主管岗位说明书

职位名称	行政主管	职位编号	
所属部门		职位等级	
岗位定员		管辖人数	
工资等级		薪酬类型	
岗位性质	协助经理安排、落实行政服务与后勤总务的支持工作。		
岗位职责			
1. 坚决服从分管副总经理的统一指挥，认真执行其工作指令，一切管理行为向主管领导负责。 2. 严格执行公司规章制度，认真履行其工作职责。 3. 负责组织对人力资源发展、劳动用工、劳动力利用程度指标计划的拟订、检查、修订及执行。 4. 负责制定公司人事管理制度。设计人事管理工作程序，研究、分析并提出改进工作意见和建议。 5. 负责对本部门工作目标的拟订、执行及控制。 6. 负责合理分配劳动岗位，控制劳动力总量。组织劳动定额编制，做好公司各部门车间及有关岗位定员定编工作，结合生产实际，合理控制劳动力总量及工资总额，及时组织定额的控制、分析、修订和补充，确保劳动定额的合理性和准确性，杜绝劳动力的浪费。 7. 负责人事考核、考查工作。建立人事档案资料库；规范人才培养、考查选拔工作程序；组织定期或不定期的人事考证、考核、考查的选拔工作。 8. 编制年、季、月度劳动力平衡计划和工资计划。抓好劳动力的合理流动和安排。 9. 制定劳动人事统计工作制度。建立健全人事劳资统计核算标准，定期编制劳资人事等有关的统计报表；定期编写上报年、季、月度劳资，人事综合或专题统计报告。 10. 负责做好公司员工劳动纪律管理工作。定期或不定期抽查公司劳动纪律执行情况，及时考核，负责办理考勤、奖惩、差假、调动等管理工作。 11. 严格遵守劳动法及地方政府劳动用工政策和公司劳动管理制度，负责招聘、录用、辞退工作，组织签订劳动合同，依法对员工实施管理。 12. 负责核定各岗位工资标准。做好劳动工资统计工作，负责对日常工资、加班工资的报批和审核工作。 13. 负责对员工劳动保护用品定额和计划管理工作。 14. 配合有关部门做好安全教育工作。参与职工伤亡事故的调查处理，提出处理意见。			

（续表）

<table>
<tr><td colspan="4">15. 负责编制培训大纲，抓好员工培训工作。在抓员工基础普及教育的同时，逐步推行岗前培训与技能、业务的专业知识培训，专业技术知识与综合管理知识相结合的交替教育提高培训模式及体系。
16. 认真做好公司领导交办的其他工作任务。</td></tr>
<tr><td colspan="4">权限与责任</td></tr>
<tr><td colspan="4">1. 权限
（1）对行政检查中发现的问题有处理、建议权。
（2）要求相关部门和人员配合工作的权力。
2. 责任
（1）对工作质量负责。
（2）如因工作失职给公司造成损失，应负相应的经济责任和行政责任。</td></tr>
<tr><td colspan="4">组织关系</td></tr>
<tr><td colspan="4">1. 直接上级：行政部经理。
2. 直接下级：行政专（文）员。</td></tr>
<tr><td colspan="4">任职资格</td></tr>
<tr><td colspan="4">1. 教育背景
企业管理、人力资源管理、公共关系学、组织行为学、中文、行政管理等专业。
2. 培训经历
受过管理学、管理技能开发、档案管理、会务组织、公共关系、社会学、决策和领导科学、人力资源管理和财务管理等知识的培训。
3. 经验
至少有 3 年以上的行政管理工作经验，熟悉现代企业管理模式并具备相关实践经验。
4. 技能与素质
（1）较强的管理能力，对现代企业行政管理流程、手段和模式有较深入的认识，具备先进的行政管理理念与行政管理方法。
（2）良好的中英文写作、口语和阅读能力，熟练使用办公软件，熟练使用操作办公自动化设备。
（3）具备较强的逻辑思维能力、观察能力和应变能力。
（4）擅长与人沟通和交往，富有亲和力和说服力；精通授权和激励的艺术。</td></tr>
<tr><td colspan="4">参加会议</td></tr>
<tr><td colspan="4">根据公司具体情况自定义。</td></tr>
<tr><td>相关说明</td><td colspan="3"></td></tr>
<tr><td>编制人员</td><td></td><td>批准人员</td><td></td></tr>
<tr><td>编修日期</td><td></td><td>批准日期</td><td></td></tr>
</table>

2.1.5 行政助理岗位说明书

职位名称	行政助理	职位编号	
所属部门		职位等级	
岗位定员		管辖人数	
工资等级		薪酬类型	
岗位性质	协助行政经理完成公司行政事务管理。		
岗位职责			
1. 记载员工出勤情况。 2. 记载工作时间和加班时间。 3. 考核计算扣假工资和加班工资等。 4. 处理和维护主管日程，准备和完成各类文件报表。 5. 阅读和分析各类信息，制订工作计划，做好时间分配。 6. 协助审核、修订行政管理规章制度，执行日常行政工作。 7. 传达通知、分发文件。 8. 安排公司各种会务和组织员工各种活动。 9. 接待访客并决定是否让主管或其他工作人员与之会谈。 10. 对公司各种文件和档案进行整理、归档。 11. 履行办公日常职责，如办公用品采买、管理和分发，维护记录管理系统和执行基本的簿记工作等。 12. 办理各种行政事务和手续，比如填报报表、公司年检、复印打印等。 13. 负责员工福利的采购工作，包括日常用品、生日礼品、节日礼品等，如中秋的月饼、公司的年货等。			
权限与责任			
1. 权限 （1）对行政检查中发现的问题有处理、建议权。 （2）要求相关部门和人员配合工作的权力。 2. 责任 （1）对工作质量负责。 （2）如因工作失职给公司造成损失，应负相应的经济责任和行政责任。			

（续表）

组织关系			
1. 直接上级：行政部经理。 2. 直接下级：无。			
任职资格			
1. 教育背景 企业管理、人力资源管理、公共关系学、组织行为学、中文、行政管理等专业大专以上学历。 2. 培训经历 受过管理学、管理技能开发、档案管理、会务组织、公共关系、社会学、决策和领导科学、人力资源管理和财务管理等知识的培训。 3. 经验 至少有2年以上的行政管理工作经验，熟悉现代企业管理模式并具备相关实践经验。 4. 技能与素质 （1）较强的管理能力，对现代企业行政管理流程、手段和模式有较深入的认识，具备先进的行政管理理念与行政管理方法。 （2）良好的中英文写作、口语和阅读能力，熟练使用办公软件，熟练使用操作办公自动化设备。 （3）优秀的外联和公关能力，具备解决突发事件的能力。 （4）擅长与人沟通和交往，富有亲和力和说服力。			
参加会议			
根据公司具体情况自定义。			
相关说明			
编制人员		批准人员	
编修日期		批准日期	

2.1.6 行政秘书岗位说明书

职位名称	行政秘书	职位编号	
所属部门		职位等级	
岗位定员		管辖人数	
工资等级		薪酬类型	
岗位性质	负责办公用品的保管领用工作，办公设备的日常维护工作，帮助人事行政经理完成部门的相关工作以及总裁交办的其他工作。		

岗位职责

1. 协助行政经理完成公司行政事务管理。
2. 参与公司绩效管理、考勤等工作。
3. 参与公司行政、采购事务管理。
4. 文件、档案、资料的整理、分类、归档和记录。
5. 电话记录，打印文件，复印资料。
6. 日常报表的收集、整理、汇总、传递和上报。
7. 遇突发事件，紧急联系相关负责人，协助解决。
8. 收发邮件、信件，及时转交相关人员。
9. 上情下达，下情上传。
10. 保密工作，包括公司内部信息、资料、文件、人事、档案、会议内容、计算机信息和财务等。
11. 处理各部门人员的报账事宜，审核、汇总和传递工作。
12. 协调各部门人事关系，使工作能顺利、高效完成。
13. 完成上级管理层交付的临时工作。
14. 保持工作环境整洁、干净等。
15. 负责人事处文秘、公章管理。
16. 开具行政介绍信、证明等各种信函和干部或工人的调动通知。

权限与责任

1. 权限

（1）工作改进建议权。

（2）要求相关部门和人员配合工作的权力。

2. 责任

（1）对工作质量负责。

（2）如因工作失职给公司造成损失，应负相应的经济责任和行政责任。

（续表）

组织关系			
1. 直接上级：行政部经理 2. 直接下级：无。			
任职资格			
1. 教育背景 文秘、中文、行政管理等专业大专以上学历。 2. 培训经历 受过文书写作、档案管理、财务会计基本知识、会务组织、公共关系等知识的培训。 3. 经验 至少有2年以上的行政管理工作经验，熟悉现代企业管理模式并具备相关实践经验。 4. 技能与素质 （1）熟练使用操作办公自动化设备，包括计算机、打印机、传真机、复印机等。 （2）有良好的文字表达能力，有一定的英语基础，具备较强的听说能力。 （3）优秀的外联和公关能力，具备解决突发事件能力。 （4）擅长与人沟通和交往，富有亲和力和说服力。			
参加会议			
根据公司具体情况自定义。			
相关说明			
编制人员		批准人员	
编修日期		批准日期	

2.1.7 总务后勤主管岗位说明书

职位名称	总务后勤主管	职位编号	
所属部门		职位等级	
岗位定员		管辖人数	
工资等级		薪酬类型	
岗位性质	受行政总监领导，直接向行政总监报告工作。		
岗位职责			
1. 组织、领导基本建设管理的各项事务。 2. 负责办理房产、房屋管理，产权事项。 3. 组织领导维护清洁卫生，管理企业绿化与企业环境。 4. 负责环境保护与职业健康安全体系运行和认证相关工作。 5. 管理清洁用品、办公用品、电器配件等物资。 6. 负责固定资产管理与实物核算。 7. 负责厂区、宿舍财产及员工安全的保障。 8. 负责房屋、道路等维修以及宿舍分配、水电管理等事务。 9. 负责伙食供应及管理。 10. 负责安全保卫管理、消防管理和安全检查。 11. 负责配电系统的建立、检查和维护等。 12. 负责公务车调度管理以及车辆、人员进出管理。 13. 负责休闲、文化娱乐设施管理。 14. 负责灾害及其他突发事件处理。			
权限与责任			
1. 权限 （1）对安全事故责任单位和个人依程序和制度实施处罚的权力。 （2）对环境破坏行为依程序和制度实施处罚的权力。 （3）部门内部员工考核的权力。 （4）对部门员工任免的建议权。 2. 责任 （1）对总务后勤工作质量负领导和组织责任。 （2）因工作失职给企业造成损失的，应负相应的经济责任和行政责任。			

（续表）

<table>
<tr><td colspan="4">组织关系</td></tr>
<tr><td colspan="4">1. 直接上级：行政总监。
2. 直接下级：总务后勤员工。</td></tr>
<tr><td colspan="4">任职资格</td></tr>
<tr><td colspan="4">1. 教育背景
行政管理、公共关系学等专业本科以上学历。
2. 培训经历
受过管理学、公共关系学、行政管理、人力资源管理和财务管理等方面的培训。
3. 经验
5 年以上相关工作经验，其中 2 年以上担任行政后勤主管以上职务的经验。
4. 技能与素质
（1）具有较强的组织、计划、执行、控制和协调能力，工作效率高。
（2）能独立工作并进行管理，具有较强的领导管理才能。
（3）具有亲和力，有较强的沟通及交往能力。
（4）具备敏锐的观察力，思维条理清晰细致。
（5）熟悉现代企业后勤管理流程、管理手段和模式以及其他后勤管理专业知识。
（6）熟悉企业的各项规章制度，具备很强的时间管理能力。
（7）有较强的说服力和洞察力。</td></tr>
<tr><td colspan="4">参加会议</td></tr>
<tr><td colspan="4">根据公司具体情况自定义。</td></tr>
<tr><td>相关说明</td><td colspan="3"></td></tr>
<tr><td>编制人员</td><td></td><td>批准人员</td><td></td></tr>
<tr><td>编修日期</td><td></td><td>批准日期</td><td></td></tr>
</table>

2.1.8 公关主管岗位说明书

职位名称	公关主管	职位编号	
所属部门		职位等级	
岗位定员		管辖人数	
工资等级		薪酬类型	
岗位性质	组织制订、实施市场公关计划，监督实施公关活动，确保市场营销工作有序开展。		
岗位职责			
1. 负责起草公司各类市场公关计划，报副总经理批准后组织执行。 2. 配合公司做好项目策划，对涉及公关的事宜及时做好方案，并针对项目策划案提出一些有建设性的意见。 3. 直接参与并决策公司一切对外公关活动，负责审阅所有对外发布的稿件，配合其他部门参与公关的有关活动。 4. 协助副总经理监督销售人员的市场公关活动，充分预防和及时纠正各种问题的发生。 5. 组织开展与新闻界、政府机关等各类重要渠道的联系、联络及相关的接待工作。 6. 每月进行的公关活动均要形成详细的书面报告，并附上相关附件，如费用支出凭证等。 7. 为公关活动中的整体策略提供建议。 8. 每月至少开展一次以上的公众关系调查，将调查结果及时以书面形式反馈给副总经理。 9. 收集各类公关良策和典型案例，深入剖析和横向比较，对公司公关提出建议和策划方案。 10. 注意收集影响本公司形象、声誉、关系的因素和事件信息，分析其后果，及时向副总经理提出对策建议。对于公关过程中发生的问题要及时解决，并随时汇报后进行调整。 11. 将所有进行的公关关系活动的项目方案、实施细则和成果记录等公关文档、数据集中分类，建立起系统、规范的公共关系数据库。 12. 负责做好公司形象的新闻宣传以及相关公关资料、图片、录音、录像、题词等的收集、整理、记录和存档工作。			

（续表）

13. 向外部公众宣传解释公司有关情况，策划主持重要的公关专题活动，协调处理各方面的关系，并将新闻宣传的监督和效果评估形成文字材料报副总经理。 14. 负责指导、管理和监督下属人员的业务工作，改善工作质量和服务态度，做好下属人员的绩效考核和奖励惩罚等工作。 15. 参与公司重大事件的紧急处置和善后处理活动。 16. 经总经理正式任命，作为公司发言人。 17. 完成上级领导临时布置的其他工作。
权限与责任
1. 权限 （1）对市场开发提出建议的权力。 （2）涉及公关方面的建议权。 （3）要求其他相关人员配合工作的权力。 （4）市场部经理赋予的其他相关权力。 2. 责任 （1）对工作质量负领导和组织责任。 （2）因工作失职，给企业造成损失，应负相应的经济责任和行政责任。
组织关系
1. 直接上级：行政部经理。 2. 直接下级：公关部员工。
任职资格
1. 教育背景 传播、公共关系、中文、行政管理、广告、新闻等专业本科以上学历。 2. 培训经历 受过管理学、公共关系、写作、人力资源管理、企业产品一般知识、财务管理等方面的培训。 3. 工作经验 3 年以上相关工作经验，有独立开展公关工作的经验。 4. 技能与素质 （1）具有优秀的对外联络与公关能力，具备较强的应变能力。 （2）具备较强的写作能力，能亲自撰写报告及演示材料。 （3）具备较强的洞察力和说服力。 （4）具备较强的人际关系处理能力和时间管理能力。

（续表）

（5）具备较强的计划、控制能力，能合理安排自己的工作进度与时间。 （6）具有较强的分析与解决问题能力。 （7）具有良好的口头与书面表达能力。			
参加会议			
根据公司具体情况自定义。			
相关说明			
编制人员		批准人员	
编修日期		批准日期	

2.2 公司经理及经理级以上阶层岗位说明书

2.2.1 董事长岗位说明书

<table>
<tr><td>职位名称</td><td>董事长</td><td>职位编号</td><td></td></tr>
<tr><td>所属部门</td><td></td><td>职位等级</td><td></td></tr>
<tr><td>岗位定员</td><td></td><td>管辖人数</td><td></td></tr>
<tr><td>工资等级</td><td></td><td>薪酬类型</td><td></td></tr>
<tr><td>岗位性质</td><td colspan="3">公司的法人代表和重大事项的主要决策人。</td></tr>
<tr><td colspan="4">岗位职责</td></tr>
<tr><td colspan="4">1. 主持股东大会和召集、主持董事会会议。
2. 召集和主持公司管理委员会议，组织讨论和决定公司的发展规划、经营方针、年度计划以及日常经营工作中的重大事项。
3. 检查董事会决议的实施情况，并向董事会提出报告。
4. 提名公司总经理和其他高层管理人员的聘用、决定报酬、待遇以及解聘，并报董事会批准和备案。
5. 审查总经理提出的各项发展计划及执行结果。
6. 定期审阅公司的财务报表和其他重要报表，全盘控制全公司系统的财务状况。
7. 签署批准公司招聘的各级管理人员和专业技术人员。
8. 签署对外重要经济合同，上报印发的各种重要报表、文件和资料。
9. 处理其他由董事会授权的重大事项。
10. 检查董事会决议的实施情况，并向董事会报告。
11. 签署公司股票、公司债券。
12. 由董事会授权董事长在董事会闭幕期间行使董事会的部分职权。
13. 提议召开临时董事会。
14. 除章程规定须由股东大会和董事会决定的事项外，董事长对公司重大业务和行政事项有权做出决定。</td></tr>
<tr><td colspan="4">权限与责任</td></tr>
<tr><td colspan="4">在董事会闭会期间，对公司的重要业务活动有业务执行的处理权和董事会职代行权，并承担执行公司各项规章制度的义务。</td></tr>
</table>

（续表）

<table>
<tr><th colspan="4">组织关系</th></tr>
<tr><td colspan="4">1. 直接上级：董事会。
2. 直接下级：副董事长、总经理、执行董事等。</td></tr>
<tr><th colspan="4">任职资格</th></tr>
<tr><td colspan="4">1. 任职条件
除《中华人民共和国公司法》第一百四十七条规定的以下不得担任公司董事、董事长的任职条件外，其他经公司考核合格者，均可出任董事长。
（1）无民事行为能力或者限制民事行为能力者。
（2）因贪污、贿赂、侵占财产、挪用财产或者破坏社会主义市场经济秩序，被判处刑罚，执行期满未逾 5 年，或者因犯罪被剥夺政治权利，执行期满未逾 5 年者。
（3）担任破产清算的公司、企业的董事或者厂长、经理，对该公司、企业的破产负有个人责任的，自该公司、企业破产清算完结之日起未逾 3 年者。
（4）担任因违法被吊销营业执照、责令关闭的公司、企业的法定代表人，并负有个人责任的，自该公司、企业被吊销营业执照之日起未逾 3 年者。
（5）个人所负数额较大的债务到期未清偿者。
2. 任职期限
我国公司的董事长任期由公司章程规定，但每届任期不得超过 3 年，可以连选连任。</td></tr>
<tr><th colspan="4">参加会议</th></tr>
<tr><td colspan="4">董事会和公司规定的要求董事长列席的其他会议。</td></tr>
<tr><td>相关说明</td><td colspan="3"></td></tr>
<tr><td>编制人员</td><td></td><td>批准人员</td><td></td></tr>
<tr><td>编修日期</td><td></td><td>批准日期</td><td></td></tr>
</table>

2.2.2 总经理岗位说明书

<table>
<tr><td>职位名称</td><td>总经理</td><td>职位编号</td><td></td></tr>
<tr><td>所属部门</td><td></td><td>职位等级</td><td></td></tr>
<tr><td>岗位定员</td><td></td><td>管辖人数</td><td></td></tr>
<tr><td>工资等级</td><td></td><td>薪酬类型</td><td></td></tr>
<tr><td>岗位性质</td><td colspan="3">公司法定代表人和代理人，行政工作的首脑。</td></tr>
<tr><td colspan="4">岗位职责</td></tr>
<tr><td colspan="4">1. 主持公司的经营管理工作，组织实施董事会决议。
2. 组织制订公司年度经营计划，经董事长办公会议批准后负责组织实施。
3. 拟定公司内部管理机构设置方案。
4. 拟定公司基本管理制度和制定公司的具体规章制度。
5. 主持公司经营部门日常各项经营管理工作。
6. 全面执行和检查落实董事长办公会议所做出的有关经营部门的各项工作决定。
7. 负责召集主持总经理办公会议，检查、督促和协调各部门的工作进展。
8. 提请聘任或者解聘公司各部门经理。
9. 签署日常行政、业务文件。
10. 负责处理公司重大突发事件。
11. 负责对各部门经理工作布置、指导、检查监督、评价和考核管理工作。
12. 行使公司章程和董事会授予的其他职权。</td></tr>
<tr><td colspan="4">权限与责任</td></tr>
<tr><td colspan="4">1. 职责
（1）负责公司管理体系的策划，确定公司发展方针、业务目标，负责主持管理评审。
（2）负责公司组织结构图及部门职责的确定，对管理者代表的任命。
（3）负责特殊合同的批准或签订，业务手册以及二级文件和技术文件的批准。
（4）负责确定部门负责人的入职要求、培训计划的审批。
（5）审批内部业务审核计划。
2. 权限
（1）有权设置公司组织机构并任免各部门负责人。
（2）有权对管理人员违反公司制度的事件做出处罚决定。
（3）有权对公司在生产经营中出现的重大问题以及流动资金的借贷做出决定。</td></tr>
</table>

（续表）

<table>
<tr><td colspan="4">（4）有权审批各类日常费用开支。
（5）有权代表公司对重要业务联系单位的接洽、谈判和签署有关文件。
（6）有权决定外购件、外协件等物资购买地点及新产品的开发。
（7）对公司产品质量有否决权，并可对管理评审做出评价结论。
（8）在外出期间，有权指定代理人。</td></tr>
<tr><td colspan="4">组织关系</td></tr>
<tr><td colspan="4">1. 直接上级：董事长。
2. 直接下级：人力资源部、财务部、市场部、行政部等部门经理。</td></tr>
<tr><td colspan="4">任职资格</td></tr>
<tr><td colspan="4">1. 教育培训
成为总经理并没有特别的专业要求，无论是理工科还是文科背景都有可能经过努力成为一个合格的管理者。但是，企业管理、工商管理、行政管理等相关专业的知识内容是总经理所需要掌握的。接受过领导能力开发、战略管理、组织变革管理、战略人力资源管理、经济法和财务管理等方面的培训。
2. 工作经验
对于正规的大中型企业，需要 10 年以上的企业管理工作经验，至少 5 年以上企业高层管理工作经验；对于中小企业或者是创业型的企业，经验素质的要求就低得多，往往视企业的实际发展阶段和状况而定。
3. 技能与素质
（1）热爱本公司，具有德、勤、能、诚的品格。
（2）具有较强的综合管理能力和工作协调能力。
（3）擅长组织、带领团队成员团结、努力工作。</td></tr>
<tr><td colspan="4">参加会议</td></tr>
<tr><td colspan="4">1. 参加董事会和股东会议。
2. 参加公司召开的年度总结会、计划平衡会及其他有关的重大会议。
3. 参加各部门召开的季、月度的重要工作会议。
4. 参加公司召开的紧急或临时重要会议。</td></tr>
<tr><td>相关说明</td><td colspan="3"></td></tr>
<tr><td>编制人员</td><td></td><td>批准人员</td><td></td></tr>
<tr><td>编修日期</td><td></td><td>批准日期</td><td></td></tr>
</table>

2.2.3 财务部经理岗位说明书

<table>
<tr><td>职位名称</td><td>财务部经理</td><td>职位编号</td><td></td></tr>
<tr><td>所属部门</td><td></td><td>职位等级</td><td></td></tr>
<tr><td>岗位定员</td><td></td><td>管辖人数</td><td></td></tr>
<tr><td>工资等级</td><td></td><td>薪酬类型</td><td></td></tr>
<tr><td>岗位性质</td><td colspan="3">负责全面的财务、会计管理工作。</td></tr>
<tr><td colspan="4">岗位职责</td></tr>
<tr><td colspan="4">1. 在分管副总经理领导下，负责主持本部的全面工作，组织并监督部门人员全面完成本部职责范围内的各项工作任务。
2. 贯彻落实本部岗位责任制和工作标准，密切与生产、营销、计划等部门的工作联系，加强与有关部门的协作配合工作。
3. 负责组织《会计法》及地方政府有关财务工作法律法规的贯彻落实。
4. 负责组织公司财物管理制度、会计成本核算规程、成本管理会计监督及其有关的财务专项管理制度的拟定、修改、补充和实施。
5. 组织领导编制公司财务计划、审查财务计划。拟定资金筹措和使用方案，全面平衡资金，开辟财源，加速资金周转，提高资金使用效果。
6. 组织领导本部门按上级规定和要求编制财务决算工作。
7. 负责组织公司的成本管理工作。进行成本预测、控制、核算、分析和考核，降低消耗、节约费用，提高监理水平，确保公司利润指标的完成。
8. 负责建立和完善公司财务会计核算、审计内部控制制度，监督其执行情况。
9. 审查公司经营计划及各项经济合同，并认真监督其执行，参与公司技术、经营及产品开发、基本建设、技术改造和其他项目的经济效益的审议。
10. 组织考核、分析公司经营成果，提出可行的建议和措施。
11. 负责财会人员的业务培训。规划会计机构、会计专业职务的设置和会计人员的配备，组织会计人员培训和考核，坚持会计人员依法行使职权。
12. 负责向公司总经理、主管副总汇报财务状况和经营成果。定期或不定期汇报各项财务收支和盈亏情况，以便领导及时进行决策。
13. 有权向主管领导提议下属人选，并对其工作进行考核评价。
14. 完成公司领导交办的其他工作任务。</td></tr>
</table>

（续表）

<table>
<tr><th colspan="4">权限与责任</th></tr>
<tr><td colspan="4">行使公司财务会计工作的指挥、指导、协调、监督和管理的权力，并承担执行公司规程及工作指令的义务，对其分管的工作全面负责。</td></tr>
<tr><th colspan="4">组织关系</th></tr>
<tr><td colspan="4">1. 直接上级：分管副总经理。
2. 直接下级：会计核算员、出纳技术科科长。</td></tr>
<tr><th colspan="4">任职资格</th></tr>
<tr><td colspan="4">1. 财会专业，大专以上学历，5 年以上财务主管工作经历。
2. 具有中级会计师及以上职称。
3. 熟悉国家财经政策和会计、税务法规。
4. 较强的判断和决策、计划和执行能力，良好的沟通协调和领导能力，责任心强、作风严谨、坚持原则、廉洁奉公。
5. 擅于沟通表达，有较好的组织协调能力和团队合作精神。</td></tr>
<tr><th colspan="4">参加会议</th></tr>
<tr><td colspan="4">1. 参加公司召开的年度总结会、计划平衡协调会及其他有关会议。
2. 参加季、月度的经济活动分析会、销售点开发研讨会、上市产品预测会和考核评比会等会议。
3. 参加公司召开的部门业务专题协调会及其他有关会议。
4. 参加本部门召开的财务工作会议。</td></tr>
<tr><td>相关说明</td><td colspan="3"></td></tr>
<tr><td>编制人员</td><td></td><td>批准人员</td><td></td></tr>
<tr><td>编修日期</td><td></td><td>批准日期</td><td></td></tr>
</table>

2.2.4　生产部经理岗位说明书

职位名称	生产部经理	职位编号	
所属部门		职位等级	
岗位定员		管辖人数	
工资等级		薪酬类型	
岗位性质	负责全面主持本部的管理工作。		
岗位职责			
1. 在总经理领导下，负责主持生产部的全面工作，组织并监督部门人员全面完成生产部职责范围内的各项工作任务。 2. 负责组织生产部各类管理制度的制定、实施、检查、监督和控制。 3. 负责组织编制年、季、月度生产作业计划，定期召开公司月度生产工艺工作会议。 4. 负责组织召开公司每周一次的生产调度会。 5. 负责技术管理标准、生产工艺流程、新产品开发方案审定工作，及时安排、组织试产。 6. 负责统筹安全生产、现场管理、劳动保护、环境保护专项工作。 7. 负责组织做好生产统计核算工作。 8. 负责组织生产部各级管理人员的业务指导和培训工作，并对其工作进行检查、考核和评比。 9. 负责制订本部门工作目标、工作计划，并及时组织实施、指导、协调、检查、监督及控制工作。 10. 完成上级安排的其他工作。			
权限与责任			
1. 权限 （1）有对生产计划的决定权和生产调度权。 （2）有对生产各项工作在职责范围内的审批权。 （3）有对生产管理费用限额范围内的审批权。 （4）其他相关权力。 2. 责任 （1）建立健全本部门各项质量管理制度。 （2）指导、引导本部门人员达成质量管理目标。			

（续表）

（3）关注本部门全员的动向及各项事务的执行力度。 （4）对本部门人员的培训和业务指导。
组织关系
1. 直接上级：分管副总经理。 2. 直接下级：生产科科长。
任职资格
1. 教育要求 大专以上学历，以企业管理专业为主，受过管理学、物料管理、生产管理、企业管理等方面的培训。 2. 工作经验 具有 5 年以上生产管理相关工作经验，3 年以上生产部主管职位以上工作经验。 3. 技能与素质 （1）熟悉生产运营管理，能够主持生产运作。 （2）熟悉材料并具备良好的行业企业的生产经营管理理念和能力，有一定的财务知识。 （3）具备极强的均衡生产观念，有极强的进度控制能力。 （4）有较强组织协调、决断和创新能力。 （5）具有较强的战略思考能力。 （6）具有较强的市场观念、效益观念、成本观念、质量观念、创新观念和科学管理经验。
参加会议
1. 参加公司召开的年度总结会、计划平衡协调会及其他有关会议。 2. 参加季、月度的经济行动分析会、排产会、生产调度会和考核评比会等会议。 3. 参加公司召开的部门业务专题协调会及其他有关会议。 4. 参加本部门召开的生产、安全、设备等工作会议。

相关说明			
编制人员		批准人员	
编修日期		批准日期	

2.2.5 营销部经理岗位说明书

职位名称	营销部经理	职位编号	
所属部门		职位等级	
岗位定员		管辖人数	
工资等级		薪酬类型	
岗位性质	负责全面主持本部的管理工作。		
岗位职责			
1. 在分管副总经理领导下，负责主持本部门的全面工作，组织并督促部门人员全面完成本部门职责范围内的各项工作任务。 2. 贯彻落实本部门岗位责任制和工作标准，密切与生产、人事、计划、财务、质量等部门的工作联系，加强与有关部门的协调配合工作。 3. 组织制定产品销售、入库、出库、在仓保管制度。明确销售工作标准，建立健全的销售管理网络，认真做好协调、指导、调度、检查和考核工作。 4. 负责组织编制年、季、月度销售计划，适时合理地签订供货合同，确保销售计划指标完成，节约销售费用，及时回笼资金，加速公司资金周转。 5. 加强仓库管理基础工作。认真办理产品出入库手续，定期进行清仓盘点工作，做好在库产品的安全消防工作。 6. 负责编制销售统计报表。做好销售统计核算基础管理工作，建立和规范各种原始记录、统计台账、报表的核算程序，汇总填报年、季、月度销售统计报表，及时填写销售统计分析报告，为公司领导决策服务。 7. 负责驻外分公司、营销网点的销售调度及运输工作。及时汇总编制产品需求量计划，合理平衡产品供货，做好对外销售点联络工作，组织产品的运输、调配，完善发运过程的交接手续。 8. 负责抓好市场调查、分析和预测工作。做好市场信息的收集、整理和反馈，掌握市场动态，积极适时、合理有效地开辟新的经销网点，努力拓展业务渠道，不断扩大公司产品的市场占有率。 9. 负责做好优质服务、售后服务工作。加强对营业人员的教育，走访用户，及时处理用户投诉，提高企业信誉。 10. 负责抓好营销人员的考核、考评与管理教育工作。关心营销人员的生活及思想动态，做好耐心细致的思想教育工作，杜绝经济犯罪事件发生。 11. 有权向主管领导提议下属科长、经理人选，对其工作考核进行评价。 12. 按时完成公司领导交办的其他工作任务。			

（续表）

权限与责任			
负责全面主持营销工作的指挥、指导、协调和监督管理，并承担执行公司规程及工作指令的义务，对其分管的工作全面负责。			
组织关系			
1. 直接上级：分管副总经理。 2. 直接下级：储运科科长、市场科科长、售后服务科科长。			
任职资格			
1. 教育要求 大学本科以上文化程度，具备营销专业知识。 2. 工作经验 具有 2 年以上销售经验。 3. 技能与素质 （1）热爱公司、坚持原则、廉洁奉公。 （2）有较强的综合协调能力和组织管理能力。 （3）虚心好学，积极进取，有较强的工作责任感和事业心。			
参加会议			
1. 参加公司召开的年度总结会、计划平衡协调会及其他有关会议。 2. 参加季、月度的经济活动分析会、营销计划会和考核评比会等会议。 3. 参加公司召开的部门业务协调会和专题分析会。 4. 参加本部门召开的营销工作会议。			
相关说明			
编制人员		批准人员	
编修日期		批准日期	

2.2.6 市场部经理岗位说明书

<table>
<tr><td>职位名称</td><td>市场部经理</td><td>职位编号</td><td></td></tr>
<tr><td>所属部门</td><td></td><td>职位等级</td><td></td></tr>
<tr><td>岗位定员</td><td></td><td>管辖人数</td><td></td></tr>
<tr><td>工资等级</td><td></td><td>薪酬类型</td><td></td></tr>
<tr><td>岗位性质</td><td colspan="3">全面主持市场部的工作。</td></tr>
<tr><td colspan="4">岗位职责</td></tr>
<tr><td colspan="4">1. 协助总经理制定总体市场发展战略以及市场发展目标。
2. 根据公司的政策协议、销售计划、预算结构建立和发展客户。
3. 保持和发展适当的数据，对客户支持项目做出计划和分析，为公司整体战略规划提供依据。
4. 培训、发展和支持客户关系员工。
5. 制定公司品牌管理策略，维护公司品牌。
6. 制订销售、市场和售后计划、程序和方式，提高公司形象和保持客户的忠诚度。
7. 为外包加工商、经销商和下属确定培训项目，准备和提出其所需的相关资料。
8. 建立售后服务信息管理系统，包括客户服务档案、质量跟踪及反馈。
9. 向领导和质量部门提供数据、产品质量信息，为解决问题提供建议。
10. 管理好本部门的日常事务。
11. 完成总经理交代的其他任务。</td></tr>
<tr><td colspan="4">权限与责任</td></tr>
<tr><td colspan="4">1. 权限
公司重大决策参与权，要求部门人员按规定工作的权力。
2. 责任
对本部门工作的质量负责，对本部门的员工负责，因工作失误给工作造成损失负相应的经济责任。</td></tr>
<tr><td colspan="4">组织关系</td></tr>
<tr><td colspan="4">1. 直接上级：营销部经理。
2. 直接下级：业务管理员、市场调查员。</td></tr>
</table>

（续表）

<table>
<tr><td colspan="4">任职资格</td></tr>
<tr><td colspan="4">1. 教育背景
市场营销或相关专业本科及以上学历。接受过战略管理、组织变革管理、管理能力开发、市场营销、合同法、财务管理、谈判技巧等方面的培训。
2. 工作经验
8年以上企业市场管理工作经验。
3. 技能与素质
（1）对市场营销工作有深刻认知。
（2）有较强的市场感知能力和敏锐地把握市场动态、市场方向的能力。
（3）熟练操作办公软件。
（4）工作积极热情，责任心强；具有较强的沟通、协调能力和公关能力，良好的团队合作精神。
（5）性格积极主动、开朗，讲求效率，乐于接受挑战。</td></tr>
<tr><td colspan="4">参加会议</td></tr>
<tr><td colspan="4">1. 参加公司召开的部级以上的有关工作会议。
2. 参加公司季、月度的工作协商会。
3. 参加公司召开的年度工作评比会。</td></tr>
<tr><td>相关说明</td><td colspan="3"></td></tr>
<tr><td>编制人员</td><td></td><td>批准人员</td><td></td></tr>
<tr><td>编修日期</td><td></td><td>批准日期</td><td></td></tr>
</table>

2.2.7 人力资源部经理岗位说明书

职位名称	人力资源部经理	职位编号	
所属部门		职位等级	
岗位定员		管辖人数	
工资等级		薪酬类型	
岗位性质	负责全面主持本部的劳资、人事方面的管理工作。		
岗位职责			
1. 协助总经理制定人力资源战略规划，为重大人事决策提供建议和信息支持。 2. 根据公司发展战略组织制定人力资源战略规划，全面考虑干部和技术人员的梯队建设。 3. 参与公司重大人事问题的决策。 4. 定期组织收集有关人事招聘、培训、考核、薪酬等方面的信息，为公司重大人事决策提供信息支持。 5. 负责公司人力资源战略的执行。 6. 根据公司的情况，组织制定公司用工制度、人事管理制度、劳动工资制度、人事档案管理制度、员工手册、培训大纲等规章制度、实施细则和人力资源部工作程序，并组织实施。 7. 根据公司的发展规划，提出机构设置和岗位职责设计方案，对公司组织结构设计提出改进方案。 8. 全面负责人力资源管理的各项事务。 9. 负责公司内部人力资源调配。 10. 负责开发、引进外部人才，组织实施招聘工作，并参与对应聘人员的面试筛选。 11. 负责制订公司员工的培训和发展计划，组织安排对员工的培训。 12. 负责组织公司员工的考核，并对考核结果做出评价。 13. 负责组织公司员工的职称评定工作。 14. 组织公司薪酬管理工作，编制公司年度薪酬计划及薪资调整方案，审核公司员工每月的工资。 15. 负责建立公司内部的沟通机制，及时了解员工的思想动态。 16. 受理员工投诉，并组织相关部门妥善解决。			

（续表）

17. 负责其他人事事务。 18. 负责员工的养老保险、失业保险、医疗保险等工作。 19. 代表公司与员工签订各种劳动合同以及处理各种与合同相关的事宜。 20. 负责受理员工与公司劳动争议事宜并及时解决。 21. 负责出国人员的政审工作。 22. 监督下属进行各类人事档案的归档保管工作。 23. 负责有关人事调动、户口管理的事宜。 24. 代表公司与政府部门、其他单位进行沟通和交流。 25. 负责人力资源部内部的组织管理。 26. 负责指导属下员工制订阶段工作计划，并督促执行。 27. 负责人事队伍建设，选拔、配备、培训本部门人员并做出评价。 28. 负责部门内工作任务分工，合理安排人员。 29. 负责控制部门预算，降低费用成本。 30. 完成总经理交办的其他任务。
权限与责任
1. 权限 （1）对公司编制内招聘有审核权。 （2）对公司员工出勤有监督权。 （3）对公司员工手册有解释权。 （4）有对员工考核数据和事项核实权。 （5）对员工投诉有核实权。 （6）有对直接下级人员调配、奖惩的建议权，任免的提名权和考核评价权。 （7）对所属下级的工作有监督、检查权。 （8）对所属下级的工作争议有裁决权。 （9）对本部门预算内的费用有使用权。 2. 责任 对本部门工作的质量负责，对本部门的员工负责，因工作失误给工作造成损失负相应的经济责任。

（续表）

组织关系

1. 直接上级：总经理。

2. 直接下级：前台文员、人事助理、行政专员、招聘专员和后勤人员。

任职资格

1. 教育背景

具有大专以上文化程度和劳动人事管理知识，熟悉国家劳动人事管理的法律、法规、章程和各方针、政策。

2. 工作经验

有 2 年以上人力资源管理工作。

3. 技能与素质

（1）拥有较强的组织管理能力。

（2）努力学习，积极进取，团结下属，既严格管理又讲究工作方法。

（3）擅长做认真细致的思想工作。

参加会议

1. 参加公司召开的年度总结会、计划平衡协调会及其他有关重要会议。

2. 参加季、月度的总经理办公会、经济活动分析会和考核评比会等会议。

3. 参加临时紧急会议和总经理参加的有关专题会议。

4. 参加本部门召开的人事工作会议。

相关说明			
编制人员		批准人员	
编修日期		批准日期	

2.2.8 客户服务部经理岗位说明书

职位名称	客户服务部经理	职位编号	
所属部门		职位等级	
岗位定员		管辖人数	
工资等级		薪酬类型	
岗位性质	全面主持售后服务的工作。		
岗位职责			
1. 对客户代表进行培训、激励、评价和考核。 2. 对公司产品的售后服务和维修管理。 3. 客户接待管理工作。 4. 安排人员上门维修服务并做好工作记录。 5. 努力提高上门服务的工作质量。 6. 抓好客户档案资料管理工作。 7. 填报材料进销存报表。 8. 协助做好对客户代表人员的职业道德和形象教育。 9. 做好维修工具的领用保管与登记管理。 10. 有对下属的人事推荐权和考核、评价权。			
权限与责任			
对本部职责范围内的工作有指导、指挥、协调和监督管理的权力，并对其所承担的工作全面负责。			
组织关系			
1. 直接上级：总经理。 2. 直接下级：客户代表。			
任职资格			
1. 教育背景 具有大专以上文化程度和管理协调能力。 2. 技能与素质 （1）有较强的工作责任感和事业心，工作认真仔细。 （2）有较强的协调能力和沟通能力。			

（续表）

参加会议			
1. 参加公司召开的部级以上有关会议。 2. 参加公司季、月度的工作协调会。 3. 参加公司召开的年度工作评比会。			
相关说明			
编制人员		批准人员	
编修日期		批准日期	

2.2.9 信息部经理岗位说明书

职位名称	信息部经理	职位编号	
所属部门		职位等级	
岗位定员		管辖人数	
工资等级		薪酬类型	
岗位性质	负责全面主持本部的管理工作。		
岗位职责			
1. 在分管副总经理的领导下，负责主持本部的全面工作，组织并监督全部人员全面完成本部职责范围内的各项工作任务。 2. 贯彻落实本部岗位责任制和工作标准，密切各部门工作关系，加强与各部门的协作配合，做好衔接协调工作。 3. 负责编制公司经营方针目标和生产经营计划（草案）、信息开发、企业管理等项工作计划，组织对计划完成情况的考核工作。 4. 负责组织公司企业管理制度和标准的制定、修改、检查并组织考核。 5. 负责做好公司计算机网络系统的维护、管理和数据信息处理，管理系统保密口令，保证网络系统的正常运行，参与新程序、新系统的设计开发，负责组织制定计算机管理的各项规章制度及必要的操作规程。 6. 负责公司综合统计核算和统计基础管理工作。定期组织编制上报统计报表，开展统计分析，抓好统计原始记录、统计台账和统计报表规范化。 7. 负责抓好公司定额管理工作。及时组织各类定额的编制、抽查、修订和统一汇总工作，定期组织对各类定额完成情况进行监督、检查和考核。			

（续表）

<table>
<tr><td colspan="4">8. 负责组织制定公司经济责任制考核制度和考核工作实施细则；定期组织各职能部门开展自查、抽查和互查，按月考核评分并及时公布。
9. 负责监督各部门编制上报各类年、季、月度计划，及时做好各类计划的综合平衡工作。
10. 组织收集市场信息，即时开展分析预测，及时编写分析预测报告。
11. 负责组织各部门制定与其专业管理相关的各项管理制度。
12. 负责组织公司整体形象策划管理工作。
13. 负责组织对公司计划、统计、企管、计算机人员的业务培训。
14. 有权向主管领导提议下属科长或副科长人选，并对其工作进行考核评价。
15. 完成公司领导交办的其他工作任务。</td></tr>
<tr><td colspan="4">权限与责任</td></tr>
<tr><td colspan="4">行使公司企管、信息、计划统计工作的指导、指挥、协调、监督和管理的权力，并承担执行公司各项规章和工作指令的义务，对其分管的工作全面负责。</td></tr>
<tr><td colspan="4">组织关系</td></tr>
<tr><td colspan="4">1. 直接上级：分管副总经理。
2. 直接下级：信息科科长、计划统计科科长和企管科科长。</td></tr>
<tr><td colspan="4">任职资格</td></tr>
<tr><td colspan="4">1. 教育背景
具有大专以上文化程度和较全面的企业计划、统计等综合管理知识。
2. 技能与素质
（1）热爱本公司，有较强的工作能力和综合管理协调能力。
（2）努力学习，积极进取，有较强的工作责任心和事业心。
（3）具备较强的文字组织能力、敏锐的思维和分析预测能力。</td></tr>
<tr><td colspan="4">参加会议</td></tr>
<tr><td colspan="4">1. 参加公司召开的年度总结会、计划平衡协调会及其他有关的中层领导会议。
2. 参加季、月度的经济活动分析会、排产会、生产调度会和考核评比会等会议。
3. 参加有关部门召开的业务专题协调会及其他工作会议。
4. 参加本部门召开的有关工作会议。</td></tr>
<tr><td>相关说明</td><td colspan="3"></td></tr>
<tr><td>编制人员</td><td></td><td>批准人员</td><td></td></tr>
<tr><td>编修日期</td><td></td><td>批准日期</td><td></td></tr>
</table>

2.2.10 技术开发部经理岗位说明书

职位名称	技术开发部经理	职位编号	
所属部门		职位等级	
岗位定员		管辖人数	
工资等级		薪酬类型	
岗位性质	全面主持本部的技术管理工作。		
岗位职责			
1. 在分管副总经理领导下，全面负责主持本部的工作，组织并监督全部人员全面完成本部职责范围内的各项工作任务。 2. 贯彻落实本部岗位责任制和工作标准，密切与生产、质量、营销、人事等部门的工作关系，加强与有关部门的协作配合工作。 3. 负责组织制定公司技术管理制度和技术工艺标准。 4. 负责制定或修改技术规程，编制工艺操作方法、机器设备及工器具的正确使用、维修和技术安全等有关的技术规定。 5. 负责公司新技术引进和产品开发工作的计划、实施，确保产品品种不断更新和扩大。 6. 负责组织抓好新产品的开发和研究工作，及时组织新产品的试制工作。 7. 负责组织编制公司产品的定额标准，结合生产实际，及时组织年度审核、补充和修订其产品定额内容。 8. 负责及时指导、处理、协调和解决生产过程中出现的技术问题，保证生产经营工作的正常进行，确保公司生产计划的按时完成。 9. 负责及时组织编制公司技术开发计划，按时上报公司领导及计划部门。 10. 负责组织和编制公司技术发展规划、长远技术发展和技术措施规划，并组织规划的制订、修改、补充、实施等一系列技术组织和技术管理工作。 11. 负责做好本部技术图纸、技术资料的归档管理工作；负责制定严格的技术资料交保管制度，合理、充分地利用技术资料。 12. 抓好公司技术管理队伍建设工作，抓好人员的技术培训和提高工作。 13. 负责组织技术成果及技术经济效益的专业评价工作。 14. 有权向主管领导提议下属科长或副科长人选，并对其工作进行考核评价。 15. 完成公司领导交办的其他工作。			

（续表）

权限与责任			
行使公司技术引进、新产品开发研究、新技术推广应用、技术标准制定、技术指导与监督、协调、管理的权力，并承担执行公司规程及工作指令的义务，对其分管的工作全面负责。			
组织关系			
1. 直接上级：分管副总经理。 2. 直接下级：技术科科长、研究所所长。			
任职资格			
1. 教育背景 具有大专以上文化程度，较全面的专业技术水平和技术管理知识。 2. 技能与素质 （1）热爱本公司，有较强的技术业务能力和相当的工作协调能力。 （2）虚心好学，积极进取，有较强的工作责任心和事业心。 （3）技术上不自满、不保守、易于接受新技术，勇于进行技术革新和创新。 （4）敢于坚持科学原则，具有科学、求学、开拓创新精神和品格。			
参加会议			
1. 参加公司召开的年度总结会、计划平衡协调会及其他有关中层领导会议。 2. 参加季、月度的经济活动分析会、排产会、生产调度会和考核评比会等会议。 3. 参加有关业务部门召开的专题协调会及其他会议。 4. 参加本部门召开的技术、业务工作会议。			
相关说明			
编制人员		批准人员	
编修日期		批准日期	

2.2.11 企业发展部经理岗位说明书

职位名称	企业发展部经理	职位编号	
所属部门		职位等级	
岗位定员		管辖人数	
工资等级		薪酬类型	
岗位性质	全面主持企业发展部的工作。		
岗位职责			
1. 对下属的工作进行考核、评比和激励。 2. 组织对公司各部门、各类人员的检查、评价和考核。 3. 负责对公司整体形象的策划工作。 4. 组织拟订公司发展规划和战略方针。 5. 对电脑办公自动化进行管理。 6. 草拟公司机构和规章制度的建立和修改方案。 7. 定期或不定期组织人员进行分析讨论。 8. 协助搞好与政府有关部门的关系。 9. 组织公司参加各类展销会和洽谈会等活动。 10. 定期检查各部门落实公司计划和工作的情况。 11. 有对下属的人事推荐权和考核、评价权。			
权限与责任			
对本部职责范围内的工作有指导、指挥、协调和监督管理的权力，并对其分管的工作全面负责。			
组织关系			
1. 直接上级：分管副总经理。 2. 直接下级：企业管理员。			
任职资格			
1. 教育背景 具有大专以上文化程度或较丰富的企业管理专业知识和实际工作经验。 2. 技能与素质 （1）有较强的工作责任感和事业心，工作勤恳诚实。 （2）有较强的管理协调能力和沟通能力。			

（续表）

参加会议			
1. 参加公司召开的部级以上有关会议。 2. 参加公司季、月度的工作协调会。 3. 参加公司召开的年度工作评比会。			
相关说明			
编制人员		批准人员	
编修日期		批准日期	

2.2.12 质保部经理岗位说明书

职位名称	质保部经理	职位编号	
所属部门		职位等级	
岗位定员		管辖人数	
工资等级		薪酬类型	
岗位性质	负责全面主持本部的管理工作。		
岗位职责			
1. 在分管副总经理的领导下，负责主持本部的全面工作，组织并督促部门人员全面完成本部职责范围内的各项工作任务。 2. 贯彻落实本部岗位责任制和工作标准，密切与生产、营销、计划、财务和人事等部门的工作联系，加强与有关部门的协作配合工作。 3. 负责组织质量检验标准，质量、计量管理制度的拟订、修改、检查、指导、协调、监督、控制及执行。 4. 负责组织编制年、季、月度产品质量提高与改进、质量管理等工作计划，并组织实施、检查、协调和考核，及时处理和解决各种质量纠纷。 5. 负责建立和完善产品质量保证体系。制定并组织实施公司质量发展纲要，健全质量管理网络，制定和完善管理目标负责制，确保产品质量的稳定提高，力争尽早通过ISO9000认证。 6. 配合人力资源部抓好全员质量培训教育工作。有计划地定期组织质量检验员、计量员、管理人员、各级领导、营销人员、维修人员和操作工等不同岗位的质量教育培训工作，加大对计量、质量管理和考核力度，逐步建立和推行计量、质量人员执证上岗制度。			

（续表）

7. 负责对公司的产品、工作、服务等质量进行监督、检查、协调和管理。 8. 负责组织公司质量事故的处理。参与由于产品出厂引起质量异议、退货、索赔等质量事件的调查处理，及时提出处理意见并向主管领导汇报。 9. 负责组织建立和健全质量岗位责任制。明确各岗位的职责、权力和义务。 10. 组织编制年季、月度质量统计报表。建立和规范原始记录、台账、报表核算标准程序，培训专、兼职质量统计人员，提高业务水平和统计核算质量。 11. 负责收集公司产品售后质量服务资料。定期或不定期地进行市场调查、客户抽查，及时编写市场质量调查分析报告，提出改进意见和建议。 12. 有权向分管领导提议下属科长或副科长人选，并对其工作进行考核评价。 13. 按时完成公司领导交办的其他工作事项。			
权限与责任			
行使对公司质量检验，计量、质量管理工作的指挥、指导、协调、监督和管理权，承担执行公司规程及工作指令义务，对其分管的质量管理工作全面负责。			
组织关系			
1. 直接上级：分管副总经理。 2. 直接下级：质检科科长、质管科科长。			
任职资格			
1. 教育背景 具有大专以上文化程度或较丰富的本公司产品质量管理实践经验。 2. 技能与素质 （1）热爱公司，有较强的综合协调能力和组织管理能力。 （2）坚持原则，廉洁奉公，有较强的工作责任感和事业心。 （3）熟悉本公司产品工艺流程，了解和掌握质量检验的管理知识。			
参加会议			
1. 参加公司召开的年度总结会、计划平衡协调会及其他有关会议。 2. 参加季、月度的经济活动分析会、排产会、生产调度会和考核评比会等会议。 3. 参加公司召开的部门业务专题协调会及其他有关会议。 4. 参加本部门召开的质量、计量等有关会议。			
相关说明			
编制人员		批准人员	
编修日期		批准日期	

2.3 各科科长及以上主管岗位说明书

2.3.1 办公室主任岗位说明书

职位名称	办公室主任	职位编号	
所属部门		职位等级	
岗位定员		管辖人数	
工资等级		薪酬类型	
岗位性质	负责主持办公室所有的管理工作。		
岗位职责			
1. 在总经理的领导下，负责主持本室的全面工作，组织并督促全室人员全面完成本室职责范围内的各项工作任务。 2. 贯彻落实本室岗位责任制和工作标准，密切各部门工作关系，加强协作配合，做好衔接协调工作。 3. 组织汇总公司年度综合性资料，草拟公司年度总结、工作计划和其他综合性文稿，及时撰写总经理的发言稿和其他以公司名义发言的文稿编写及审核工作，严格按行文程序办理，保证文稿质量。 4. 组织收集和了解各部门的工作动态，协助总经理及公司领导协调各部门之间有关的业务工作，掌握公司主要活动情况，为公司领导决策提供意见和建议，负责编写公司年度大事记。 5. 负责召集公司办公会议，检查督促办公会议和公司领导布置的主要工作任务的贯彻落实情况。 6. 负责监督公司印章的使用。 7. 参与公司发展规划、年度经营计划的编制和公司重大决策事项的讨论。 8. 负责组织公司通用管理标准及规章制度的拟定、修改和编写工作，协助参与专用管理标准及管理制度的拟定、讨论和修改工作。 9. 负责组织公司投资项目的洽谈、调研、立项、报批、工程投标、开工、竣工、预决算等有关基建项目管理工作，及时组织编制项目计划和项目进度统计报表，认真做好项目的监督管理工作。 10. 负责组织物资的供应计划，组织物品的供应、采购工作，做好物品进、出、存的统计核算工作。			

（续表）

11. 负责组织全公司员工大会工作，开展年度总结评比和表彰工作。 12. 负责做好公司来宾的接待安排，统一负责与上级主管部门的联系以及有关的法律咨询等工作。 13. 有权向直属领导提议下属人选，并对其工作进行考核评价。 14. 完成公司领导交办的其他工作任务。			
权限与责任			
行使对公司行政办公秩序、物资供应等的指导、指挥、监督和管理的权力，并承担执行公司各项规程、工作指令的义务。			
组织关系			
1. 直接上级：总经理。 2. 直接下级：文秘科、物资采购部。			
任职资格			
1. 教育背景 具有大专以上文化程度和较强的文字组织能力。 2. 技能与素质 （1）热爱本公司，有较强的工作能力和综合管理协调能力。 （2）努力学习，积极进取，有较强的工作责任感和事业心。			
参加会议			
1. 参加公司召开的年度总结会、计划平衡协调会及其他重大会议。 2. 参加季、月度的总经理办公会、经济活动分析会和考核评比会等会议。 3. 参加临时紧急会议与总经理参加的有关专题会议。 4. 参加本部门召开的有关工作会议。			
相关说明			
编制人员		批准人员	
编修日期		批准日期	

2.3.2 文秘科科长岗位说明书

职位名称	文秘科科长	职位编号	
所属部门		职位等级	
岗位定员		管辖人数	
工资等级		薪酬类型	
岗位性质	全面主持文秘科的工作。		
岗位职责			
1. 草拟各类文书、文件、报告、总结及其他材料。 2. 为公司领导人撰写文稿等工作。 3. 负责对文件的收、发、存管理工作。 4. 对下属进行评价、考核和激励。 5. 负责做好来客的日常接待工作。 6. 负责公司档案的管理工作。 7. 负责公司文印工作的管理。 8. 做好各种类文件、资料的鉴定及统计管理工作。 9. 负责各种类会务的安排工作。 10. 负责公司印章、法人章的监督管理和办公室印章的管理。 11. 有对下属的人事推荐权和考核、评价权。			
权限与责任			
对本科职责范围内的工作有指导、指挥、协调和监督管理的权力。			
组织关系			
1. 直接上级：办公室主任。 2. 直接下级：秘书、档案管理员、总机话务员。			
任职资格			
1. 具有大专以上的文化程度。 2. 具有较强的文字组织和文秘管理协调工作能力。 3. 原则性强，具有较强责任感。			

（续表）

参加会议			
1. 参加公司召开的办公室人员的有关会议。 2. 参加季、月度的工作协调会。 3. 参加公司召开的年度工作评比会。			
相关说明			
编制人员		批准人员	
编修日期		批准日期	

2.3.3 董事长秘书岗位说明书

职位名称	董事长秘书	职位编号	
所属部门		职位等级	
岗位定员		管辖人数	
工资等级		薪酬类型	
岗位性质	负责董事会有关文书材料等文秘工作。		
岗位职责			
1. 负责召集董事会议。 2. 负责董事会的会议记录。 3. 负责公司印章、法人章的管理。 4. 负责董事会会议的筹备与通知。 5. 负责会议材料的整理、存档、发放、收集工作。 6. 负责董事长来往信件的处理工作。 7. 做好保密工作，并严格遵守公司保密规定。 8. 文秘科科长因公外出或不上班时，代职行使科长的职责，管理本科工作。 9. 负责公司的传真接收和发放。 10. 负责公司文件的打字和复印。			
权限与责任			
受董事长委托，行使对董事会日常工作协调和会议召集的管理权限，并对所承担的工作全面负责。			

（续表）

组织关系			
1. 直接上级：文秘科科长。 2. 间接上级：董事长。			
任职资格			
1. 具有本科以上的文化程度。 2. 具有较强的文字组织和管理协调能力。 3. 原则性强，并具有较强的责任感和事业心。 4. 具有较强的保密思想观念和意识。			
参加会议			
1. 参加董事会和公司召开的有关会议。 2. 参加公司的各类工作协调会和评比会。			
相关说明			
编制人员		批准人员	
编修日期		批准日期	

2.3.4 会计主管岗位说明书

职位名称	会计主管	职位编号	
所属部门		职位等级	
岗位定员		管辖人数	
工资等级		薪酬类型	
岗位性质	对所分管的工作全面负责。		
岗位职责			
1. 服从分配，听从指挥，并严格遵守公司各项规章制度和有关规定。 2. 负责领导公司的财务会计。 3. 建立、健全财务管理体系，对财务部门的日常管理、年度预算、资金运作等进行总体控制。 4. 组织编制本公司的财务计划、银行借款计划，并组织实施。 5. 负责组织固定资产和资金的核算工作。			

（续表）

6. 负责按国家规定进行严格审查各类有关财务方面的事项，并督促办理解交手续。 7. 负责审查或参与拟订经济合同、协议及其他经济文件。 8. 负责向公司领导和董事会报告财务状况和经营成果，审查对外提供的会计资料。 9. 定期或不定期地向公司领导、董事会报告各项财务收支和盈亏情况，以便领导进行决策。 10. 负责组织会计人员学习政治理论和业务技术。 11. 负责会计人员考核，参与会计人员的任用和调配。 12. 参加生产经营会议，参与经营决策。
权限与责任
1. 权限 （1）有权检查各部门固定资产的盘盈、盘亏情况。 （2）有权检查材料的计量、收发、检验情况并提出改进意见。 （3）有权拟定材料控制办法，加强材料明细核算。 （4）有权要求有关部门和人员遵守财务会计制度。 （5）有权参与本单位费用计划编制并参加有关会议。 （6）有权提出与往来工作有关的合理化建议。 （7）有《会计人员职权条例》赋予的其他权力。 2. 责任 （1）遵守财务保密制度。 （2）执行《会计法》《企业会计准则》和其他会计补充规定。 （3）积极为生产经营活动提供服务。 （4）按规定期限办理日常财务业务。 （5）定期向领导汇报工作完成情况。
组织关系
1. 直接上级：财务部经理。 2. 直接下级：会计部相关工作人员。
任职资格
1. 具有大专以上文化程度和会计专业技术资格。 2. 熟悉国家的财经法律、法规、规章和方针政策。 3. 有较强的组织能力、工作责任感和事业心。

（续表）

参加会议			
会计部相关会议和公司规定需要参加的其他会议。			
相关说明			
编制人员		批准人员	
编修日期		批准日期	

2.3.5 会计核算科科长岗位说明书

职位名称	会计核算科科长	职位编号	
所属部门		职位等级	
岗位定员		管辖人数	
工资等级		薪酬类型	
岗位性质	全面主持会计核算科的工作。		
岗位职责			
1. 严格服从财务部经理的领导，一切管理行为向财务部经理负责。 2. 草拟本科的工作计划和目标。 3. 负责制定和执行公司的成本管理。 4. 会同劳资部门做好工资计划，并检查、监督其执行情况。 5. 负责审核工资计算，并办理工资发放及代扣款项。 6. 负责制定固定资产目录，并做好资产折旧核算。 7. 负责组织好公司固定资产的清查盘点工作。 8. 负责拟定材料管理与核算的实施办法。 9. 负责审核材料供应计划和供货合同。 10. 有对下属的人事推荐权和考核、评价权。 11. 定期组织对科里的工作进行评价。 12. 完成公司领导临时交办的其他工作任务。			
权限与责任			
对本科职责范围内的工作有指导、指挥、协调和监督管理的权力，对所承担的工作全面负责。			

（续表）

组织关系			
1. 直接上级：财务部经理。 2. 直接下级：材料核算员、工资核算员、成本费用核算员。			
任职资格			
1. 具有大专文化程度和会计专业技术资格。 2. 熟悉国家的财经法律、法规、规章和方针政策。 3. 有较强的管理组织能力、工作责任感和事业心。			
参加会议			
1. 参加财务部门召开的业务工作会。 2. 参加公司召开的科级以上的会议。 3. 参加公司月、季、年度的有关会议。			
相关说明			
编制人员		批准人员	
编修日期		批准日期	

2.3.6　供应科科长岗位说明书

职位名称	供应科科长	职位编号	
所属部门		职位等级	
岗位定员		管辖人数	
工资等级		薪酬类型	
岗位性质	全面主持供应科的工作。		
岗位职责			
1. 对采购人员进行考核、评比和激励。 2. 草拟本科室的工作计划。 3. 材料质量、数量管理工作。 4. 负责应付款的审查工作。 5. 组织对物资市场信息的收集和分析。			

（续表）

6. 处理和协调与供应商的关系。 7. 对所选样的规格、质量负责。 8. 定期或不定期组织人员进行分析讨论。 9. 有对下属的人事推荐权和考核、评价权。			
权限与责任			
对本科职责范围内的工作有指导、指挥、协调和监督管理的权力，并对所承担的工作全面负责。			
组织关系			
1. 直接上级：办公室主任。 2. 直接下级：采购员、仓库员。			
任职资格			
1. 具有大专以上文化程度，以及一定的物资采购知识和管理能力。 2. 有较强的工作责任感和事业心，原则性强，能吃苦耐劳。 3. 有一定的管理协调能力和沟通能力。			
参加会议			
1. 参加公司召开的办公室有关会议。 2. 参加公司季、月度的工作协调会。			
相关说明			
编制人员		批准人员	
编修日期		批准日期	

2.3.7 计划统计科科长岗位说明书

职位名称	计划统计科科长	职位编号	
所属部门		职位等级	
岗位定员		管辖人数	
工资等级		薪酬类型	
岗位性质	全面主持计划统计科的工作。		
岗位职责			
1. 制定公司的计划统计工作管理制度。 2. 对各类统计资料的收集、整理、汇总和上报工作。 3. 组织制定各项技术经济指标。 4. 组织制定各类定额，抓好定额的基础工作。 5. 对各类物料消耗的统计管理工作。 6. 组织对各部门各项计划完成情况的检查、评比工作。 7. 负责编制公司月、季、年度统计报表，搞好统计分析工作 。 8. 做好各类统计资料的归档管理工作。 9. 负责组织编制、下达公司年、季、月度经营计划。 10. 负责做好与生产、人事、营销和财务部门的工作协调。 11. 定期或不定期组织人员进行工作讨论和评价。 12. 有对下属的人事推荐权和考核、评价权。			
权限与责任			
对本科职责范围内的工作有指导、指挥、协调和监督管理的权力，并对所承担的工作全面负责。			
组织关系			
1. 直接上级：信息部经理。 2. 直接下级：综合计划员、综合统计员。			
任职资格			
1. 具有大专以上的文化程度或较丰富的实际工作能力。 2. 具备计划、统计管理综合专业知识。 3. 具有较强的工作责任感和事业心。			

（续表）

参加会议			
1. 参加公司召开的科级以上工作会议。 2. 参加公司月、季、年度的工作协调会。 3. 参加公司召开的年度工作评比会。			
相关说明			
编制人员		批准人员	
编修日期		批准日期	

2.3.8 生产科科长岗位说明书

职位名称	生产科科长	职位编号	
所属部门		职位等级	
岗位定员		管辖人数	
工资等级		薪酬类型	
岗位性质	全面主持生产科的工作。		
岗位职责			
1. 负责下达生产计划任务。 2. 安排和控制生产作业进度。 3. 负责对生产作业计划情况进行检查。 4. 根据各类信息对生产过程进行调度、协调和平衡。 5. 负责对生产产量的统计和物资消耗的统计。 6. 对下属的工作进行考核、评价和激励。 7. 负责订单的审核、登记、汇总和安排生产。 8. 协调好生产与技术、开发、质量管理等部门之间的关系。 9. 组织好对生产人员的调配管理工作。 10. 搞好与设备管理部门的协作关系。 11. 有对下属的人事推荐权和考核、评价权。 12. 定期或不定期组织生产有关人员进行分析讨论。			

（续表）

<table>
<tr><td colspan="4">权限与责任</td></tr>
<tr><td colspan="4">对本科职责范围内的工作有指导、指挥、协调和监督管理的权力，并对所承担的工作全面负责。</td></tr>
<tr><td colspan="4">组织关系</td></tr>
<tr><td colspan="4">1. 直接上级：生产部经理。
2. 直接下级：生产计划员、生产统计员、生产调度员。</td></tr>
<tr><td colspan="4">任职资格</td></tr>
<tr><td colspan="4">1. 具有大专以上文化程度和管理协调能力。
2. 具有本行业一定的生产管理经验。
3. 有较强的工作责任感和事业心，能吃苦耐劳。</td></tr>
<tr><td colspan="4">参加会议</td></tr>
<tr><td colspan="4">1. 参加公司召开的科级以上有关会议。
2. 参加公司季、月度的工作协调会。
3. 参加公司召开的年度工作评比会。</td></tr>
<tr><td>相关说明</td><td colspan="3"></td></tr>
<tr><td>编制人员</td><td></td><td>批准人员</td><td></td></tr>
<tr><td>编修日期</td><td></td><td>批准日期</td><td></td></tr>
</table>

2.3.9 设备科科长岗位说明书

职位名称	设备科科长	职位编号	
所属部门		职位等级	
岗位定员		管辖人数	
工资等级		薪酬类型	
岗位性质	全面主持设备科的工作。		
岗位职责			
1. 负责对公司设备的管理工作。 2. 对设备的安装、保养和维护工作。 3. 对用水、用电的管理。 4. 设备档案的建立和管理工作。 5. 安全操作、安全知识的教育和培训工作。 6. 定期或不定期对设备的安全检查工作。 7. 对下属的工作进行考核、评价和激励。 8. 对机器设备、设施的维修和异常情况的处理。 9. 对公司所有设备、动力设施的统计工作。 10. 对水、电设施安装和维护的管理。 11. 负责设备购置和设备报废计划的申报。 12. 有对下属的人事推荐权和考核、评价权。			
权限与责任			
对本科职责范围内的工作有指导、指挥、协调和监督管理的权力，并对所承担的工作全面负责。			
组织关系			
1. 直接上级：生产部经理。 2. 直接下级：设备管理员、安全环保员、机修工、水工、电工、气割电焊工。			
任职资格			
1. 具有大专以上文化程度或丰富的实际经验及专业知识。 2. 有较强的管理能力和协调能力。 3. 有较强的工作责任感和事业心。			

（续表）

参加会议			
1. 参加公司召开的科级以上有关会议。 2. 参加公司季、月度的工作协调会。 3. 参加公司召开的年度工作评比会。			
相关说明			
编制人员		批准人员	
编修日期		批准日期	

2.3.10 质检科科长岗位说明书

职位名称	质检科科长	职位编号	
所属部门		职位等级	
岗位定员		管辖人数	
工资等级		薪酬类型	
岗位性质	全面主持质检科的工作。		
岗位职责			
1. 全面负责公司的产品、物资、设备的计质量检查管理。 2. 对下属的工作进行考核、评价和激励。 3. 对公司购进的所有原材料、辅助材料及其他材料的质量检查。 4. 对产品在生产过程中各工序的计质量检查。 5. 对设备动力的计质量检查。 6. 对出厂的产品的计质量检查。 7. 对产品计质量合格数进行统计。 8. 协助对计质量人员的业务水平的培训。 9. 协助拟定产品计质量保证体系标准。 10. 协助做好对公司 ISO9000 产品质量管理标准。 11. 定期或不定期组织人员进行分析讨论。 12. 有对下属的人事推荐权和考核、评价权。			

（续表）

权限与责任			
对本科职责范围内的工作有指导、指挥、协调和监督管理的权力，并对所承担的工作全面负责。			
组织关系			
1. 直接上级：质保部经理。 2. 直接下级：质检员、计检员。			
任职资格			
1. 具有大专以上文化程度或丰富的实际工作经验和管理能力。 2. 有较强的业务能力和协调能力。 3. 有较强的工作责任感和事业心。			
参加会议			
1. 参加公司召开的科级以上有关会议。 2. 参加公司季、月度的工作协调会。 3. 参加公司召开的年度工作评比会。			
相关说明			
编制人员		批准人员	
编修日期		批准日期	

2.3.11 质管科科长岗位说明书

<table>
<tr><td>职位名称</td><td>质管科科长</td><td>职位编号</td><td></td></tr>
<tr><td>所属部门</td><td></td><td>职位等级</td><td></td></tr>
<tr><td>岗位定员</td><td></td><td>管辖人数</td><td></td></tr>
<tr><td>工资等级</td><td></td><td>薪酬类型</td><td></td></tr>
<tr><td>岗位性质</td><td colspan="3">全面主持质管科的工作。</td></tr>
<tr><td colspan="4">岗位职责</td></tr>
<tr><td colspan="4">1. 对下属的工作进行考核、评价和激励。
2. 负责计质量全面管理工作。
3. 编制公司全面质量管理保证体系。
4. 制定公司 ISO9000 产品质量管理标准。
5. 做好计质量人员的业务培训工作。
6. 不定期组织抽查、统计质量人员的业务水平和工作能力。
7. 建立计量、质量管理档案和档案管理。
8. 负责对计量、质量器具的保管工作。
9. 对进库原材料、辅助材料和出入库产品进行全过程质量管理。
10. 对公司购置的设备和其他动力的质量管理。
11. 撰写质量分析报告。
12. 有对下属的人事推荐权和考核、评价权。</td></tr>
<tr><td colspan="4">权限与责任</td></tr>
<tr><td colspan="4">对本科职责范围内的工作有指导、指挥、协调和监督管理的权力，并对所承担的工作全面负责。</td></tr>
<tr><td colspan="4">组织关系</td></tr>
<tr><td colspan="4">1. 直接上级：质保部经理。
2. 直接下级：质管员、计量员。</td></tr>
<tr><td colspan="4">任职资格</td></tr>
<tr><td colspan="4">1. 具在大专以上文化程度或实际工作经验和管理能力。
2. 具有本行业一定的工作经验和较强的综合协调能力。
3. 有较强的工作责任感和事业心，工作认真，能吃苦耐劳。</td></tr>
</table>

（续表）

参加会议			
1. 参加公司召开的科级以上有关会议。 2. 参加公司季、月度的工作协调会。 3. 参加公司召开的年度工作评比会议。			
相关说明			
编制人员		批准人员	
编修日期		批准日期	

2.3.12 储运科科长岗位说明书

职位名称	储运科科长	职位编号	
所属部门		职位等级	
岗位定员		管辖人数	
工资等级		薪酬类型	
岗位性质	全面主持储运科的工作。		
岗位职责			
1. 对下属的工作进行考核、评价和激励。 2. 负责对仓库现场的管理工作。 3. 对物资运输的管理和车辆、驾驶员的管理。 4. 对仓库物资的收发存管理和安全消防管理工作。 5. 编制仓库管理工作计划。 6. 仓库财务核算和统计核算管理工作。 7. 物资运输督促与管理。 8. 物资装卸过程中的管理。 9. 定期组织并检查仓库盘点工作，做到账目货物相符。 10. 加强进仓货物的验收和出库货物的清点管理。 11. 对各直销点计单的接收和汇总，并及时交生产部门。 12. 有对下属的人事推荐权和考核、评价权。			

（续表）

权限与责任			
对本科职责范围内的工作有指导、指挥、协调和监督管理的权力，并对所承担的工作全面负责。			
组织关系			
1. 直接上级：营销部经理。 2. 直接下级：仓管员、记账员、调度员、装卸工、搬运工、驾驶员。			
任职资格			
1. 具有高中以上文化程度或较丰富的实际工作经验和专业知识。 2. 有较强的工作责任感和事业心。 3. 具有较强的管理协调能力。			
参加会议			
1. 参加公司召开的科级以上有关会议。 2. 参加公司季、月度的工作协调会。 3. 参加公司召开的年度工作评比会。			
相关说明			
编制人员		批准人员	
编修日期		批准日期	

2.3.13 总务科科长岗位说明书

职位名称	总务科科长	职位编号	
所属部门		职位等级	
岗位定员		管辖人数	
工资等级		薪酬类型	
岗位性质	全面主持总务科的工作。		
岗位职责			
1. 全面负责公司后勤行政管理工作。 2. 对下属的工作进行检查、考核、评价和激励。 3. 负责对公司员工的工伤保险管理。 4. 负责办公用品、文具和生活配套设施的管理。 5. 做好公司废物、废品的处理和销售管理工作。 6. 定期或不定期组织人员对有关事项进行分析讨论。 7. 有对下属的人事推荐权和考核、评价权。			
权限与责任			
对本科职责范围内的工作有指导、指挥、协调和监督管理的权力，并对所承担的工作全面负责。			
组织关系			
1. 直接上级：行政部经理。 2. 直接下级：总务科相关工作人员。			
任职资格			
1. 具有高中以上文化程度。 2. 有较强的管理和协调能力。 3. 有较强的工作责任感和事业心，工作认真细心。			

（续表）

参加会议			
1. 参加公司召开的科级以上有关会议。 2. 参加公司季、月度的工作协调会和公司年度工作讨论会。			
相关说明			
编制人员		批准人员	
编修日期		批准日期	

2.3.14 保卫科科长岗位说明书

职位名称	保卫科科长	职位编号	
所属部门		职位等级	
岗位定员		管辖人数	
工资等级		薪酬类型	
岗位性质	全面主持保卫科的工作。		
岗位职责			
1. 全面负责公司安全保卫管理工作。 2. 对下属工作进行检查、考核、评价和激励。 3. 负责公司各营区的巡逻工作。 4. 组织对违章、违纪事件的处理。 5. 维持、维护公司日常生活秩序。 6. 做好防火、防盗安全检查管理工作。 7. 抓好员工安全知识教育和培训工作。 8. 做好安全保卫专业档案的管理。 9. 对暂住证的登记和发放管理工作。 10. 协助当地公安机关对违法治安事件的处理。 11. 有对下属的人事推荐权和考核、评价权。			
权限与责任			
对本科职责范围内的工作有指导、指挥、协调和监督管理的权力，并对所承担的工作全面负责。			

（续表）

<table>
<tr><th colspan="4">组织关系</th></tr>
<tr><td colspan="4">1. 直接上级：行政部经理。
2. 直接下级：保卫员。</td></tr>
<tr><th colspan="4">任职资格</th></tr>
<tr><td colspan="4">1. 具有高中以上文化程度和一定的专业知识。
2. 有较强的协调能力和管理能力。
3. 有较强的工作责任感和事业心。</td></tr>
<tr><th colspan="4">参加会议</th></tr>
<tr><td colspan="4">1. 参加公司召开的科级以上有关工作会议。
2. 参加公司季、月度的工作协调会。
3. 参加公司召开的年度工作评比会。</td></tr>
<tr><td>相关说明</td><td colspan="3"></td></tr>
<tr><td>编制人员</td><td></td><td>批准人员</td><td></td></tr>
<tr><td>编修日期</td><td></td><td>批准日期</td><td></td></tr>
</table>

2.4 公司各部门员工岗位说明书

2.4.1 总机话务员岗位说明书

职位名称	总机话务员	职位编号	
所属部门		职位等级	
岗位定员		管辖人数	
工资等级		薪酬类型	
岗位性质	确保公司电话通讯的正常运转。		
岗位职责			
1. 负责公司电话总机的管理工作。 2. 负责公司电话转接的工作。 3. 负责电话总机的正常检查与维护。 4. 负责电话总机日常的保养工作。 5. 公司电话线路的安装与检查。 6. 转接电话要有礼有节，使用礼貌用语。 7. 对出现的故障要及时检修，确保通讯畅通。 8. 对维修用的备品物件要及时申报采购。 9. 负责对电话费用的统计。 10. 对所分管的工作全面负责。 11. 熟悉电话机的使用。			
权限与责任			
全面负责自己的工作，并为工作中出现的任何问题承担相应的责任。			
组织关系			
1. 直接上级：文秘科科长。 2. 负责对象：公司电话总机的工作。			

（续表）

任职资格			
1. 具有高中以上文化程度。 2. 具有不怕麻烦和耐心的个性。 3. 有一定的专业知识和业务能力或经验。 4. 有事业心和工作责任感。			
参加会议			
1. 参加本部门每周一次的工作例会。 2. 参加季、月度的工作评比会。 3. 参加公司召开的年度职工大会。			
相关说明			
编制人员		批准人员	
编修日期		批准日期	

2.4.2 档案管理员岗位说明书

职位名称	档案管理员	职位编号	
所属部门		职位等级	
岗位定员		管辖人数	
工资等级		薪酬类型	
岗位性质	负责公司档案的管理工作。		
岗位职责			
1. 负责收集公司分散在各个部门和个人手中的文件、资料，集中整理、立卷和归档保存。 2. 做好公司立卷档案的鉴定和保存期限。 3. 负责对档案的收进、移交、保管、利用和销毁，并随时以表册、数字形式，进行登记和统计。 4. 负责维护档案系统，保障其完整性和安全性。 5. 负责编辑档案文件资料汇编，编制目录、卡片、索引等工具。 6. 负责建立档案借阅管理制度。 7. 遵守国家和公司的保密规定及有关规程。 8. 做好公司领导临时交办的事项。 9. 熟悉计算机的使用。			

（续表）

权限与责任			
全面负责自己的工作，并为工作中出现的任何问题承担相应的责任。			
组织关系			
1. 直接上级：文秘科科长。 2. 负责对象：档案管理工作。			
任职资格			
1. 具有高中以上的文化程度。 2. 具有档案管理基础知识和工作经验。 3. 工作细心，品行端正，原则性强。			
参加会议			
1. 参加每周一次的工作会议。 2. 参加每月一次的管理工作评比会。 3. 参加公司召开的年度职工大会。			
相关说明			
编制人员		批准人员	
编修日期		批准日期	

2.4.3 驾驶员岗位说明书

职位名称	驾驶员	职位编号	
所属部门		职位等级	
岗位定员		管辖人数	
工资等级		薪酬类型	
岗位性质	保证公司领导的用车、人员接送、车辆保管。		
岗位职责			
1. 确保公司领导正常用车。 2. 负责车辆的日常保养检查工作。 3. 保证行驾车辆的安全，自觉遵守交通法规。 4. 节约油耗，降低车辆维修保养成本。 5. 有权拒绝车况不良或有故障的车辆指派。			

（续表）

6. 精心维护车辆，做到车内整洁良好。 7. 遵纪守法，准时出车，工作时间不擅自离开工作岗位。 8. 参加车管部门召开的有关会议。 9. 工作积极主动，服从调度，协助做好有关工作。 10. 对所承担的工作应全面负责。 11. 做好公司临时的工作并全面负责。
权限与责任
全面负责自己的工作，并为工作中出现的任何问题承担相应的责任。
组织关系
1. 直接上级：文秘科科长。 2. 负责对象：车辆驾驶和维护。
任职资格
1. 具有高中以上文化程度和专业车辆驾驶技术。 2. 有较强的工作责任心。 3. 无酗酒嗜好，情绪稳定。
参加会议
1. 参加每周一次有关驾驶的会议。 2. 参加每月一次的工作评比会。 3. 参加公司召开的年度职工大会。

相关说明			
编制人员		批准人员	
编修日期		批准日期	

2.4.4 人事培训员岗位说明书

职位名称	人事培训员	职位编号	
所属部门		职位等级	
岗位定员		管辖人数	
工资等级		薪酬类型	
岗位性质	负责公司员工的培训工作。		
岗位职责			
1. 全面负责公司员工的教育、培训工作。 2. 负责对新进公司员工的教育、培训工作。 3. 负责编制教育、培训计划和大纲。 4. 负责对员工遵纪守法和文化知识的教育。 5. 负责草拟各类业务技能教育、培训内容，并组织实施。 6. 负责对各类培训后的人员进行检查、考核工作。 7. 不断向公司输送各类专业人才。 8. 协助做好其他有关人事方面的工作。			
权限与责任			
全面负责自己的工作，并为工作中出现的任何问题承担相应的责任。			
组织关系			
1. 直接上级：人力资源部经理。 2. 负责对象：员工培训。			
任职资格			
1. 具有中专以上的文化程度。 2. 有较强的培训工作能力，以及工作责任感和事业心。 3. 有较强的语言表达能力和组织能力。			
参加会议			
1. 参加本部每周一次的工作会议。 2. 参加季、月度的工作评比会。 3. 参加公司召开的年度职工大会。			
相关说明			
编制人员		批准人员	
编修日期		批准日期	

2.4.5 劳资员岗位说明书

职位名称	劳资员	职位编号	
所属部门		职位等级	
岗位定员		管辖人数	
工资等级		薪酬类型	
岗位性质			
岗位职责			
1. 负责编制公司劳动报酬工资表。 2. 负责编制公司劳动力资源开发的计划工作。 3. 负责办理人员招聘工作。 4. 协助财务科做好发放工资的工作。 5. 协助做好人员招聘的前期工作。 6. 负责做好各部门人员的统计汇总工作。 7. 协助做好其他有关事项的工作。			
权限与责任			
全面负责自己的工作，并为工作中出现的任何问题承担相应的责任。			
组织关系			
1. 直接上级：人力资源部经理。 2. 负责对象：劳动报酬和劳动力资源。			
任职资格			
1. 具有中专以上的文化程度。 2. 有一定的劳动报酬和劳动力资源管理方面的基础知识。 3. 有较强的工作责任感和事业心。			
参加会议			
1. 参加每周一次的工作会议。 2. 参加季、月度的工作评比会。 3. 参加公司召开的年度职工大会。			
相关说明			
编制人员		批准人员	
编修日期		批准日期	

2.4.6 仓储员岗位说明书

<table>
<tr><td>职位名称</td><td>仓储员</td><td>职位编号</td><td></td></tr>
<tr><td>所属部门</td><td></td><td>职位等级</td><td></td></tr>
<tr><td>岗位定员</td><td></td><td>管辖人数</td><td></td></tr>
<tr><td>工资等级</td><td></td><td>薪酬类型</td><td></td></tr>
<tr><td>岗位性质</td><td colspan="3">努力达成账、卡、单、物一致，使在库品处于良好的品质。</td></tr>
<tr><td colspan="4">岗位职责</td></tr>
<tr><td colspan="4">1. 负责进库物资数量的质量验收，签发验收交接单。
2. 负责出库物资的核对，若有一丝疑点有权拒绝发货。
3. 确保出库物资手续齐全，可签发出库交接单，同时，须由收货方签名，盖章后可作为记账凭证。
4. 接收并保存好物资入库的原始凭证等资料。
5. 建立物资出入库和库存台账。
6. 对到库物资的接收和物资发出工作负责。
7. 对物资的验收和出入工作的正确性和及时性负责。
8. 对物资的进仓原始资料的整理保管工作负责。
9. 有权检查到库物资的数量及质量。
10. 有权督促指导验收人员和装卸工作。
11. 有权拒绝闲杂人员翻阅有关物资库存资料。</td></tr>
<tr><td colspan="4">权限与责任</td></tr>
<tr><td colspan="4">全面负责自己的工作，并为工作中出现的任何问题承担相应的责任。</td></tr>
<tr><td colspan="4">组织关系</td></tr>
<tr><td colspan="4">1. 储运科科长。
2. 保管进库物资。</td></tr>
<tr><td colspan="4">任职资格</td></tr>
<tr><td colspan="4">1. 具有高中以上文化程度。
2. 有较强的工作责任心，工作细致。
3. 有较强工作责任感和事业心。</td></tr>
<tr><td colspan="4">参加会议</td></tr>
<tr><td colspan="4">1. 参加每周一次的仓库会议。
2. 参加季、月度的管理工作评比会。
3. 参加公司召开的年度职工大会。</td></tr>
<tr><td>相关说明</td><td colspan="3"></td></tr>
<tr><td>编制人员</td><td></td><td>批准人员</td><td></td></tr>
<tr><td>编修日期</td><td></td><td>批准日期</td><td></td></tr>
</table>

2.4.7 调度员岗位说明书

职位名称	调度员	职位编号	
所属部门		职位等级	
岗位定员		管辖人数	
工资等级		薪酬类型	
岗位性质	负责对仓库进出货物计划调度工作。		
岗位职责			
1. 负责各直销点订单的受理和汇总工作。 2. 负责对订单做计划，并根据计划进行调度工作。 3. 负责将汇总后的订单报销售部门。 4. 负责仓库物资的合理安排调度。 5. 负责物资的运输调度工作。 6. 负责对车辆的调度工作。 7. 负责对物资装卸过程中的督促和监督管理工作。 8. 负责安排搬运工的搬运调度工作。 9. 熟悉计算机的使用。			
权限与责任			
全面负责自己的工作，并为工作中出现的任何问题承担相应的责任。			
组织关系			
1. 直接上级：储运科科长。 2. 负责对象：调度仓库进出货物。			
任职资格			
1. 具有中专以上文化程度和调度方面的工作经验与知识。 2. 有较强的工作责任感和事业心。 3. 原则性强，工作细心。			
参加会议			
1. 参加本科召开的每周工作会议。 2. 参加每季度的工作协调会和评比会。 3. 参加公司召开的年度职工会。			
相关说明			
编制人员		批准人员	
编修日期		批准日期	

2.4.8 装卸工岗位说明书

<table>
<tr><td>职位名称</td><td>装卸工</td><td>职位编号</td><td></td></tr>
<tr><td>所属部门</td><td></td><td>职位等级</td><td></td></tr>
<tr><td>岗位定员</td><td></td><td>管辖人数</td><td></td></tr>
<tr><td>工资等级</td><td></td><td>薪酬类型</td><td></td></tr>
<tr><td>岗位性质</td><td colspan="3">负责公司的物资装卸搬运。</td></tr>
<tr><td colspan="4">岗位职责</td></tr>
<tr><td colspan="4">1. 负责物资的装车卸货工作。
2. 有拒绝野蛮装卸的权力。
3. 加强安全装卸意识，严防装卸事故的发生。
4. 提高装卸工作质量，保证物资不受人为的损坏。
5. 对在装卸过程中损坏的物资要负责或赔偿。
6. 严禁装卸人员有违反装卸规定的行为发生。
7. 确保物资装车牢固，避免运输途中发生意外。</td></tr>
<tr><td colspan="4">权限与责任</td></tr>
<tr><td colspan="4">全面负责自己的工作，并为工作中出现的任何问题承担相应的责任。</td></tr>
<tr><td colspan="4">组织关系</td></tr>
<tr><td colspan="4">1. 直接上级：储运科科长。
2. 负责对象：装卸物资。</td></tr>
<tr><td colspan="4">任职资格</td></tr>
<tr><td colspan="4">1. 身体健康强壮。
2. 有较强的工作责任感。
3. 能与同事合作并能服从安排。</td></tr>
<tr><td colspan="4">参加会议</td></tr>
<tr><td colspan="4">1. 参加本科的工作会议。
2. 参加季、月度的工作评比会。
3. 参加公司召开的年度职工大会。</td></tr>
<tr><td>相关说明</td><td colspan="3"></td></tr>
<tr><td>编制人员</td><td></td><td>批准人员</td><td></td></tr>
<tr><td>编修日期</td><td></td><td>批准日期</td><td></td></tr>
</table>

2.4.9 市场调查员岗位说明书

职位名称	市场调查员	职位编号	
所属部门		职位等级	
岗位定员		管辖人数	
工资等级		薪酬类型	
岗位性质	负责市场开拓的调查研究工作。		
岗位职责			
1. 负责市场开拓的调查工作。 2. 负责对产品市场销售潜力的调查和分析。 3. 负责对同业、客户的调研工作。 4. 负责对产品广告宣传效果的调研分析。 5. 负责对新增营销点的环境、人口、布局等事项的调查。 6. 负责为新增点做好前期调查研究工作。 7. 对调查结果择写可行性分析报告。 8. 协助做好营销广告策划工作。 9. 做好分析研究营销策略工作。			
权限与责任			
全面负责自己的工作，并为工作中出现的任何问题承担相应的责任。			
组织关系			
1. 直接上级：市场部经理。 2. 负责对象：市场调查。			
任职资格			
1. 具有大专以上文化程度。 2. 有较强的工作责任感和事业心。 3. 原则性强，能吃苦耐劳。			
参加会议			
1. 参加每周一次的工作会议。 2. 参加季、月度的评比会。 3. 参加公司召开的年度职工大会。			
相关说明			
编制人员		批准人员	
编修日期		批准日期	

2.4.10 业务管理员岗位说明书

职位名称	业务管理员	职位编号	
所属部门		职位等级	
岗位定员		管辖人数	
工资等级		薪酬类型	
岗位性质	监督、协调各直销点的业务管理工作。		
岗位职责			
1. 负责对产品销售过程的管理工作。 2. 负责对销售管理办法进行研究和提出改进意见。 3. 负责对销售成绩进行统计与分析。 4. 负责对账物卡进行核对。 5. 协助做好每半年一次的销售情况的评价。 6. 定期或不定期地组织对销售情况的分析和讨论。 7. 负责草拟年、季、月度销售和预算的计划工作。 8. 负责监督、协调各直销点的营运情况。 9. 负责对营销广告策划的管理工作。			
权限与责任			
全面负责自己的工作，并为工作中出现的任何问题承担相应的责任。			
组织关系			
1. 直接上级：市场部经理。 2. 负责对象：管理营销业务。			
任职资格			
1. 具有大专以上文化程度和营销知识。 2. 有较强的协调能力，熟悉公司业务流程情况。 3. 有较强的工作责任感和事业心。			
参加会议			
1. 参加每周一次的工作会议。 2. 参加季、月度的工作评比会。 3. 参加公司召开的年度职工大会。			
相关说明			
编制人员		批准人员	
编修日期		批准日期	

2.4.11 会计档案员岗位说明书

职位名称	会计档案员	职位编号	
所属部门		职位等级	
岗位定员		管辖人数	
工资等级		薪酬类型	
岗位性质	制定会计档案的立卷、归档、保管、调阅和销毁等管理制度，报经批准后，负责监督执行。		
岗位职责			
1. 负责制定管理制度，按照《会计法》及《会计档案管理办法》的规定和要求，制定会计档案立卷、归档、保管调阅和销毁等管理制度，报经批准后，负责监督执行。 2. 调阅会计档案，要严格办理借阅手续。凡属本单位人员调阅会计档案，要经会计主管人员同意；外单位人员调阅会计档案，要有介绍信，经会计主管人员或总经理批准。批准后要详细登记调阅的档案名称、调阅日期、调阅人员的姓名和工作单位、调阅理由、归还日期等。 3. 负责对管理期满会计档案的销毁工作。对保管期满的会计档案，要按照财政部和国家档案局的档案管理办法规定，由财务部门和档案部门共同鉴定，报经上级主要部门批准后，进行处理。对需要销毁的会计档案，要填写《会计档案销毁清册》。销毁时，由单位领导指定档案部门和财务部门共同派员监销，并在销毁清册上签名或盖章。“会计档案销毁清册”要长期保存，以便备查。 4. 完成领导交办的其他工作。			
权限与责任			
全面负责自己的工作，并为工作中出现的任何问题承担相应的责任。			
组织关系			
1. 直接上级：会计核算科科长。 2. 负责对象：整理及管理会计档案。			
任职资格			
1. 教育背景及经验 （1）持有会计证。 （2）具备必要的专业知识和专业技能。 （3）熟悉国家的有关法律、法规、规章和国家统一的会计制度。 （4）遵守职业道德。			

（续表）

2. 道德素质 （1）敬业爱岗。 （2）热爱本职工作。 （3）依法办事。 （4）客观公正。 （5）保守秘密。
参加会议
根据公司具体情况自定义。

相关说明			
编制人员		批准人员	
编修日期		批准日期	

2.4.12 出纳员岗位说明书

职位名称	出纳员	职位编号	
所属部门		职位等级	
岗位定员		管辖人数	
工资等级		薪酬类型	
岗位性质	进行现金收付和银行结算核算，登记现金和银行存款日记账，做到账实相符；做好每一笔经济业务的收付工作，保证合理、合法、正确；编制现金和银行存款日报表。		
岗位职责			
1. 严格按照国家有关现金管理和银行结算制度的规定，根据会计核算人员审核签章的收付凭证进行复核。复核的主要内容是：核对收付款凭证与所附的原始凭证会计事项是否一致，金额是否相符，审核无误后才能办理款项收付。 2. 对于重大的开支，必须经过会计主管人员或单位领导审核签章，方可办理，收付款后，要在收付款凭证上签章，并盖“收讫”“付讫”戳记。 3. 库存现金不得超过银行核定限额，超过部分要及时存入银行。不得以“白条”、有价证券抵充库存现金，更不得任意挪用透支现金。 4. 严格控制签发空白支票。如因特殊情况须签发不填写金额的转账支票时，必须在支票上写明收款单位名称款项用途、签发日期、规定限额，并由领用支票人在专设的登记簿上签章。随时掌握银行存款余额，以防止出现银行透支现象。			

（续表）

5. 现金和银行存款日记账要按规定序时记账，按日结出余额，核对现金的账面余额是否与当日实际库存相符，银行存款的账面余额要及时与银行对账单核对。对未达账项要及时查询。严禁将银行账户出租、出借给任何单位或个人办理结算。 6. 对日常以往的现金以及当日的库存现金和各种保管的有价证券，确保安全和完整无缺。如有短缺，应负责赔偿。要保守保险柜密码，保管好钥匙，不得任意转交他人代为保管。 7. 对所管的印章必须要妥善保管，严格按照规定用途使用。对空白支票和空白收据必须严格管理，专设登记簿登记，按规定手续办理领用注销手续。 8. 出纳人员不得兼管收入、费用、债权、债务账簿的登记工作，以及会计核算工作和会计档案保管工作。 9. 月末编制《银行存款余额调节表》，使账面余额与银行对账单余额调节相符。 10. 完成领导交办的其他工作。
权限与责任
全面负责自己的工作，并为工作中出现的任何问题承担相应的责任。
组织关系
1. 直接上级：财务科科长。 2. 负责对象：办理现金收付和银行结算业务。
任职资格
1. 教育背景及经验 （1）持有会计证。 （2）具备必要的专业知识和专业技能。 （3）熟悉国家的有关法律、法规、规章和国家统一的会计制度。 （4）遵守职业道德。 2. 道德素质 （1）敬业爱岗。 （2）热爱本职工作。 （3）依法办事。 （4）客观公正。 （5）保守秘密。
参加会议
根据公司具体情况自定义。

相关说明			
编制人员		批准人员	
编修日期		批准日期	

2.4.13 计检员岗位说明书

职位名称	计检员	职位编号	
所属部门		职位等级	
岗位定员		管辖人数	
工资等级		薪酬类型	
岗位性质	负责公司各类物资、设备、产品税的计量检查工作。		
岗位职责			
1. 负责公司产品进厂过程中各工序的计量检查工作。 2. 负责对出售产品的计量检查工作。 3. 负责对产品计量合格数进行统计工作。 4. 协助做好产品计量体系标准。 5. 加强计量工作的重要性和思想意识。			
权限与责任			
全面负责自己的工作，并为工作中出现的任何问题承担相应的责任。			
组织关系			
1. 直接上级：质检科科长。 2. 负责对象：负责物资、产品计量检查。			
任职资格			
1. 具有中专以上文化程度和相关的专业知识，或有实际工作经验。 2. 有较强的工作责任感和事业心。 3. 原则性强，不怕得罪人，心胸大度。			
参加会议			
1. 参加本科每周一次的工作会议。 2. 参加本科季、月度的工作评比会和协调会。 3. 参加公司召开的年度职工大会。			
相关说明			
编制人员		批准人员	
编修日期		批准日期	

2.4.14 质检员岗位说明书

职位名称	质检员	职位编号	
所属部门		职位等级	
岗位定员		管辖人数	
工资等级		薪酬类型	
岗位性质	负责公司所有物资、产品和设备的质量检查工作。		
岗位职责			
1. 负责公司产品出售前的质量检查工作。 2. 负责对公司产品合格数的统计工作。 3. 负责产品率的分析工作。 4. 协助做好产品质量保证体系的标准。 5. 协助做好公司 ISO9000 质量管理标准。			
权限与责任			
全面负责自己的工作，并为工作中出现的任何问题承担相应的责任。			
组织关系			
1. 直接上级：质检科科长。 2. 负责对象：物资、产品、设备的质量检查。			
任职资格			
1. 具有中专以上文化程度和相关的专业知识，或有丰富的实际工作经验。 2. 有较强的工作责任感和事业心。 3. 原则性强，不怕得罪人，心胸大度。			
参加会议			
1. 参加本科每周一次的工作会议。 2. 参加本科季、月度的工作评比会和协调会。 3. 参加公司召开的年度职工大会。			
相关说明			
编制人员		批准人员	
编修日期		批准日期	

2.4.15 采购员岗位说明书

<table>
<tr><td>职位名称</td><td>采购员</td><td>职位编号</td><td></td></tr>
<tr><td>所属部门</td><td></td><td>职位等级</td><td></td></tr>
<tr><td>岗位定员</td><td></td><td>管辖人数</td><td></td></tr>
<tr><td>工资等级</td><td></td><td>薪酬类型</td><td></td></tr>
<tr><td>岗位性质</td><td colspan="3">将公司所需的原料及物料保质保量、安全及时地运回公司。</td></tr>
<tr><td colspan="4">岗位职责</td></tr>
<tr><td colspan="4">1. 负责公司的物资、设备的采购工作。
2. 负责对所采购材料质量、数量的核对工作。
3. 有权拒绝未经领导批准的采购订单。
4. 负责办理交验、报账手续。
5. 负责保存采购工作的必要原始记录，做好统计，定期上报。
6. 所采购的物资、设备要有申购单并上报采购主管。
7. 协助做好有关物资采购工作的事项。</td></tr>
<tr><td colspan="4">权限与责任</td></tr>
<tr><td colspan="4">全面负责自己的工作，并为工作中出现的任何问题承担相应的责任。</td></tr>
<tr><td colspan="4">组织关系</td></tr>
<tr><td colspan="4">1. 直接上级：供应科科长。
2. 负责对象：物资的采购、供应。</td></tr>
<tr><td colspan="4">任职资格</td></tr>
<tr><td colspan="4">1. 具有中专以上文化程度。
2. 具有较强的工作责任感和事业心。
3. 原则性强，工作细心，能吃苦耐劳。</td></tr>
<tr><td colspan="4">参加会议</td></tr>
<tr><td colspan="4">1. 参加本科每月一次的会议。
2. 参加季、月度的工作评比会。
3. 参加公司召开的年度职工大会。</td></tr>
<tr><td>相关说明</td><td colspan="3"></td></tr>
<tr><td>编制人员</td><td></td><td>批准人员</td><td></td></tr>
<tr><td>编修日期</td><td></td><td>批准日期</td><td></td></tr>
</table>

·行政部门岗位说明书
·行政总监岗位说明书
·行政经理岗位说明书
·行政主管岗位说明书
·行政助理岗位说明书
·行政秘书岗位说明书
·总务后勤主管岗位说明书
·公关主管岗位说明书
·董事长岗位说明书
·总经理岗位说明书
·财务部经理岗位说明书
·生产部经理岗位说明书
·营销部经理岗位说明书
·市场部经理岗位说明书
·人力资源部经理岗位说明书
·客户服务部经理岗位说明书
·信息部经理岗位说明书
·技术开发部经理岗位说明书
·企业发展部经理岗位说明书
·质保部经理岗位说明书
·办公室主任岗位说明书
·文秘科科长岗位说明书
·董事长秘书岗位说明书
·会计主管岗位说明书
·会计核算科科长岗位说明书
·供应科科长岗位说明书
·计划统计科科长岗位说明书
·生产科科长岗位说明书
·设备科科长岗位说明书
·质检科科长岗位说明书
·质管科科长岗位说明书
·储运科科长岗位说明书
·总务科科长岗位说明书
·保卫科科长岗位说明书
·总机话务员岗位说明书
·档案管理员岗位说明书
·驾驶员岗位说明书
·人事培训员岗位说明书
·劳资员岗位说明书
·仓储员岗位说明书
·调度员岗位说明书
·装卸工岗位说明书
·市场调查员岗位说明书
·业务管理员岗位说明书
·会计档案员岗位说明书
·出纳员岗位说明书
·计检员岗位说明书
·质检员岗位说明书
·采购员岗位说明书

Guid

行政办公人员管理工作指导

细化行政管理

ance

企业行政管理广义上包括行政事务管理、办公事务管理、人力资源管理和财产会计管理四个方面；狭义上指以行政部为主，负责行政事务和办公事务。做好行政办公人员管理工作指导，可以细化行政管理，使公司发展得更快、更稳。

3.1 行政办公管理人员的配置

企业的行政管理体系，可以说是企业的中枢神经系统，其担负着企业的管理工作。企业中除行政管理之外的工作，都是某个方面的“业务”。行政管理体系推动和保证着企业的技术（设计）、生产（施工）、资金（财务）、经营（销售）和发展（开发）几大块业务的顺利、有效进行和相互之间的协调。

行政管理工作可以说是千头万绪、纷繁复杂。企业行政办公管理人员每天都面临着大量的、琐碎的、不起眼的事务。但是，这些事务只不过是行政管理这棵大树上的枝枝叶叶而已。所以，无论是行政管理者，还是一般行政文员，都是缺一不可的。这就好比在一场战斗中，想要打一场漂亮的胜仗，必须要有作战总指挥的英明指挥和果断决策，同时还要有训练有素、听从指挥的士兵配合作战。否则，指挥一败涂地，全军覆没。在任何一个集体或者团队中，尽管领导和下属的职责不同，各自的工作不同，但是他们在各自的岗位上所发挥的作用，对一个企业的生存和发展，都起着相当重要的作用。而行政部门在进行行政办公管理人员配置时更应该严格把关，保证整个团队的质量。在这个过程中，我们应该遵循任人唯贤、因事择人、程序化、规范化、精简、动态平衡和优化组合原则。具体如下表所示。

遵循原则	详细解读
任人唯贤原则	在人事选聘方面，大公无私、实事求是地发现人才，爱护人才，本着求贤若渴的精神，重视和使用确有真才实学的人。这是组织不断发展壮大，走向成功的关键。选人用人事关企业的经营管理能否长久不衰，直面经济全球化的挑战。因此，“用好的作风选人、选作风好的人”是企业在进行人员配备时必须坚持的原则。

（续表）

因事择人原则	所谓因事择人，是指应以所设职位和工作的实际要求为标准来选拔符合标准的各类人员。选取人的目的在于使其担当一定的职务，并能按照要求从事与该职务相对应的工作。要使工作圆满完成并卓有成效，首先要求在保证工作效率的前提条件下安排和设置职位，其次要求占据该职位的人员应具备相应的知识和工作能力。因此，因事择人是实现人事匹配的基本要求，也是组织中人员配备的首要原则。
程序化、规范化原则	员工的选拔必须遵循一定的标准和程序。科学合理地确定组织员工的选拔标准和聘任程序是组织聘任优秀人才的重要保证。只有严格按照规定的程序和标准办事，才能选聘到真正愿为组织的发展做出贡献的人才。
精简原则	对于行政部门，人员精简显得尤为重要。因为行政部门属于服务、管理部门，工作非常繁杂与琐碎，而且很多工作都无法进行明确的分工。在这种情况下，如果人员冗余，就容易发生工作责任不明确，推诿扯皮情况。最关键的是，行政部门内部管理的复杂化，会直接导致反应能力下降，工作效率和责任心下降。所以，行政文员需要有较强的综合素质和应变能力。因此，该部门人数不宜过多，以五人为宜，而且人员应该偏向年轻化。
动态平衡原则	处在动态环境中的组织，是不断变革和发展的。组织对其成员的要求也是在不断变动的，当然，工作中人的能力和知识也是在不断提高和丰富的。因此，人与事的配合需要不断地进行协调与平衡。所谓动态平衡，就是要使那些能力发展充分的人，去从事组织中更为重要的工作，同时也要使能力平平、不符合职位需要的人得到识别及合理的调整，最终实现人与职位、工作的动态平衡。
优化组合原则	行政部门是一个综合部门，它涉及任何类型的工作，如公文起草、电话接听、来客接待、会议组织、突发事件处理和文件档案管理等。而我们不可能要求每一个行政办公管理人员都精通所有的工作，都能独当一面。所以，有目的性地选择不同个性能力的人，进行相互搭配、优化组合，让他们做自己最擅长的事就显得尤为重要。

3.1.1 行政办公管理人员配置表 1

行政办公管理人员配置表										
序号	部室名称	岗位名称	管理人员				普通员工职员类			
			最佳人员配置	2015年人数	人员名单	待招人员	最佳人员配置	2015年人数	人员名单	待招人员
1	人事行政部	人事行政部经理								
		经理助理								
2	人力资源室	主　　任								
		绩效与薪酬人员								
		人事管理人员								
		培训与发展人员								
		招聘人员								
		员工关系人员								
3	行政室	主　　任								
		行政总务专员								
		行政助理								
		司　　机								
		保　　洁								
		保　　卫								
4	信息管理室	主　　任								
		情报信息专员								
		系统工程管理员								
		硬件维护员								
合　　计										

3.1.2 行政办公管理人员配置表2

行政办公管理人员配置表									
部门名称	组　　别	配置岗位	是否脱产	年度人员编制					
				1	2	3	4	5	小　　计
行政人力资源部		主　　管							
		前台文员							
		保　　安							
		清洁工							
		机修电工							
		统　　计							
		杂　　工							
			小　　计						
编　　制			审　　核						

3.2 行政办公管理人员的基本素质

办公室工作头绪繁多，涉及面广，要求工作人员有尽可能广博的知识，做一个“通才”和“杂家”。但是现代社会科学技术突飞猛进，知识更新速度加快，一个人就算终其一生，所学也极为有限，因此，怎样的知识结构，或者说怎样的知识层次和内容构成，才能适应实际工作的需要，就成为重要的问题。鉴于此，想要成为一名合格或者优秀的行政办公管理人员，就必须具备一定的基本素质。

3.2.1 行政办公管理人员基本素质要求表

表格名称	行政办公管理人员基本素质要求表
生理素质	
从生理素质方面来说，行政办公管理人员除了应具备良好的体质和旺盛的精力之外，还应在年龄、身高、视力、听力等个人身体条件方面达到一定的要求。	
心理素质	
了解和掌握必要的心理知识，培养良好的心理品质，对于做好行政管理工作具有重要意义。在心理素质当中，记忆、思维、兴趣和品格是最重要的。 1. 记忆 记忆是大脑对以往事物的反映。行政办公管理人员工作头绪繁多，需要各方面的知识，又要了解各种具体情况，如领导的指示、交代的任务、听取汇报的数字、接听电话的内容等，这都要求行政办公管理人员具备良好的记忆能力，既要迅速记住，又要准确无误。这样的记忆力，要求具备强大的心理素质。因为，只有在工作中认真、细心、踏实，才能提高记忆力及工作效率。一旦出现面对领导注意力不集中、接待来宾心中发虚、听取汇报一不小心走神等情况，记忆力就会出现问题。 2. 思维 思维是人脑对所经历的事物和知识信息进行分析、概括的过程。行政办公管理人员承办政务和处理问题，首先要经过自己的头脑思考，即有了指向，然后动手实干。问题解决的过程，也就是思维完成的过程，这是思维的问题性。思维的理解性是指通过事物之间的联系而认识新事物的过程，面对各种材料和文件进行阅读并力求理解，是思维的又一特性。总而言之，思维是在表象、概念的基础上进行分析、综合、判断、推理等认识活动的	

（续表）

过程，是人们借助已有的知识经验和某种经历、中介来认识事物的一种能力，因此，思维是可以提高的。提高思维能力的途径有很多种，主要是通过努力学习新知识，积极独立地思考来提高的。如果喜欢盲从，人云亦云，不仅是提高思维能力的大敌，也是心理素质有缺陷的大敌。 3. 兴趣 兴趣是指在认识活动中积极探索某种特定事物的主观倾向，也可称为爱好。兴趣对人的活动具有指向性，因此，行政办公管理人员要自觉加强对与工作有关的知识和技能的学习，培养多种相关的爱好，以适应自身工作点多面广的实际需要，避免因为力不从心或者工作枯燥而出现多种心理问题。 4. 品格 品格是指人对现实的稳固态度及其习惯的行为方式，是心理素质的又一体现。 （1）表现为对现实的态度，如爱集体、敬业爱岗或者自私、好逸恶劳等，这是一个人基本的道德品质，是品格的核心内容。 （2）品格表现为情绪特征，主要指情感方面的强弱、持续时间的长短等，人与人之间存在差异。 （3）意志特征，如行为目标是否明确坚定，行为的自控水平、遇事镇定果断与否等，在个体之间是存在差异的，它是心理承受能力的体现。 （4）理智特征，如在想象事物的过程中，表现为理想主义还是现实主义，在感知事物的过程中是主动观察还是被动感知，在个体之间是存在差异的。一个人的品格对工作和生活影响很大，因此，要求办公室人员具备良好的品格，主要是严格要求自己，克服不良习惯。
知识素质
知识素质是行政办公管理人员知识结构中最基本、内容最广泛的要求之一。具体分为四部分。 1. 科学文化基础知识 科学文化基础知识，包括语文、数学、物理、化学、历史、地理、生物及外语等各方面的常识。有了这样的文化基础，才能谈得上学习和掌握其他知识。 2. 基本政治理论知识 基本政治理论知识，主要有马克思主义哲学和政治学、政治经济学、中共党史、党的建设理论、毛泽东思想、邓小平理论以及有关的国际国内时事政治。这部分知识，要求行政办公管理人员不仅是通常地学习和了解，而且必须系统把握和理解，力求精通，从而树立正确的世界观和方法论，才能在工作中找到坚定正确的政治方向和较高的理论水平。 3. 政策法规基础知识 政策法规基础知识主要指中国共产党十一届三中全会以来现行的路线、方针、政策，国家的宪法和法律，各种行政法规和部门的规章制度等。只有熟练掌握这些知识，行政办公管理人员才能在工作中有章可循，而不至于在庞杂的事务中迷失方向。 4. 专业知识 这是行政办公管理人员知识结构的核心内容，它是有别于其他人才知识结构的主要

Chapter 3

（续表）

方面。其又具体分为三个部分。

（1）秘书专业知识。包括秘书学、文书学、逻辑学、应用写作、档案管理、行政管理学、领导学、信息学、信访学、调研学和速记学等。只有掌握了这些知识，才能胜任行政管理工作，为领导服务，承办行政事务工作等。

（2）办公专门知识。主要是指行政管理工作外的，针对行业和部门不同的其他机关事务管理知识和技能，以政府工作部门为例，有计划学、运筹学、统计学、财务管理、物业管理、办公物品管理等，新的形势下还要求掌握计算机知识、演讲与口才，以适应无纸化办公和推广普通话的要求。此外，针对不同的行业和部门，又有一些具体的知识要求，如在企业中，行政办公管理人员应当掌握军事科学方面的知识；在学校和文化团体中工作，则要注意教育学、文化学等方面的学习。

（3）相关知识。这是指与专业知识密切相关而又有区别的知识，学习这些知识对于提高行政办公管理人员的工作效率和水平具有重要的意义。具体来说，相关知识包括系统论、信息论、控制论、科学哲学等方法论知识，普通心理学、领导心理学、管理心理学、社会心理学、秘书心理学等心理学知识，人际关系学、公共关系学、礼仪学等社交知识，以及行为学、预测学、咨询学、伦理学、新闻学、编辑学、传播学、人才学等其他学科知识等。

能力素质

1. 综合分析能力

综合就是对本部门或企业的各种现象、问题进行收集、归纳、概括，以认清其共同的本质特征。分析就是对部门或企业的状况、矛盾进行分解、剖析，弄清其性质范围特点、发展的程度、产生的原因以及相互间的关系。因此，这里所说的综合分析能力，包括了调查、汇总、分析、判断和推理等一系列能力，比如如何深刻理解文件的精神和上级领导的意图，准确地按照上级的规定结合本部门的情况去计划、组织和实施。否则，将会劳而无功。

2. 参谋咨询能力

行政办公管理人员主要通过参谋咨询的作用担负着辅佐上级的重任，这就要求行政办公管理人员要能出主意，有独到的见解，会制定方案，能提供信息等，通过考察、收集、加工有关涉及决策问题的大量可靠信息，为制定决策准备科学依据。

3. 文字表达能力

行政管理工作担负着承上启下、内外联系、信息沟通和协调管理的职能，涉及到大量的文字工作，如起草制度、规定、标准、报告，编制计划，拟定方案、通知、总结报告等。因此，较强的文字表达能力对于上传下达、计划的执行以及各种公文的撰写都是非常必要的。

4. 改革与创新的能力

现代社会在飞速发展，企业也随之不断发展壮大，这就必然引发很多方面的改革与创新，行政工作也不例外，如职能和结构的变化、效能的改善、人员素质的提高，因此，要适应形势，不断地改革和创新，以确保企业目标的确立和实现。

5. 理解沟通能力

组织或者企业不仅是一种目标价值系统、权力分配系统、技术工艺系统，而且更重

（续表）

要的是一个群体成员的行为系统。如果成员之间理解沟通不良，就会导致组织中人与人之间、群体与群体之间、上下级之间的冲突与摩擦，导致组织管理的混乱无序。 6. 适应能力 行政办公管理人员是企业的窗口，需要处理纷繁庞杂的事务，接待各种各样的客户，面对各类突发事件和重大事件。因此，没有良好的适应能力是不行的。行政办公管理人员，尤其是涉外企业的行政办公管理人员还可能在工作环境中感到各种差异，包括语言、饮食习惯、生活方式、工作方法、思维方式以及上下级关系在内的一切公务关系和公共关系等，这中间，有的需要加以改进，但是更多的时候需要行政办公管理人员去适应。
道德素质
道德素质不仅是行政办公管理人员需要拥有的最基本素质，也是每个人做人的基本素质。具体要求如下： 1. 忠于职守，自觉履行各项职责 行政办公管理人员忠于职守就是要忠于行政这个特定的工作岗位，自觉履行行政的各项职责，认真辅助领导做好各项工作。 2. 服从领导，当好参谋 行政办公管理人员作为领导工作的参谋和助手，服从领导是基本要求之一。不仅要有强烈的事业心和责任感，还要做到不擅权越位，不掺杂私念，不渎职。应当严格按照领导的指示和意图办事，离开领导自行其是，是职业道德所不允许的。 3. 谦虚谨慎，办事公道，服务热情 谦虚谨慎是行政办公管理人员应具有的美德。行政办公管理人员不能因为在领导身边工作而自命不凡、自以为是，要平等地同各职能部门商量工作，虚心听取员工的意见，在工作中要善于协调矛盾，搞好合作，做到秉公办事、平等相待、服务热情等。 4. 遵纪守法，廉洁奉公，不假借领导名义以权谋私 遵纪守法、廉洁奉公是行政办公管理人员职业活动能够正常进行的重要保证。遵纪守法指的是行政办公管理人员要遵守职业纪律和与职业活动相关的法律、法规。廉洁奉公是高尚道德情操在职业活动中的重要体现，是行政办公管理人员应有的思想道德品质和行为准则。它要求行政办公管理人员在职业活动中要坚持原则，不利用职务之便，假借领导名义以权谋取私利。 5. 恪守信用，严守机密 行政办公管理人员恪守信用，就是要遵守信用、遵守时间、遵守诺言，言必信，行必果。遵守时间，领导找行政办公管理人员汇报工作，行政办公管理人员不准迟到。行政办公管理人员自己安排的会议或会谈，自己要事先到场，并做好一切准备工作。行政办公管理人员要严格遵守诺言，一经允诺的事情就要尽力办到，遇到曲折变化，要事先说明原因，使人信服。同时，行政办公管理人员容易掌握比较多的公司机密，因此，必须具备严守机密的职业道德，自觉加强保密观念。

3.2.2 行政办公管理人员职业素养定义表

表格名称	行政办公管理人员职业素养定义表
素质名称	定　义
服务意识	在工作中善于站在对方立场上考虑问题，具有满足对方需求的意识。
主动性	指在日常工作中不需要他人指派，能够主动承担相应的工作。
进取心	指一个人希望更好地完成工作或达到某一绩效标准的持续性欲望。
诚信意识	以诚实、善良的心态行使权力，履行义务。
成本意识	注重投入产出，具有节约公司资源的意识。
廉洁自律	指不利用职务之便为自己或他人直接或间接谋取私利的态度。
团队意识	指个人自觉地融入团队，与同事合作完成工作任务的意识。

3.3 行政办公人员的管理

行政办公人员的管理包括对行政办公人员的选拔、任用、使用、晋升和考核等一系列内容。在了解具体内容之前，一定要先了解行政办公人员管理的相关管理制度，在此基础上才能更好地了解行政办公人员的管理。

3.3.1 行政办公人员管理制度

制度名称	行政办公人员管理制度	受控状态	
		编　号	

第1章　总则

第1条　目的

员工的言行是公司企业文化形象的具体表现，为规范员工办公室言行，建立良好的办公秩序，树立良好企业形象，特制定此制度。

第2条　适用范围

本制度适用于公司全体行政办公管理人员。

第2章　行政人事日常工作安排

第3条　整理、分类、存档工作

包括各种会议记录、周（月）工作总结等文件的收集、整理和上报；各类文件的整理、分类、存档工作；杂志、信函的整理、报送工作；公司杂志、报刊等书籍的管理工作。

第4条　招聘培训

在公司需要招聘时做好信息发布工作，对来面试人员根据公司的相应流程进行接待和安排。同时对于公司的常规培训做事先安排，包括人员通知、场地时间安排及材料准备等。

第5条　其他日常工作

包括公司员工每日中午的订餐和定期订水工作；办公用品的整理、发放、登记和购买申请登记；协助采购部做好产品的配送；接听电话，接待客人；每天认真完成责任区域的卫生工作，并做好其他区域的检查工作；公司定期活动的策划、安排；重要节日时公司环境的装饰安排。

（续表）

第 3 章　行政办公管理人员日常工作要求 第 6 条　电话使用及接待礼仪 1. 电话接线员和公司员工的电话行为应符合规范，语言要求亲切、简练、礼貌、和气，要具有“自己就代表公司”的强烈意识。 2. 应在电话铃声响起后三声之内接听电话；接听总机应使用“您好!”，接听分机应使用“您好！××部”等规范用语。 3. 接听电话时声音清晰，语气亲切，音量、语速适中。 4. 通话结束时应与客人道别，并让对方先挂机。 5. 原则上禁止在公司打私人电话，如确有需要，每次不宜超过 2 分钟。 6. 电话铃声响起后，如当事人不在，其他员工有义务代为接听、做好记录，并及时转告当事人。 7. 遇客来访，前台文员应将访客带入会客区稍等，并马上通知被访者，原则上外来人员未经带领，禁入办公区域。 8. 如遇被访者不在，应详细问清来访事由，以转告被访者或另约时间。 9. 如需来访者较长时间等候，接待人员应主动向客人致歉，并提供公司宣传资料、报刊供客人阅读。 第 7 条　卫生保洁及花木养护 1. 车间及办公室的卫生由相应人员负责，具体时间为下班前后。 2. 打扫工作台、接待桌及办公桌时，先用沾有洗洁精的抹布擦拭，再用干净的湿抹布和干抹布分别轻轻擦拭干净，电脑、打印机另用干净抹布擦拭干净，认真清理纸篓内的一切废弃物，更换垃圾袋。 3. 前台人员应对公司所有的花木进行养护，定期浇水，修剪黄叶。 4. 打扫时要用先用湿墩布清洁地面后，再用较干的墩布擦干。 5. 每次打扫完卫生后，应将抹布、墩布清洗干净、晾晒，保持干燥无异味。 6. 员工应保持办公场所及其周围环境的整洁，维护正常的气氛。如需外出工作，亦须维护工作对象场所的整洁。 7. 员工必须于每天下班前将自己的工作区域收拾干净，将各类文件和文具用品安放整齐，处理完毕的文件及时归档。锁好抽屉方可离开。 第 8 条　报刊、邮件、函电的收发 1. 报刊、邮件、函电由前台文员负责统一签收、发放。邮件不论公私，都应随到随清，及时分发，不得丢失、损坏。 2. 前台收到邮局送来的报刊后，应在半小时内将报刊发送到订阅人手中，不得拖延。 3. 公司各部门需外发的邮件应提前送交前台文员，由前台文员统一寄发。

（续表）

第 9 条　上网 1. 如工作需要，在正常上班时间可以上网查阅各种资讯。 2. 非工作需要，不得在正常上班时间上网浏览和进行网上聊天。 第 10 条　仪容仪表 1. 员工在工作时间应衣着整齐，保持整洁的仪容、仪表。 2. 着装要求服装整洁、端庄、大方。办公区域内禁止女士穿着过分暴露的服装。 3. 员工应保持头发、手指清洁，男女员工均不得梳理怪异或过于新潮的发型；女士应化淡妆，不得浓妆艳抹。 4. 员工在办公室应保持优美的站、坐、行姿势，不得在座位上东倒西歪，走路时脚步放轻，尽量不要干扰他人。 5. 与长辈上司同行时，原则上应让其先行。进出上司办公室要先轻轻敲门，听见里面应允后才可进去，进入房间后应轻轻关门。 6. 办公时精神状况饱满，不要将家庭或私人生活的情绪带到工作中。 第 11 条　公司电器 1. 未经许可，不得私自拆装或移动公司的电器，如饮水机、电话、打印机、传真机等。 2. 公司电器由办公室内务部统一管理和维护。如出现问题，应及时向专责人员提出，必要时其他员工须协助处理。 第 12 条　办公室应知应会 1. 同事之间应和睦相处，团结合作，相互之间应使用礼貌用语。 2. 办公场所禁止吸烟。 3. 办公时间禁止会见私客。 4. 办公时间禁止浏览与业务无关的书籍、杂志、报纸、网页等。 5. 禁止在办公室喧哗、吵闹，维护安静轻松的工作气氛，各种会议及讨论尽量在会议室进行。 6. 按时上、下班并打卡，不迟到、不早退、不旷工。 7. 遵守公司各项规章制度及管理条例，时刻维护公司形象及声誉。 8. 禁止在公司内传播不负责任的言论，严禁在办公室谈论敏感的政治话题。 9. 如对公司的管理或上级领导有意见，应按正常的渠道和方式向上级反馈，禁止组织小团体对抗或在公司散布不满情绪，一经发现严肃处理。 10. 爱护公司财物，树立安全意识，小心防火、防盗，发现隐患及时处理或上报。 11. 应认真维护自己办公区域内的一切公共物件，如因维护或使用不当而造成损坏者，公司将给予当事人书面警告处分外，当事人还必须按价做出赔偿。 12. 下班后对各自的卫生责任区域按要求进行清扫工作。

（续表）

第 4 章　前台工作人员特别要求 第 13 条　形象要求 前台文员每天上班应化淡妆；不得穿奇装异服；不得配戴夸张首饰；不得梳夸张发型；上班时间不得接打私人电话及会见私友；不得擅自离开工作岗位；不得吃零食；不得与其他同事闲聊、嬉闹；不得说粗口，要注意形象。 第 14 条　日常工作要求 1. 每天上班需提前 10 分钟到公司打卡，搞好前台卫生，并打开办公室所有电源。 2. 公司购买的书籍先编号并登记入库，员工借阅须做好登记到期催还工作，每双月的最后一个工作日作为图书盘点日，并在其他员工的配合下完成图书清点工作。 3. 每天早上上班时需到信箱处领取当天的报纸、信件，帮其他同事签收快递、包裹、挂号信件等，并做好统计登记。 4. 做好前台电话的转接工作，在三声铃音内接听电话。假如接到与公司业务无关的电话，包括广告、业务、保险、机票、培训课程、酒店住宿等，应礼貌地拒绝，不得私自转接入领导办公室；若是上门推销则礼貌收下名片备日后再用；不得将领导的私人电话、直线、分机和姓名透露出去，避免不必要的业务，打扰办公室的正常工作程序。 5. 协助有关人员管理好公司的公共财产，包括总机电话、电脑、打印机、传真机、饮水机等，检查它们是否运作正常，若发现有损坏或遗失，应尽早知会有关领导并通知相关人员来维修处理。此外，每天应检查饮水机的饮用水是否足够，并随时打电话订水。 6. 当有客人来访，应主动询问，做好登记、接待工作，并及时通知相关人员，注意做到笑脸相迎、礼貌让座、递茶倒水、服务满意。 7. 管好《公司员工外出登记本》，当有员工需外出办事时，将外出之事由做详细登记；每月最后一天，完成当月的《公司员工外出登记本》及电脑考勤记录统计工作，并上报人力资源部。 8. 应该认真、积极、主动服从及完成各领导的工作分配，例如帮同事打文件、整理文件、收发传真、复印、收发邮件等工作。 9. 利用空闲时间协助其他同事工作，如打文件、整理档案、复印文件、收发传真等，须与其他同事融洽相处。 10. 妥善保管好办公用品及日用品，同事领取时要及时做好登记，发现数量不够时应立即上报领导审批购买。 11. 负责通知参加会议或培训的有关人员，负责会议室的整洁工作。 12. 每天下午下班须晚 10 分钟下班，检查好门窗及电源是否完全关闭，询问有哪些领导在加班，询问何事需要跟进，获得许可方可离开。 13. 应树立严格的保密观念，不得将打印、复印或传真等有关商业秘密或公司管理中须保密的一切资料透露给他人，不得截留任何文件。

（续表）

14. 对私人资料，未经许可，应拒绝打印、复印和传真，不得假公济私。 **第5章 附则** 第15条 本制度自发布之日起开始执行。 第16条 本制度的编写、修改及解释权归人力资源部所有。					
执行部门		监督部门		编修部门	
编制日期		审核日期		批准日期	

3.3.2 行政办公管理人员选拔表

表格名称	行政办公管理人员选拔表
选拔目的	
为了企业发展的需要，根据人力资源规划和行政管理的要求选拔出合适的人才，确保企业各项活动正常进行。	
选拔原则	
本着高度重视、德才兼备、多渠道、科学测评、平等效率和公开全面的原则进行选拔。	
选拔程序	
1. 对空缺职位编写详尽的岗位说明书 岗位说明书在企业管理中有重要的作用，不仅可以帮助任职人员了解其工作，还可以为管理者的决策提供参考依据。一般来说，岗位说明书主要包括工作标识、工作目标、工作内容、工作条件和物理环境、社会环境、工作权限、聘用条件、工作规范等内容。 2. 根据岗位说明书确定选拔标准 选拔标准是建立在岗位分析的基础上的，是用人单位决定录用什么样的人的基本条件，是一个人完成工作所必备的特性。 3. 确定选拔渠道 选拔渠道主要有外部招聘和内部竞聘两种。对企业来说，两种渠道各有利弊，企业可以根据自身情况衡量选取。 4. 选择选拔方法 选拔方法多种多样，常用的有简历筛选、推荐信核查、笔试、面试、评价中心技术等。	

3.3.3 行政办公管理人员任用、使用、晋升表

表格名称	行政办公管理人员任用、使用、晋升表
行政办公管理人员的任用	
1. 聘任制 聘任制是指用人单位通过契约确定与人员关系的一种任用方式，又称聘用合同制，是相对委任制而言的。一般做法是由用人单位采取招聘或竞聘的方法，经过资格审查和全面考核后由用人单位与确定的聘任人选签订聘书，明确双方的权利义务关系和受聘人员职责、待遇、聘任期等。按合同规定，用人单位有聘用和解聘的权力，个人有应聘和辞聘的权力。 2. 考任制 考任制是指用人单位或主管部门根据工作需要，公布范围条件，根据统一标准经过公开考试，识别、选拔相应岗位职员的制度。主要有公开选拔、任前测试和资格准入三种方法。 3. 委任制 委任制是指任免机关按照干部管理权限直接委派干部担任领导职务的一种制度，是目前使用最普遍的一种干部任用形式。 4. 选任制 选任制是指由机构中的员工通过选举的方式来确定由谁担任何种职务的用人制度。选任制可以很好地反映大多数人的意愿，增强员工参与意识，培养员工的主人翁意识。不过因为人数较多，程序复杂，需要花费较多的人力、财力和时间。	
行政办公管理人员的使用	
1. 人才使用原则 人才使用原则包括量才用人、职能相称，扬长避短、各尽所能，用人不疑、疑人不用，合理搭配、整体效能，五湖四海、宽以容才，合理流动、适材适所，爱护人才、关心帮助，重视培养、用养结合等原则。 2. 人才使用方法 人才使用方法包括任务管理法、权变管理法、法律管理法、经济手段法和定量分析法等。	
行政办公管理人员的晋升	
1. 行政办公管理人员晋升原则 德才兼备，机会均等，阶梯晋升和破格提拔相结合。 2. 晋升模式 晋升模式包括按工作表现、按投入程度和按年资晋升等。	

3.3.4 行政办公管理人员考核表

行政办公管理人员考核表						
姓　　名		部　　门		职　　级		
考核项目（100分）	考核内容				标准分	考核分
安全工作（5分）	执行安全工作“日看、周查、月报”制度				1	
	做好本职安全工作				2	
	检查所辖部门安全工作的执行情况，包括计划、任务和人员				2	
工作态度（48分）	出勤守时状况				3	
	接待工作热情主动				3	
	工作计划的立案、实施是否有充分准备				1	
	对公司的未来建议				1	
	参加会议、理论学习和培训，记笔记，写心得				1	
	日常工作完成情况				14	
	领导交办的任务				3	
	执行公司规章制度的状况				14	
	信息上传下达的情况				1	
	横向联系				1	
	员工稳定、流失情况				2	
	部门、顾客投诉情况				2	
	办事拖拉、推诿情况				2	
基本能力（9分）	为了达成目标，是否有站在最前线指挥				3	
	成本意识强烈，积极节省				3	
	熟悉本职与相关业务，能完成任务				3	

Chapter 3

（续表）

业务情况（20分）	正确理解公司经营方针，制定配套实施方案	2	
	品行廉洁，言行诚信	2	
	工作方法正确，工作效率高	8	
	按照员工能力和个性合理分配工作	4	
	是否热心于学习新技术与知识	1	
	是否能自我突破与创新	1	
	费用使用是否合理有效	1	
	工作总结汇报是否准确真实	1	
监督管理（12分）	是否确实把握部属的优、缺点	3	
	注意生产办公现场的安全卫生和整理	3	
	积极训练、教育下属，提高他们的技能素质	3	
	妥善处理工作中的失误和临时增加的工作	3	
协调指导（6分）	善于沟通，聆听和采纳部属的意见、建议	2	
	经常注意保持下属的工作积极性	1	
	是否能做好部门间的联系和协调工作	1	
	是否热心于部门内部意见的沟通	1	
	注意进行目标管理，使工作协调进行	1	
小计分数		100	

额外加分		奖　　励			
额外减分		惩　　处			
合计分数					
考核人		被考核人		考核时间	

·行政办公管理人员配置表 1

·行政办公管理人员配置表 2

·行政办公管理人员基本素质要求表

·行政办公管理人员职业素养定义表

·行政办公人员管理制度

·行政办公管理人员选拔表

·行政办公管理人员任用、使用、晋升表

·行政办公管理人员考核表

·行政办公管理人员绩效考核表

·行政办公管理人员绩效考核方案

·总经办主任绩效考核量表

·总经理秘书绩效考核量表

·总经理助理绩效考核量表

·行政部经理绩效考核量表

·行政主管绩效考核量表

·行政专员绩效考核量表

·前台接待主管绩效考核量表

·前台接待专员绩效考核量表

·行政采购专员绩效考核量表

·文书档案管理员绩效考核量表

·资料管理员绩效考核量表

·车辆主管绩效考核量表

·司机绩效考核量表

Approp

行政经费管理

做好计划与预测

riation

对行政经费进行管理，可以更好地控制不合理费用的开支，做到专款专用、账目明晰、节俭节约等，既能提高经济效益，又能为公司做好计划与预测，促进其更好地发展。

4.1 行政经费预测管理

4.1.1 行政经费预测管理制度

制度名称	行政经费预测管理制度	受控状态	
		编　　号	

第 1 章　总则

第 1 条　目的

为了加强公司费用管理，控制不合理费用开支，提高经济效益，特制定本制度。

第 2 条　适用范围

本制度适用于公司各部门的行政经费开支。

第 2 章　行政费用的预算、审批及下达

第 3 条　行政费用的预算

公司每年度初，由公司总裁办具体负责公司行政费用的预算工作。

第 4 条　行政费用包括内容

1. 业务部交际费，包括接待客人的食宿、礼品、娱乐活动和旅游景点门票等费用。

2. 手机费，因工作需要已支付的手机费。

3. 办公费，日常办公支出的费用，如购买纸笔、印刷名片等费用。

4. 运输费，公司承担的发货费、收货费、送货费等。

5. 采用预算管理和行政管理相结合的项目费用。

6. 职能部门的交际费，包括招待客人的食宿、礼品、娱乐活动和旅游景点门票等费用。

7. 差旅费，出差在途车费、住宿费、市内交通费、出差生活补贴等。

8. 交通费，市内出差、办事所花的车费。

9. 车管费，如汽油、养路费分摊、过桥费等费用。

10. 会务费，参加各种会议而单独列明的费用。

11. 装修费，办公场地、厂区、仓库和车间的装修费用。

12. 广告费，媒体广告宣传、制作宣传资料、购买礼品、租赁展示摊位等费用。

13. 佣金，支付的代理费用。

14. 其他通讯费，除移动通讯费外的其他通讯费。

（续表）

第 5 条　行政费用的审批及下达

行政费用由公司各职能部门根据自己部门情况提出全部费用的预算草案，报行政部汇总，经财务部与总裁办初步审核后，提交公司总裁办公会议审议。审议通过后，以公司文件的形式下达至各部门执行。

第 3 章　行政费用的管理

第 6 条　行政费用开支的审批要求

公司各部门行政费用开支，应根据合法的程序执行，具体的程序，按实际情况变化，每年初在下达当年行政费用预算计划的同时一并下达。各项经费开支审批必须根据规定的审批程序进行，不得越级审批。

第 7 条　行政费用开支的具体时间

公司对所有费用按月预算，并进行季度预算和年度预算统计。在每月 25 日前，各职能部门、业务部向财务部提交下月的“行政费用月度预算表”，经批准后，在 30 日前发回各部门，按表执行即可。

第 8 条　行政经费使用记录

由财务部建立统一格式的费用使用记录，对报支的费用逐笔登记，并在内部局域网络上共享，供各部门查询，做到公开透明。每月月底，行政部、财务部将各部门预算与实际支出情况汇总，填制费用情况通报，特别提交给公司领导过目、备份。

第 9 条　行政经费额度管理

1. 额度管理是指费用在一定的额度范围内控制使用，额度确定依据由销售额、工作职务、员工人数等综合衡量、判断。

2. 根据销售额确定额度的费用项目是交际费，交际费超出额度本期内不予报销。根据销售额确定额度的费用项目是运输费，运输费超出额度需要提出书面报告，经批准后方可报销。根据工作职务确定额度的费用项目是手机费，超出额度部分不予报销。根据员工人数确定额度的费用项目是办公费，超出额度部分本期不予报销。

3. 当经费使用达到预算计划的 80%，由经费管理控制部门——总裁办、财务部向该部门发出预警。

4. 部门本期费用合计数超出预算 2000 元以下（包括 2000 元），或单项费用超出预算 30% 以内（包括 30%）的，由各部门、各业务部经理审批。费用合计数超出预算 2000 元以上，或单项费用超出预算 30% 以上的，由总经理审批。

第 10 条　行政经费的其他管理事项

1. 行政经费预算审批通过之后，在使用结束后由总裁、行政副总裁、董事长秘书分别与常务副总裁进行审核。

（续表）

2. 公司制订预算计划后应根据实际执行情况对以后的计划进行修订完善，并说明预算偏离的原因。

3. 行政经费的预算修订部门为公司财务部及行政部，修订方案由公司总裁办公会议决策。

第 4 章　行政费用预算管理的责、权、利

第 11 条　行政经费管理职责

1. 行政费用使用部门负责人应对行政费用开支的合理性负责。

2. 行政费用控制部门负责人应对费用开支预算的总量控制及单据的合法性负责，并负责对预算项目使用的情况，特别是对超预算项目的发生原因提供情况说明。对于部分可超预算发生的预算项目，必须经过合法程序审批后方可发生。

上述责任作为公司相关职能部门的基本工作，纳入绩效考核管理。

第 12 条　行政经费预算管理职权

1. 行政费用使用部门有权经合法程序按预算使用费用，对于必须发生的超预算费用有权提出申请。

2. 行政费用控制部门对于超额费用的支出有否决权，超预算费用的支出必须由公司主管的领导批准方可支出。

第 13 条　行政经费预算管理利益

行政经费控制在预算内的部门，应按公司有关规定给予奖励。

第 5 章　附则

第 14 条　本制度自发布之日起开始执行。

第 15 条　本制度的编写、修改及解释权归人力资源部所有。

执行部门		监督部门		编修部门	
编制日期		审核日期		批准日期	

4.1.2 行政经费预算流程图

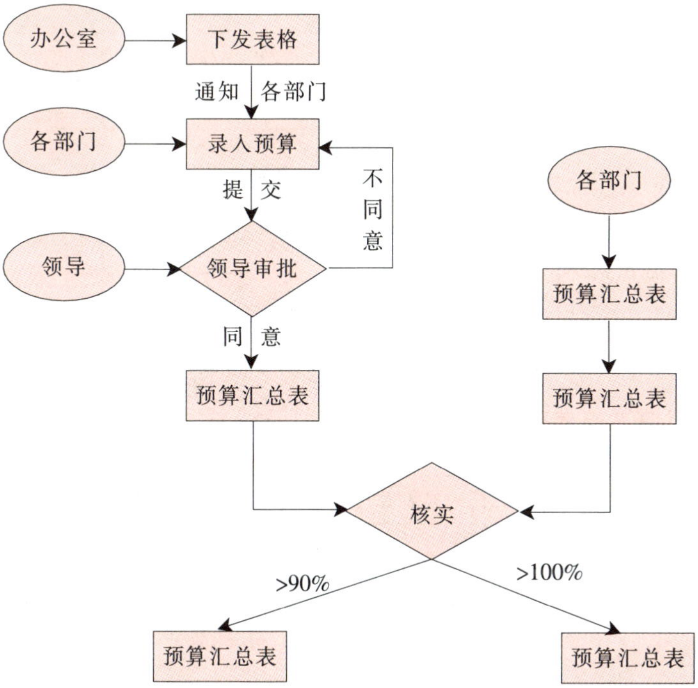

4.1.3 行政经费月度预测表

表格名称	行政经费月度预测表		
项　　目	上月实际支出	本月度预算	备　　注
食　　堂	伙食费		
宿　　舍	租　　金		
	宿舍用品		
	宿舍维护		
车　　辆	维修保养		
	油　　费		

（续表）

招　　工	宣传费用		
	补助费用		
节假日	活动费用		
	工厂福利		
水电费	水　　费		
	电　　费		
其　　他	工　　伤		
	应　　急		
合　　计			

4.1.4　行政经费季度预测表

表格名称		行政经费季度预测表					编　号		单位：元
科　　目		上年度平均数	本年度预测数				变动量	变动率（%）	备　　注
			一季度	二季度	三季度	四季度			
固定费用	薪资支出								
	间接人工								
	租金支出								
	办公费								
	邮电费								
	水电油料费								
	保险费								
	医保费								
	社保费								
	合　　计								

（续表）

变动费用	加班费								
	差旅费								
	运　费								
	维护费								
	交际费								
	样品费								
	包装费								
	燃料费								
	职工福利费								
	杂项购置费								
	会务费								
	培训费								
	劳务费								
	间接材料费								
	消耗品费用								
	保健费								
	其他费用								
	合　计								
费用总计									

4.2 行政经费控制管理

4.2.1 行政经费控制管理制度

制度名称	行政经费控制管理制度	受控状态	
		编　　号	

第1章　总则

第1条　目的

为了厉行节约、精打细算，帮助公司节省开支，特制定本制度。

第2条　适用范围

本制度适用于公司全体员工。

第3条　费用开支计划

1. 行政办公费用由行政管理部于年初拟定预算，由财务部汇总、审核，经总经理审批通过后执行。

2. 企业同时授予副总经理、部门经理对计划内费用开支的审批权限。

3. 企业费用开支计划留有弹性，并根据实施情况做出调整。

4. 原则上，各项费用开支不得超出年初预算的额度。

第2章　费用审批权限及程序

第4条　费用审批程序

(1) 费用开支当事人申请。

(2) 部门经理审查确认。

(3) 行政管理部审核。

(4) 财务部门审核。

(5) 授权分管副总或总经理审批。

第5条　费用审批权限

凡企业计划外开支，一律报总经理审批。

第3章　日常办公用品费控制

第6条　办公用品购买实行季度申报制

每个部门将所需的日常办公用品于每季初____日前填写“办公用品购买申报单”交行政管理部，由行政管理部汇总，报财务部、总经理审核批准后统一购买，发放时要进行登记。

（续表）

<table>
<tr><td colspan="6">第 7 条　特殊办公用品购买
各部门急需或特殊的办公用品，经批准，可自行购买。
1. 单价在______元以下，或总价在______元以下，由行政管理部经理批准。
2. 单价在______元以上，或总价在______元以上，由分管副总批准。
第 8 条　费用报销
办公费用一律凭完备的“办公用品购买申报单”及其他相关手续办理。凡未归口行政管理部，又未报相关领导同意，擅自购买办公用品和业务书籍的，企业不予报销。
第 9 条　印刷费用控制
1. 印刷费用单笔在______元及以上的支出，由行政管理部经理审批。
2. 印刷费用单笔在______元以下的支出，由部门经理审批。
第 10 条　图书资料费用控制
1. 图书资料费用单笔在______元及以上的支出，由行政管理部经理审批。
2. 图书资料费用单笔在______元以下的支出，由部门经理审批。
第 11 条　维修费用控制
1. 各部门设备出现质量问题时，报行政管理部处理。
2. 对于在保修期内的设备，由行政管理部直接联系厂家进行维修；对于超过保质期的设备，行政管理部接到报修后，应与维修厂家进行联系，商定修理费用。
3. 维修费用单笔在______元及以上的支出，由行政管理部经理审批。
4. 维修费用单笔在______元以下的支出，由部门经理审批。
第 4 章　附则
第 12 条　本制度自发布之日起开始执行。
第 13 条　本制度的编写、修改及解释权归人力资源部所有。</td></tr>
<tr><td>执行部门</td><td></td><td>监督部门</td><td></td><td>编修部门</td><td></td></tr>
<tr><td>编制日期</td><td></td><td>审核日期</td><td></td><td>批准日期</td><td></td></tr>
</table>

Chapter 4

4.2.2 行政经费报销管理制度

<table>
<tr><td rowspan="2">制度名称</td><td rowspan="2">行政经费报销管理制度</td><td>受控状态</td><td></td></tr>
<tr><td>编　号</td><td></td></tr>
</table>

第 1 章　总则

第 1 条　目的

为促进公司各项工作的顺利开展，明确费用报销的标准、程序和办法，特制定本制度。

第 2 条　适用范围

本制度适用于公司全体员工。

第 2 章　费用报销审批

第 3 条　公司管理费用内容

公司管理费用包括工资、办公费、差旅费、招待费、会议费、车辆使用费、通讯费、房屋租赁费、咨询顾问费、低值易耗品购置费、工会经费、福利费和职工培训费等支出。

第 4 条　费用预算

公司各部门，不含综合业务部，应于年初根据业务需要制定本部门年度费用预算并报财务部。财务部审查平衡后报公司总经理批准下达费用预算定额。年度费用预算执行过程中，财务部将视情况对费用预算做适当调整。

第 5 条　报销审批流程

开支各项管理费用时，属各部门预算内的正常支出，由各部门正职签字，报财务部直接审批报销。属预算外的支出和不宜执行费用预算管理的部门开支，必须提前向财务部申请，由财务部根据审批权限审批或报批。

第 6 条　报销签字要求

各部门报销有签字权的为部门正职。部门正职出缺时，可以授权部门副职签字，并书面通知财务本部。如一个部门仅设正职单岗或副职单岗而出缺的，报销暂缓。确需急办的，报请公司分管领导签批。

第 7 条　领导层报销审批要求

公司部门正职本人业务报销须经公司分管领导签批。公司副总经理和助理总经理本人业务报销须经公司总经理签批。

第 3 章　差旅费开支

第 8 条　差旅费内容

公司差旅费包括交通费、住宿费、出差补助和邮电通讯等费用。

（续表）

第 9 条　差旅费报销办法 公司差旅费报销根据公司任职和出差地区不同，采取实报实销与定额补助相结合的办法。 第 10 条　差旅费报销流程 公司职工出差，须先行确定地点、任务、天数、人数及费用预算，以保证差旅费在年度预算定额内节约使用。出差天数在一星期以内的，由部门正职批准，超过此期限的，报公司分管领导批准。 第 11 条　出差地区划分 出差地区划分为一般地区与特殊地区，特殊地区指深圳、珠海、厦门、广州、汕头、上海、海南等，出差天数按自然天数计算，出发、返回当日均算在内。 第 12 条　交通费用报销标准 公司职工出差到外地，按乘坐车、船、飞机标准乘坐，特殊情况、不宜执行上述标准时，应由公司分管领导签批。 第 13 条　火车票报销标准 出差人员夜间，即晚 7：00 至次日凌晨 7：00 期间，乘坐火车超过 6 小时，或白天连续乘车超过 10 小时的，可购买同席卧铺票。未乘卧铺者，乘坐普通列车可按所购票价的 60% 给予补贴；乘坐特快列车的，按特快票价的 50% 补贴；购买软座票者不予补贴。 第 14 条　公司各级出差人员报销标准 1. 公司出差人员按规定乘坐车、船、飞机，凭车、船、机票据实报销。每次出差的机场、火车站、码头往返费用，凭相应张数票据据实报销。 2. 公司总经理、副总经理出差，各项费用实报实销。其他人员出差，住宿费在规定标准以内部分，按住宿发票实报实销，超过标准的部分由本人自负：部门副职及其以下人员，同性别两人以上出差，须合并住宿。此外，助理总经理及其以下人员出差每人每天给予出差补助 100/130 元（一般地区/特殊地区），出差补助包括在外地的市内交通费和伙食费。职工每次出差，如在同一地点驻留 20 日以上者，自第 21 日起比照规定标准的 80% 给予报销。经批准开车出差，当日往返者，按每天出差补助的一半给予补助。 3. 公司职工与公司领导共同出差，财务部将视具体情况确定报销标准。聘请公司以外的人员同公司职工共同出差办事，聘请人员的报销标准比照陪同人员的报销标准。 4. 职工外地出差发生的宴请费，原则上应按规定于出差前申请，特殊情况应按审批权限事先口头请示，回单位后补办手续。出差发生宴请的，扣除陪宴人员宴请当日一半的出差补助。

（续表）

5. 职工出差发生的邮电通讯费、文印费和信用卡异地提现手续费等杂费支出按发票据实报销。

6. 公司职工为所属企业出差办事，差旅费应在所属企业报销，报销标准按所属企业有关规定执行。

7. 公司职工在本市内公出办事，不报销任何市内交通费用。

第 15 条　出差借款程序

出差人员预借差旅费，应填写“出差借款预算单”。若申请出差宴请费的，还应同时附上“招待费审批单”，经出差人员所属部门正职审核签字后送财务部审批。审批后办理借款手续。

第 16 条　出差报销时间

出差人员返京后，应在 7 日内到财务部办理报销手续。

第 4 章　招待费支出

第 17 条　业务招待费

业务招待费包括招待来访客人的茶叶、水果、饮料等费用；宴请客人的用餐、食品、酒水等费用；以及赠送客人、客户的纪念品和礼品等费用。

第 18 条　业务招待费要求

1. 公司用于接待来访客人的茶叶、水果、饮料等统一由办公室负责购买、保管、发放及费用控制，不得突破财务部下达的费用预算限额。

2. 以公司名义制作的纪念品、礼品，统一由办公室负责订做和管理，各部门需领用时，按办公室有关规定办理领用手续。

3. 公司年末举行对外联谊活动所需费用或公司举办大型活动的费用由办公室和财务部集中管理、联合控制。

4. 公司各部门一般性招待用餐和礼品等费用一次性支出可以根据具体情况向财务部提交预算申请，经财务部批准后合理掌握费用开支，并在此项支出完成后据实上报财务部知晓。

5. 公司各部门确因工作需要必须宴请的，按下列原则和办法办理。

（1）提倡勤俭节约，反对铺张浪费，年度招待费用总额不得突破财务本部下达的预算。

（2）限制陪餐人数，原则上陪同人员不得多于来宾人数。

（3）严格执行公司制定的宴请标准。

（4）必须事先填写招待费审批单，并经批准。

（5）凡违反上述原则，未事先申请或突破申请标准的宴请，财务部有权拒绝报销并向公司总经理反映。

（续表）

6. 公司各部门全年各项管理费用预算的执行情况，由财务部定期审核公布。 **第5章　附则** 第19条　本制度自发布之日起开始执行。 第20条　本制度的编写、修改及解释权归人力资源部所有。					
执行部门		监督部门		编修部门	
编制日期		审核日期		批准日期	

4.3 行政经费管理常用工具模板

4.3.1 部门办公费用预算计划表

表格名称	部门办公费用预算计划表				编　号		单位：元
费用名称 部门	日常办公费用	维修费用	印刷费用	电脑网络费用	咨询费用	图书资料费用	其他费用	合　计
生产部								
销售部								
研发部								
售后服务部								
行政部								
人力资源部								
合　计								
编制部门			编制日期					

4.3.2 公司销售费用预算明细表

表格名称	公司销售费用预算明细表						
编制部门		预算时间			单位：元		
类别	费用项目	预算依据		预算金额	支付时间		
		占收入	比上期（+、-）		上旬	中旬	下旬
固定费用	租赁费						
	广告费						
	办公费						
	挂靠管理费						
	员工保险费						
	上级分摊费						
	教育培训费						
	行政扣罚损失						
	低值易耗品						
	小　计						
变动费用	工资及福利						
	差旅及交通费						
	电话费						
	交际应酬费						
	运输及装卸搬运费						
	小　计						
税金	增值税						
	增值税附加						
	其他税金						
	小　计						
其他	财务费用						
	销售费用合计						
审　批			编制人				

4.3.3 费用报销申请单

<table>
<tr><td>表格名称</td><td colspan="2">费用报销申请单</td><td colspan="2">编　号</td><td colspan="2"></td><td colspan="2">填制日期</td><td colspan="4"></td></tr>
<tr><td>姓　名</td><td></td><td colspan="3">部　门</td><td colspan="2"></td><td colspan="2">职　务</td><td colspan="3"></td><td rowspan="7">附件
张</td></tr>
<tr><td rowspan="2">费用项目</td><td rowspan="2">内容说明</td><td colspan="10">费用金额</td></tr>
<tr><td>千</td><td>百</td><td>十</td><td>万</td><td>千</td><td>百</td><td>十</td><td>元</td><td>角</td><td>分</td></tr>
<tr><td></td><td></td><td></td><td></td><td></td><td></td><td></td><td></td><td></td><td></td><td></td><td></td></tr>
<tr><td>金额（大写）</td><td>合计</td><td></td><td></td><td></td><td></td><td></td><td></td><td></td><td></td><td></td><td></td></tr>
<tr><td>财务审批</td><td colspan="2">财务主管审批</td><td colspan="2">财务复核</td><td colspan="2">部门审核</td><td colspan="2">经办人</td><td colspan="3">报销人</td></tr>
<tr><td></td><td colspan="2"></td><td colspan="2"></td><td colspan="2"></td><td colspan="2"></td><td colspan="3"></td></tr>
</table>

4.3.4 差旅费用报销单

<table>
<tr><td colspan="2">表格名称</td><td colspan="3">差旅费用报销单</td><td colspan="2">编　号</td><td colspan="2"></td><td colspan="2">填制日期</td><td colspan="4"></td></tr>
<tr><td>姓　名</td><td colspan="2"></td><td colspan="2">职　务</td><td colspan="2"></td><td colspan="3">出差事由</td><td colspan="4"></td><td rowspan="9">附件
张</td></tr>
<tr><td>起止日期</td><td colspan="8">____年__月__日—____年__月__日，共计____天</td><td colspan="2">备　注</td><td colspan="3"></td></tr>
<tr><td rowspan="2">日　期</td><td rowspan="2">起止地点</td><td rowspan="2">交通费</td><td rowspan="2">住宿费</td><td rowspan="2">餐费补助</td><td rowspan="2">其他费用</td><td colspan="8">费用金额</td></tr>
<tr><td>十</td><td>万</td><td>千</td><td>百</td><td>十</td><td>元</td><td>角</td><td>分</td></tr>
<tr><td></td><td></td><td></td><td></td><td></td><td></td><td></td><td></td><td></td><td></td><td></td><td></td><td></td><td></td></tr>
<tr><td></td><td></td><td></td><td></td><td></td><td></td><td></td><td></td><td></td><td></td><td></td><td></td><td></td><td></td></tr>
<tr><td colspan="2">金额（大写）</td><td colspan="3"></td><td>合计</td><td></td><td></td><td></td><td></td><td></td><td></td><td></td><td></td></tr>
<tr><td colspan="2">财务审批</td><td colspan="2">财务主管审批</td><td colspan="2">财务复核</td><td colspan="3">部门审核</td><td colspan="3">经办人</td><td colspan="2">报销人</td></tr>
<tr><td colspan="2"></td><td colspan="2"></td><td colspan="2"></td><td colspan="3"></td><td colspan="3"></td><td colspan="2"></td></tr>
</table>

- 行政经费预测管理制度
- 行政经费月度预测表
- 行政经费季度预测表
- 行政经费控制管理制度
- 办公用品购买申报单
- 行政经费报销管理制度
- 出差借款预算单
- 招待费审批单
- 部门办公费用预算计划表
- 公司销售费用预算明细表
- 费用报销申请单
- 差旅费用报销单
- 通信费用报销单
- 外勤费用报销单
- 车辆费用报销单
- 招待费用报销单
- 行政费用申请单
- 行政费用计划表
- 人事动态费用明细表
- 部门费用报销明细表
- 差旅费支付明细表
- 培训费用预算表

Da

日常行政办公管理

帮助公司更好地运转

ily

日常行政办公管理涉及到行政办公所要接触的方方面面的问题，繁琐、细碎，却是每一位行政办公管理工作者不可不知的最基本管理，能为行政办公管理工作的开展奠定良好的基础，并能帮助公司更好地运转。

5.1 文书管理

5.1.1 行政文书管理制度

制度名称	行政文书管理制度	受控状态	
		编　　号	

第 1 章　总则

第 1 条　目的

为了确保文书事务正确且顺利进行，促进与提高组织管理工作的效率，特制定本制度。

第 2 条　定义

文书是指业务工作上往来公文、报告、会议决议、规定、契约书、专利许可证书、电报、各种账簿、图表参考书等一切业务类用书与公文。

第 3 条　文书管理要求

1. 凡重要事宜的指示、请示、汇报、报告、传达和答复等，一律以文书的形式进行。所有文书的处置都必须以准确和迅速为原则，必须明确责任。

2. 须请示审批，即使在紧急状况下，以口头或电话形式处置的事项，事后也必须以文书形式记录下来。

3. 全部文书归公司所有并收藏，任何个人不得私自占有。

4. 必须严格保守文书的秘密。

第 4 条　适用范围

本制度适用于公司所有员工。

第 2 章　文书的收发

第 5 条　工作日，文书由主管科室负责收发

工作日，文书全部由文书主管科室收发，并按下列要点处置。

1. 一般文书予以启封，分送各部门、科室。

2. 私人文书不要开启，直接送收信人。

3. 须请示审批分送各部门、科室的文书若有差错，必须立即退回文书主管科室。

第 6 条　休息日，由值班室负责文书收发

休息日、节假日等规定工作时间外收发的文书，由值班人员接收后转交给文书主管科室。

（续表）

第 3 章　文书的处理

第 7 条　文书按机密程度划分类型

1. 须请示审批的绝密文书，指极为重要并且不得向公司内外无关人员泄漏内容的文书。

2. 须请示审批的秘密文书，指次重要并且所涉及内容不能向公司内外无关人员透露的文书。

3. 外密文书，指不宜向公司以外人员透露内容的文书。

4. 普通文书，指非机密文书。如果附有其他调查问卷之类的重要东西，则另当别论。

5. 传阅文书，指在本公司内广为传阅或传达的文书。

第 8 条　文书的阅览原则

1. 某文书被阅览后，阅览者必须签字，表示已经阅览完毕。有必要的情况下，在文书的空白处填写阅览后的意见，转给或交还文书的主管。

2. 有必要在各部门、科室传阅的文书，必须附上传阅登记簿，按传阅登记簿规定栏目填写，并最终交还文书主管。

第 9 条　普通文书的处理原则

1. 由科长以上级别的主管，负责对文书进行审阅、回答、照会以及其他必要的处理，或者指定下属对文书进行具体处理。

2. 如果遇到重要或异常事项，必须及时与上一级主管取得联系，按上级指示办理。

3. 如果是与各部门、科室有关联的事项，必须经与各部门、科室的会议后方能予以处理。

第 10 条　机密文书的处理原则

1. 机密文书原则上由责任者或当事者自行处理。

2. 指名或亲启文书的寄发，原则上在封面上注明文书所涉及事项的要点，注明发文者姓名，由发文者封缄。

3. 到达的指名或亲启文书，原则上由信封上所指名者开启，其他人不得擅自启封。如果某主管在职务上有权替代来件所指名者，不受本条规定约束。

第 11 条　与各部门、科室相关文书的处理原则

与各部门、科室有关的文书，在处理意见上如果存在分歧，则由文书的主管部门出面进行协商；如果不能协商一致，则可上报或请示上一级领导，由上级领导裁决。

第 4 章　文书的请示审批

第 12 条　请示审批的要求

请示审批是公司经营的一项重要程序，凡公司经营重要事项，都必须经请示，获得董事会、总裁、专务董事和常务董事审查、裁决和下文批复之后，方能实行或行事。

（续表）

第13条　须请示审批的内容

1. 职务及重要人事安排。

2. 各种制度性规定的变更。

3. 重要契约的缔结、解除与变更。

4. 诉讼行为。

5. 与官方机构有关的、各种重要的请求、回执和申请等。

6. 土地、建筑物以及事务所权利的购买与转让。

7. 大额馈赠、谢礼以及宣传广告费用的开支。

8. 分支机构的增编与升格。

9. 预算与决算事宜。

10. 借款、贷款以及借贷银行的开设与变更。

11. 须请示审批重要或高额物品的采购，不急用或不需要物品的转让与廉价出售。

12. 须请示审批定期或不定期刊物的发刊、修改、废除以及费用开支的修订。

13. 有关公司经营的重要计划与企划。

14. 其他上述未涉及的重要事项。

第14条　须请示审批者规定

须请示审批者为分公司主管、分店主管以及以此基准确定的主管领导。

第15条　请示审批的方式

请示审批的事项，必须以提案文书的方式，经主管呈交总部。如果事情紧急，允许直接以非文书形式请示，但事后必须尽快撰写请示提案文书上报。

第16条　请示审批的内容和顺序

请示提案文书的内容和顺序，包括标题、正文、理由、说明和附录。提案文书一式多份，分送有关部门，如业务部门、印刷部门、总务部门和财务部门等。

第17条　请示提案文书的其他要求

1. 请示提案文书必须编号，并注明起草或请示者，所属分支机构及部门、科室，并及时签名盖章。

2. 请示审批内容一旦被上级认可并做出决定，则以请示提案书副本替代批复返回请示部门执行。

第18条　请示提案的保管

请示提案原本由总务部、庶务科保管。

第5章　文书的制作

第19条　文书制作要领

1. 须请示审批的文书必须简明扼要，一事一议。语言措词力求准确规范。

（续表）

2. 起草文书的理由必须做出交代，具明起因以及中间交涉过程，必要时附上有关资料与文件。

3. 必须明确起草文书的责任者，署上请示审批提案者姓名。

4. 对请示提案文书进行修改时，修改者必须认真审阅原件，修改后必须署名。

5. 文书的起草必须征得主管同意，并且在主管有了明确的决定之后进行，文书起草只是一个“文书化”的过程与结果。文书的草案必须予以保存。

6. 重要文书或契约书（案）必须经过公证，并且在正式文书形成之日前，必须掌握且附上具有价值的证据或证明文件。

第 20 条　文书的署名规定

1. 公司内文书，如果是一般往来文书，只需主管署名即可；如果只是单纯的上报文书，或者不涉及各部门、科室，且内容并不重要的文书，只需部门、科室署名即可；如果是重要文书，按责任范围署名总裁、副总裁、专务董事、常务董事或者有关部门的主管姓名与职务。

2. 对外文书，如契约书、责任状、官方许可申请书、回执、公告等重要文书，一律署总裁职务与姓名。如果是总裁委托的事项，可由指定责任者署名。上列规定以外的文书，也可署分公司或分支机构的主管职务与姓名。

第 21 条　文书的盖章要点

1. 在正本上必须加盖文书署名者的印章，副本可以加盖署名者或所在部门、科室章。

2. 文书署名者不在的情况下，加盖职务替代或代理者印章，且加盖具体执行者印章。在这种情况下，文书存档前加盖署名者印章。

3. 须请示审批以部门或公司名义起草的文书，在旁侧加盖有关责任者印章。

第 22 条　印章使用原则

1. 在有必要加盖总裁或公司印章时，必须填写委托申请书，经所属部门主管认可，并且加盖印章之后，向总部总务部门提出。

2. 总务部主管经审核，签名盖章，批准申请。如果有必要则需请示总裁。在事情紧急情况下，可以口头申请与批准，但事后必须补填申请书。

3. 在需要总裁签字的情况下，手续同前。

4. 须请示审批的文书经总务部批准后，应去印章保管员处加盖总裁或公司印章。

5. 一些带有公司字样或总裁职务字样的其他印章，经主管同意后，直接向印章保管员申请加盖。

第 6 章　文书的送发、整理与保存

第 23 条　文书的送发要求

1. 文书封面必须明确写清发送或接收单位与地址、收件人姓名，并且注明“快递”“邮寄”“面呈”或“转交”。

（续表）

2. 公司内部文书原则上不作封缄。 3. 必要时给文秘处以回复或回执，调查报告不受本条规定限制。 4. 各部门科室的邮寄文书，发送前必须在发信登记本与邮资明细账上做好登记与填写。 第 24 条　文书的整理 文书按内容进行整理，一类是尚未完结的文书，一类是全部完结可以归档的文书。 第 25 条　文书的保存要求 1. 全部完结的文书，分别按所属部门、科室、文件机密程度、整理编号和保存年限进行整理与编辑，并在文书保存簿上做好登记，归档保存。 2. 制度规定、不动产权利书、契约书、往来公文与特许专利文书等特别重要的文书，由总务部庶务科填写“重要文书目录”后，予以保存。 3. 按照重要程度划分，特别重要的文书直接归主管领导保存，一般文书归各部门或科室保管。 4. 须请示审批全部重要的机密文件，一律存放在保险金库或带锁的文件柜之中。 5. 职务或部门划分发生变更，文书存档也须做出调整。必须在相关登记簿上记录下变更与调整的理由以及变更与调整后的结果。 6. 借阅重要文件必须做好登记，并注明归还日期。一切借阅都必须出具借阅证。 第 26 条　文书的保存年限 1. 永久保存文书，包括章程、股东大会及董事会议记录、重要的制度性规定；重要的契约书、协议书、登记注册文书、股票关系书类；重要的诉讼关系文书、官方许可证书、有关公司历史的文书、决算书和其他重要的文书。 2. 保存五年文书，指不需要保存十年的次重要文书。 3. 保存一年文书，指无关紧要的或者临时性文书。如果是调查报告原件，则由所在部门主管负责确定保存年限。 4. 本条规定以外的文书保存年限，依法律或部门主管指示。 5. 保存期届满的文书以及没有必要继续保存的文书，经主管决定，填写登记废除理由和日期之后，可以予以销毁。机要文书一律以火焚的方式销毁。 **第 7 章　附则** 第 27 条　本制度自发布之日起开始执行。 第 28 条　本制度的编写、修改及解释权归人力资源部所有。

执行部门		监督部门		编修部门	
编制日期		审核日期		批准日期	

5.1.2 文书管理流程图

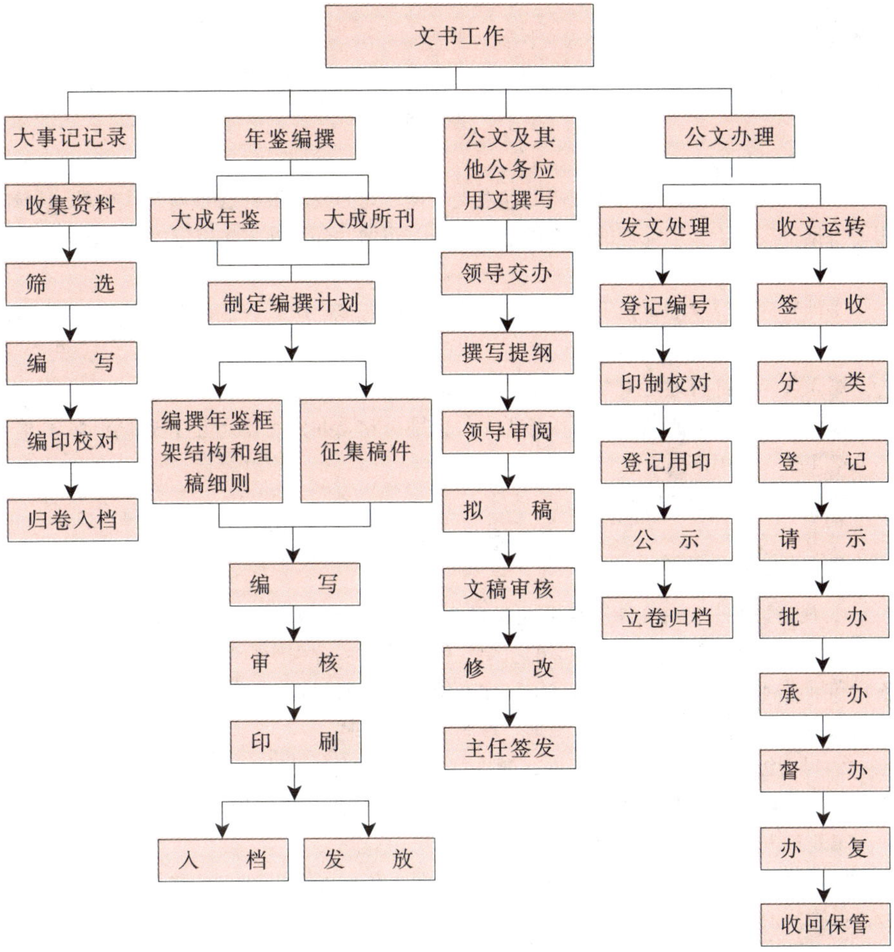

Chapter 5

5.1.3 公司文件管理制度

制度名称	公司文件管理制度	受控状态	
		编　　号	

第1章　总则

第1条　目的

为减少发文数量，提高办文速度和发文质量，充分发挥文件在各项工作中的指导作用，根据中央关于文书处理的有关规定，结合公司的实际情况，特制定本制度。

第2条　内容

文件管理内容主要包括上级函、电、来文，同级函、电、来文以及本公司上报下发的各种文件、资料。

第3条　文件管理要求

按照党政分工的原则，全公司各类文件分别由党委办公室和公司行政部管理。

第4条　适用范围

本制度适用于公司所有员工。

第2章　文件的管理

第5条　文件的签收

1. 凡公司外来公启文件（除公司领导亲启的外）均由公司收发员登记签收（由上级或邮电局机要通讯员直送机要室的机要文件除外）后分别交行政部机要秘书拆封。在签收和拆封时，收发员和机要秘书均需注意检查封口和邮戳。对开口和邮票撕毁函件应查明原因，对密件开口和国外信函邮票被撕应拒绝签收。

2. 对上级机要部门发来的文件，要进行信封、文件、文号、机要编号的“四对口”核定，如果其中一项不对口，应立即报告上级机要部门，并登记差错文件的文号。

第6条　文件的编号保管

1. 行政部机要秘书对上级来文拆封后应及时附上文件处理传阅单，并分类登记编号、保管。须由公司承办或归档的公司领导亲启文件，公司领导启封后，也应分别交行政部办理正常手续。

2. 本公司外出人员开会带回的文件及资料，应及时分别送交行政部机要秘书进行登记编号保管，不得个人保存。

第7条　文件的阅批与分转

1. 凡正式文件均需分别由行政部主任或副主任根据文件内容和性质阅签后，由机要秘书分送承办部门经理和承办部门阅办，重要文件应呈送公司领导或分管领导亲自阅批后分送相关部门阅办。为避免文件积压误事，一般应在当天阅签完，紧急文件要即阅即办。

（续表）

2. 一般函、电、单据等，分别由行政部机要秘书直接分转处理。如涉及几个单位会办的文件，应同主办单位联系后再分转处理。

3. 为加速文件运转，机要秘书应在当天或第二天将文件送到公司领导和承办部门，如关系到两个以上业务部门，应按批示次序依次传阅，最迟不得超过两天，特殊情况例外。

第 8 条　文件的传阅与催办

1. 传阅文件应严格遵守传阅范围和保密规定，不得将有密级的文件带回家、宿舍和公共场所，也不得将文件转借其他人阅看。对尚未传达的文件不得向外泄露内容。

2. 阅读文件应抓紧时间，当天阅完后应在下班前将文件交机要室，阅批文件一般不得超过两天，阅后应签名以示负责。如有领导批示或拟办意见，行政部应责成有关部门和人员按文件所提要求和领导批示办理有关事宜。

3. 阅文时不得抄录全文，不得任意取走文件夹内任何文件及附件，如确系工作需要，要办理借阅手续，以防止丢失泄密。

4. 文件阅完后，应送交行政部机要秘书，切忌横传。

5. 行政部机要秘书对文件负有催办、检查、督促的责任，承办部门接到文件、函电，应立即指定专人办理。不得将文件压放分散，如需备查，应按照有关保密规定，并征得行政部同意后，予以复印或摘抄，原件应及时归档周转。

6. 按照阅文范围，离、退休干部，一般由有关部门定期组织学习有关文件，或由行政部机要室通知到机要室阅文。

第 3 章　文件送发的管理

第 9 条　文件送发规定

1. 全公司上报下发正式文件的权力分别集中在党委和公司行政部，各群众团体和部门一律不得自行向上、向下发送正式文件。

2. 各群众团体、部门需要向上反映汇报重要情况或向下安排布置重要工作要求发文，应分别向党委、公司部提出发文申请，并将文件底稿分别交行政部审核。党委、公司部同意发文，则行政部分别按党、政机构设置与业务分工统一归口以党 × 字、公司 × 字发文。群众团体文件由党委批转。

3. 对全公司影响较大，涉及两个以上公司领导分管范围的文件，须由党委书记或经理批准签发。其余文件均由分管公司领导批准签发。

第 10 条　文件送发范围

1. 凡是以党委、公司部名义发出的文件、通告、决定、决议、请示、报告、编写的会议纪要和会议简报，均属发文范围。

2. 党委、公司部下发文件主要用于公布全公司规章制度；转发上级文件或根据上级文件精神制定的公司文件；公布公司体制机构变动或干部任免事项；公布全公司性的重

（续表）

大生产、技术、经营管理、政治工作和生活福利等工作的决定；公布有关奖惩决定、通报和其他有关全公司的重大事项。 3. 党委、公司部上行文、外发文主要用于对上级机关呈报工作计划、请示报告、处理决定；同兄弟单位联系有关公司重大生产、技术、人事劳资、物资供应、科研、基建、经营管理和党群工作等事宜。 4. 在公司的日常生产、技术、经营管理、党群工作中，有关图纸、技术文件、工艺修改、审批工作、安排部署和传达上级指示等事项，应按有关制度办理，经分管公司领导批准后，由主管业务科室书面或口头通知执行，一般不用公司部文件发布。 5. 凡各业务科室如开专题会议所做的决定，一般都不应发文，不备查考，可以科室名义用《工作简讯》发会议纪要。 6. 各业务科室与外单位发生的一般业务联系，可用各科室的名义对外发函，应各自编号备查，不用公司部名义发文。 **第4章　文件送发的程序与要求** 第11条　文件送发的程序规定 1. 各单位需要发文，应事先分别向党委、公司部提出申请。 2. 党委、公司部同意发文时，主办单位应以党的方针、政策和国家法令，上级指示或工作实际需要草拟文件初稿。 3. 草拟文稿必须从全公司角度出发，做到情况确实、观点鲜明、条理清楚、层次分明、文字简炼、标点符号正确和书写工整。严禁使用铅笔、圆珠笔、红墨水和彩笔书写。 4. 文稿拟就后，拟搞人应填附发文稿纸首页，详细写明文件标题、发送范围、印刷份数、拟稿单位与拟稿人，并签名、盖章、标定日期和密级。 5. 行政部办公室应根据党委、公司部的要求和上级有关指示精神、有关文件规定，对文稿进行审查和修改。对涂改不清、文字错漏严重、内容不妥、格式不符的文稿应退回拟稿单位重新拟稿。 6. 经行政部审查修改后的文稿，送部门主管领导核稿。 7. 对审核时修改较多，有碍打印和存档的文稿，应由拟搞部门重新誊写清楚。 8. 需经会签的文稿，应在交付打印前送会签部门会签。 9. 文稿审核会签后，按批准权限的规定分别呈送党委、公司部领导审定批准签发。 10. 经领导批准签发后的文稿交行政部机要秘书统一编号送打字室打印。 11. 文件打印清样，应由拟稿人校对，校对人员应在发文稿上签名。 12. 文件打字后，由行政部派专人按数印刷，再由行政部机要秘书分发并检查落实情况，对印刷质量不好的文件，机要秘书应拒绝盖印分发。

（续表）

第 5 章　文件的借阅和清退
第 12 条　文件的借阅
1. 各部门有关工作人员因工作需要借阅一般文件，须经本部门负责人签字确认，对有密级的文件须行政部主任同意后方可借阅。
2. 借阅文件应严格履行借阅登记手续，就地阅看，按时归还。任何人不得将文件带走或全文抄录，不允许拆卷和在文件上勾划等。
第 13 条　文件的清退
1. 行政部机要秘书对承办的公文应抓紧催办，应定期对事前已经办妥的本公司文件和上级要求限期清退的文件进行收缴清退工作。一般为月底一小清，季末一中清、年终一总清。如发现文件丢失，必须及时查明原因和责任者，并如实向领导报告。
2. 各部门应指定一位责任心强的员工负责文件收交、保管、保密、催办检查工作。
第 6 章　文件的立卷与归档
第 14 条　文件的归档范围
1. 凡下列文件统一分别由行政部负责归档：
（1）上级机关来文，包括上级对公司报告、申请的批复。
（2）党委、公司部发出的报告、指示、决定、决议、通报、纪要、重要通知、工作总结、领导发言和生产经营工作的各类计划统计、季度、年度报表等。
（3）公司党委会、经理办公室、董事会、公司管理委员会、中层干部会以及各种专业例会记录。
（4）公司党代会、职代工、工会会员代表大会、团代会等公司一级的党群组织召开的代表大会所形成的报告、总结、决议、发言、简报和会议记录等。
（5）有保存价值的人民来信来访记录及处理结果。
（6）参加上级召开的各种会议带回的文件、资料及本公司在会上汇报发言的材料等。
（7）上级机关领导同志来公司检查视察工作的报告、指示记录以及本公司向上级进行汇报的提纲和材料。
（8）反映本公司生产、经营活动，先进人物事迹及公司领导工作等的音像摄制品。
（9）公司日志和大事记。
（10）工厂向上级请示批复的文件及上报的有关材料。
2. 业务科室、各群众团体日常工作中形成的活动资料，由各业务科室、群众团体负责立卷归档。
第 15 条　立卷要求
1. 文件立卷应按照内容、名称、作者和时间顺序，分门别类地进行整理归档。

（续表）

2. 立卷时，要求把文件的批复、正本、底稿、主件和附件收集齐全，保持文件、材料的完整性。 3. 要坚持平时立卷与年终立卷归档相结合的原则。重要工作、重要会议形成的文件材料，要及时立卷归档。 4. 上年度形成的文件材料，要求在下年度五月份以前整理完，六月份正式向档案馆（室）移交，清单一式两份，交接单位各留存一份备查。 **第7章　文件的销毁** 第16条　文件销毁要求 1. 对于多余、重复、过时和无保存价值的文件，“两办”机要室应定期清理造册，并按上级有关规定，办理申请销毁手续。 2. 经审核同意销毁的文件，应派专车分别由“两办”机要秘书和正副主任护送到上级机关指定的纸厂监视销毁。 **第8章　附则** 第17条　本制度自发布之日起开始执行。 第18条　本制度的编写、修改及解释权归人力资源部所有。					
执行部门		监督部门		编修部门	
编制日期		审核日期		批准日期	

5.1.4　文件送发登记表

表格名称	文件送发登记表										
编　　号				填报日期							
序　号	日　　期		发　　文		文件标题	附 件	份 数	送达单位	签收人	归入卷号	备　注
	月	日	字	号							

5.2 档案管理

5.2.1 档案管理制度

<table>
<tr><td rowspan="2">制度名称</td><td rowspan="2">档案管理制度</td><td>受控状态</td><td></td></tr>
<tr><td>编　　号</td><td></td></tr>
<tr><td colspan="4">

第 1 章　总则

第 1 条　目的

为加强公司档案管理工作，有效地保护和利用档案，维护公司合法权益，特制定本制度。

第 2 条　定义

本制度所称的档案是指过去和现在的公司各级部门及员工在从事业务、经营、企业管理、公关宣传等活动中，所直接形成的对企业有保存价值的各种文字、图表、账册、凭证、报表、技术资料、电脑盘片、声像、胶卷、荣誉实物和证件等不同形式的历史记录。

第 3 条　管理原则

档案工作实行统一领导、分级保管、分级查阅的原则，进行网络化管理。

第 4 条　档案机构及其职责

1. 档案工作由公司总经理统一领导，公司各部门指定专人负责档案管理工作。

2. 办公室应逐步完善档案制度，确保档案安全和方便利用，采用科学手段，逐步实现档案管理现代化。

第 5 条　适用范围

本制度适用于公司所有员工。

第 2 章　档案的管理

第 6 条　档案整理办法

1. 方法以问题特征为主，立小卷，一事一卷。

2. 步骤以收集、整理、分类、立卷为序，其中收集包括文书档案、企业科技档案类的收集；整理根据分类和成立时间进行；分类按照不同价值进行；立卷则按照分类确定保管期限为永久、长期还是短期。

第 7 条　过程管理

1. 属于公司保管的档案，公司及各下属子公司的各部门的资料员做好平时文件的预立卷工作，并在事件结束后或在每季头一个月的十日前将上季需归档的预立卷的文件整

</td></tr>
</table>

（续表）

理成册移交办公室保管，任何人不得据为己有。

2. 属部门保管的档案，在每季头一个月十日前汇编成册上报办公室，各分保管者在每年的二月十日前将档案总目录、预立卷材料的目录交办公室。

第 8 条　监督

办公室根据各部门和各部门上报的档案总目录、预立卷材料的目录，进行定期或不定期的检查，来监督各部门及各部门档案的管理工作。

第 9 条　销毁

须报总经理批准，销毁时应有两人以上负责监销，并在清单上签字。具体流程图如下：

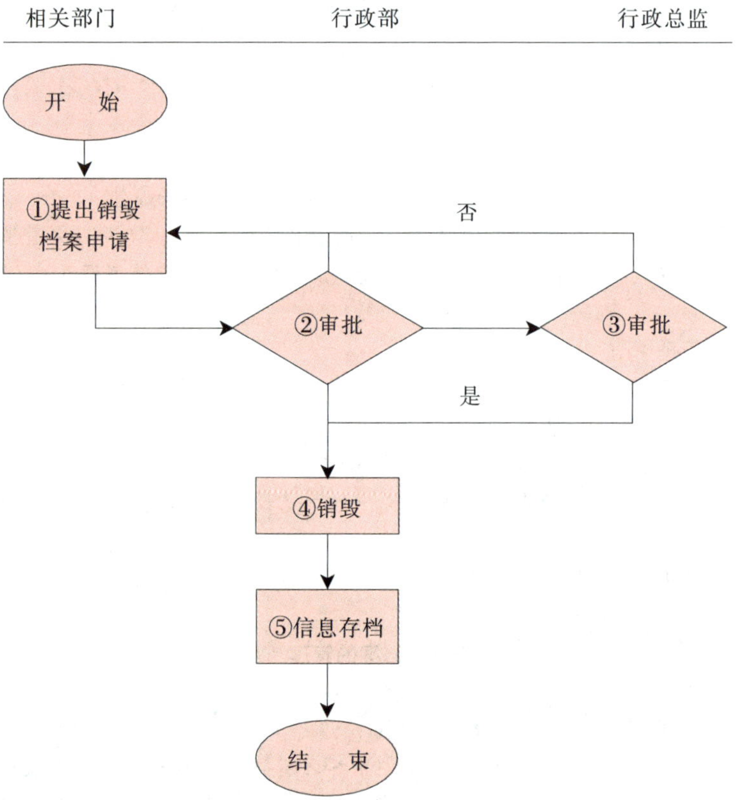

第 10 条　档案分类及编号

指定资料员经办公室培训后，按有关档案分类及编号要求操作。

第 11 条　借阅

因公司需要借阅文档的，应填好档案查阅单。员工不得随意外带有关公司重要的文

（续表）

件材料，确因工作需要外带，需办理档案外借手续，经办公室核准后，方可带出，用毕即归还。阅档人对所借阅档案必须妥善保管，不得私自复制、调换、涂改、污损、画线等，更不能随意乱放，以免遗失。具体流程图如下：

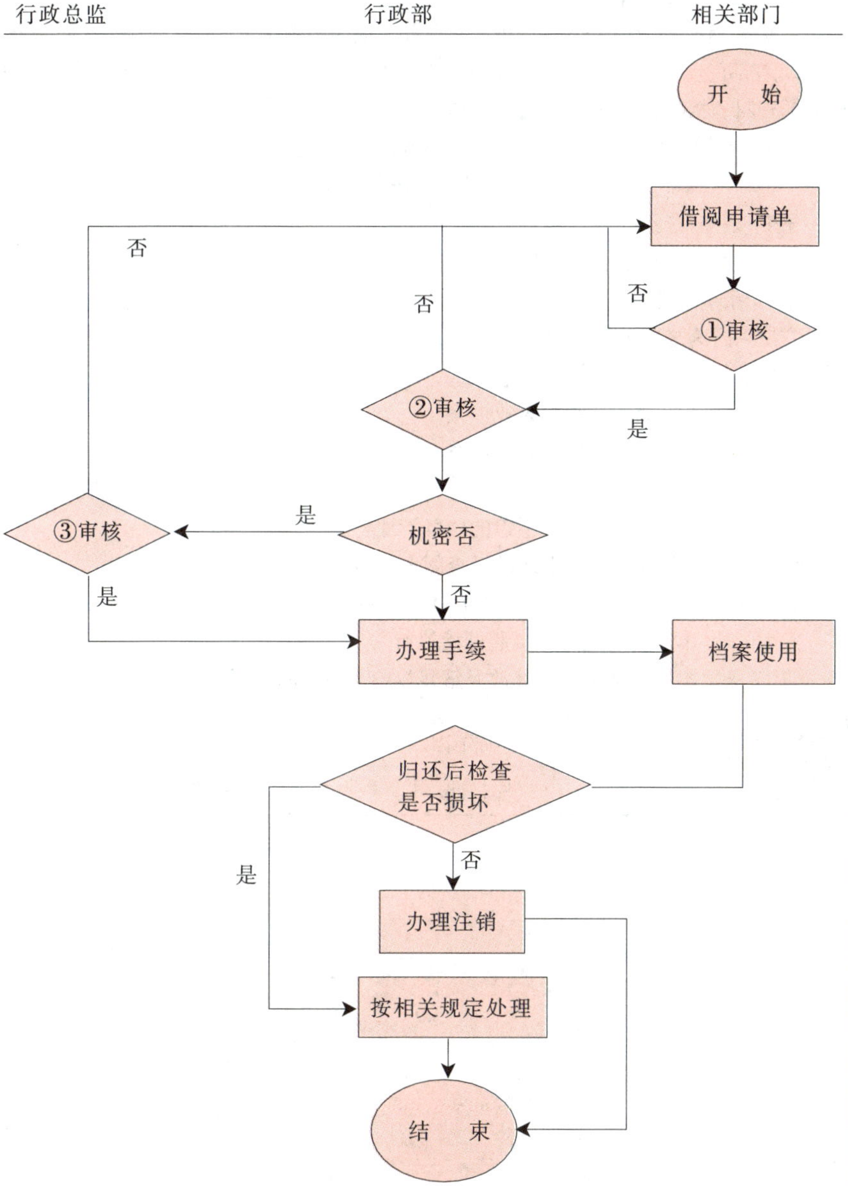

（续表）

第 12 条　分级查阅

关于分级查阅，具体的查阅分档，公司拥有绝对的制定权。

第 13 条　档案备份

1. 公司所有有价值的文件、报表、业务记录等必须备份。

2. 各部门应尽量采用电脑管理和工作，便于业务资料的数字化处理和保存。对存入电脑的资料、档案，按《计算机管理办法》管理。

3. 备份盘与源盘应分开存放，公司的备份盘应在公司外保存。

第 3 章　责任及处理条例

第 14 条　责任

传阅文书，指在本公司内广为传阅或传达的文书。

第 15 条　处理条例

有下列行为之一的，据情节轻重，给予 50 ~ 500 元扣薪处理，若构成犯罪依法追究刑事责任。

1. 毁损、丢失或擅自销毁企业档案。

2. 擅自向外界提供、抄摘企业档案。

3. 涂改、伪造档案。

4. 未及时上报归档或管理不善的档案管理者。

5. 未按手续就借阅、外带或越级查阅者，档案管理者同罚。

第 4 章　附则

第 16 条　本制度自发布之日起开始执行。

第 17 条　本制度的编写、修改及解释权归人力资源部所有。

执行部门		监督部门		编修部门	
编制日期		审核日期		批准日期	

5.2.2 电子档案管理制度

<table>
<tr><td rowspan="2">制度名称</td><td rowspan="2">电子档案管理制度</td><td>受控状态</td><td></td></tr>
<tr><td>编　　号</td><td></td></tr>
<tr><td colspan="4">

第 1 章　总则

第 1 条　目的

为了对电子文件的形成、积累、鉴定、归档及电子档案的保管实行全过程管理，由主管部门统一协调，指定专门机构或人员负责，以保证管理工作的连续性，特制定本制度。

第 2 条　适用范围

本制度适用于公司全体员工。

第 2 章　电子档案的收集与积累

第 3 条　电子档案的收集范围

电子文件的收集范围，按国家关于文件归档的现行有关规定执行。

第 4 条　收集积累要求

1. 记录了重要文件的主要修改过程，有查考价值的电子文件应被保留。当正式文件是纸质时，如果保管部门已开始进行向计算机全文处理的转换工作，则与正式文件定稿内容相同的草稿性电子文件应当保留，否则可根据实际条件或需要，确定是否保留。

2. 保存与纸质等文件内容相同的电子文件时，要与纸质等文件之间，相互建立准确、可靠的标识关系。

3. 在“无纸化”计算机办公或事务系统中产生的电子文件，应采取更严格的安全措施，保证电子文件不被非正常改动。同时必须随时备份，存储于能够脱机保存的载体上，并对有档案价值的电子文件制作纸质或缩微胶片拷贝件保留。

4. 用文字处理技术形成的电子文件，收集时应注明文件存储格式和属性。

5. 用扫描仪等设备获得的图像电子文件，如果采用非标准压缩算法，则应将相关软件一并收集。

6. 用计算机辅助设计或绘图等获得的图形电子文件，收集时应注意其对设备的依赖性以及易修改性等问题，不可遗漏相关软件和各种数据。

7. 用视频设备获得的动态图像文件，收集时应注意收集其压缩算法和软件。

8. 用音频设备获得的文件，收集时应注意收集其属性标识和相关软件。

9. 由计算机多媒体技术制作的文件，其中包含前面所示的两种以上的信息形式，收集时应注意参数准确、数据完整。

</td></tr>
</table>

（续表）

10. 通用软件产生的电子文件，收集时应注意收集其软件型号和相关参数。专用软件产生的电子文件，收集时必须连同专用软件一并收集。

11. 计算机系统运行和信息处理等过程中涉及的各类参数、管理数据等应与电子文件一同收集。

第5条　收集、积累方法

1. 及时按照要求制作电子文件备份。

2. 每份电子文件均需在电子文件登记表中登记。

3. 电子文件登记表应与电子文件的备份一同保存。

4. 电子文件登记表如果制成电子表格，应与备份文件一同保存，并附有纸张打印件。

5. 电子文件性质代码：R—稿性电子文件；U—非正式电子文件；O—正式电子文件；N—无纸电子文件；T—文本文件；I—图象文件；G—图形文件；V—影像文件；A—声音文件；M—多媒体文件；P—计算机程序；D—数据文件。

第3章　电子档案的整理与归档

第6条　电子文件的整理要求

1. 电子文件的整理，应按内容、保管期限、密级等因素相对集中。

2. 电子文件应按《档案著录规则》著录，并制成机读目录。

3. 归档电子文件应填写登记表。

第7条　电子文件的归档

1. 归档范围。电子文件的归档范围的划分可参照国家关于文件的现行有关规定执行。

2. 归档时间。逻辑归档应实时进行，物理归档应定期完成。

3. 检测。在进行电子文件归档工作时，应按其基本技术条件进行检测。其内容包括硬件环境的有效性、软件环境有效性及其信息记录格式等。

4. 归档前的鉴定。电子文件的归档鉴定工作，参照国家关于文件的现行有关规定执行，鉴定结果在电子文件的机读目录上制作相应的标识。具体如下：

（1）有效性和完整性鉴定。归档前应由文件形成单位对电子文件的有效性和完整性进行审核，并由负责人签署意见。如果文件形成单位采用了某些技术方法保证电子文件的有效性和完整性，则应把其技术方法和相关软件一同移交给接收单位。

（2）保管期限的划分。电子文件保管期限的划分参照国家关于文件的现行有关规定执行。

第8条　归档要求

1. 把带有归档标识的电子文件集中，制成归档数据集，拷贝至耐久性的载体上，至少一式两套，一套封存保管，一套供查阅使用。必要时，复制第三套，异地保存。对于

（续表）

加密电子文件，则应解密后再完成上述工作。

2. 本标准推荐采用的载体按优先顺序分别是只读光盘、一次性写入光盘、可擦写光盘、磁带等。禁用软磁盘作为归档电子文牛长期保存的载体。

3. 存储电子文件的载体或包装盒上应贴有标签，标签上应填写编号、名称、密级、保管期限、硬件及软件环境。

4. 将相应的电子文件机读目录、相关软件、其他说明等一同归档并附归档电子文件登记表。

5. 需要长期保存的电子文件应当把归档电子文件与相应的机读目录存在同一载体上。如果是自行开发的应用软件，也应将软件及相关数据存在同一载体上。

6. 原电子文件数据集载体在完成电子文件归档后，保留时间至少一年。

7. 在网络中进行了逻辑归档操作的电子文件应按上述归档过程完成物理归档。

第 4 章　电子档案的移交与保管

第 9 条　电子档案的检验

1. 档案保管部门应配备相应的处理设备，以保证完成电子档案的检验工作。归档的每套载体均应接受检验，合格率应达到 100%。与纸质档案同时保存的电子档案可采取抽样检验的方法，样本数不少于总数的 20%，合格率应达到 100%。

2. 检验项目。具体包括载体是否有划痕，是否清洁；有无病毒；核实电子档案的完整性和有效性审核手续；核实登记表、软件、说明资料等是否齐全。

3. 将检验结果填入电子档案入库登记表。检验有错的，应退回形成单位，重新制作。

第 10 条　电子档案的移交

移交手续验收合格后，档案保管部门在电子档案入库登记表上签字盖章。一式两份，一份交电子文件形成单位，一份自存。

第 11 条　电子档案的保管

电子档案保管，除应具备纸质档案一般的要求外，还应符合下列条件：

1. 归档载体应做防护处理。不得擦、划、触摸记录涂层；载体应直立存放，做到防尘、防变形。

2. 环境温度选定范围宜在 14～24℃；相对湿度选定范围宜在 45%～60%。

3. 存放时应注意远离强磁场，并与有害气体隔离。

4. 电子档案在形成单位的保管，也应参照上述条件。

第 12 条　存效性保证

1. 每满 1 年，便对电子档案涉及的形成单位和档案保管部门的设备更新情况进行一次检查登记。

（续表）

2. 每满2年进行一次抽样机读检验，抽样率不低于10%。如发现问题，应及时采取恢复措施。 3. 设备环境更新时应确认库存载体与新设备的兼容性，如不兼容，应进行电子档案的载体转换工作，原载体同时保留时间不少于3年。 4. 磁性载体上的电子档案，每4年转存一次。原载体同时保留时间不少于4年。 5. 定期检验结果应填入电子档案管理登记表。 第13条　电子档案的利用 1. 电子档案的封存载体不得外借。 2. 利用时使用拷贝件。 3. 利用时要遵守保密规定。 4. 利用者对电子档案的使用应在权限规定范围之内。 5. 具有保密要求的电子档案上网时，必须符合国家或部门有关保密的规定，要有稳妥的安全保密措施。 第14条　电子档案的销毁鉴定 1. 电子档案的销毁鉴定按国家现行有关规定执行。 2. 电子档案的销毁应在办理审批手续后才可实施。 3. 非保密电子档案可进行逻辑删除。属于保密范围的电子档案被销毁时，如存储在不可擦除载体上，须连同存储载体一起销毁并在网络中彻底清除。 第15条　电子档案的统计 保管部门应及时按年度对电子档案的保管、利用等情况进行统计。 **第5章　附则** 第16条　本制度自发布之日起开始执行。 第17条　本制度的编写、修改及解释权归人力资源部所有。					
执行部门		监督部门		编修部门	
编制日期		审核日期		批准日期	

5.2.3 人事档案管理流程图

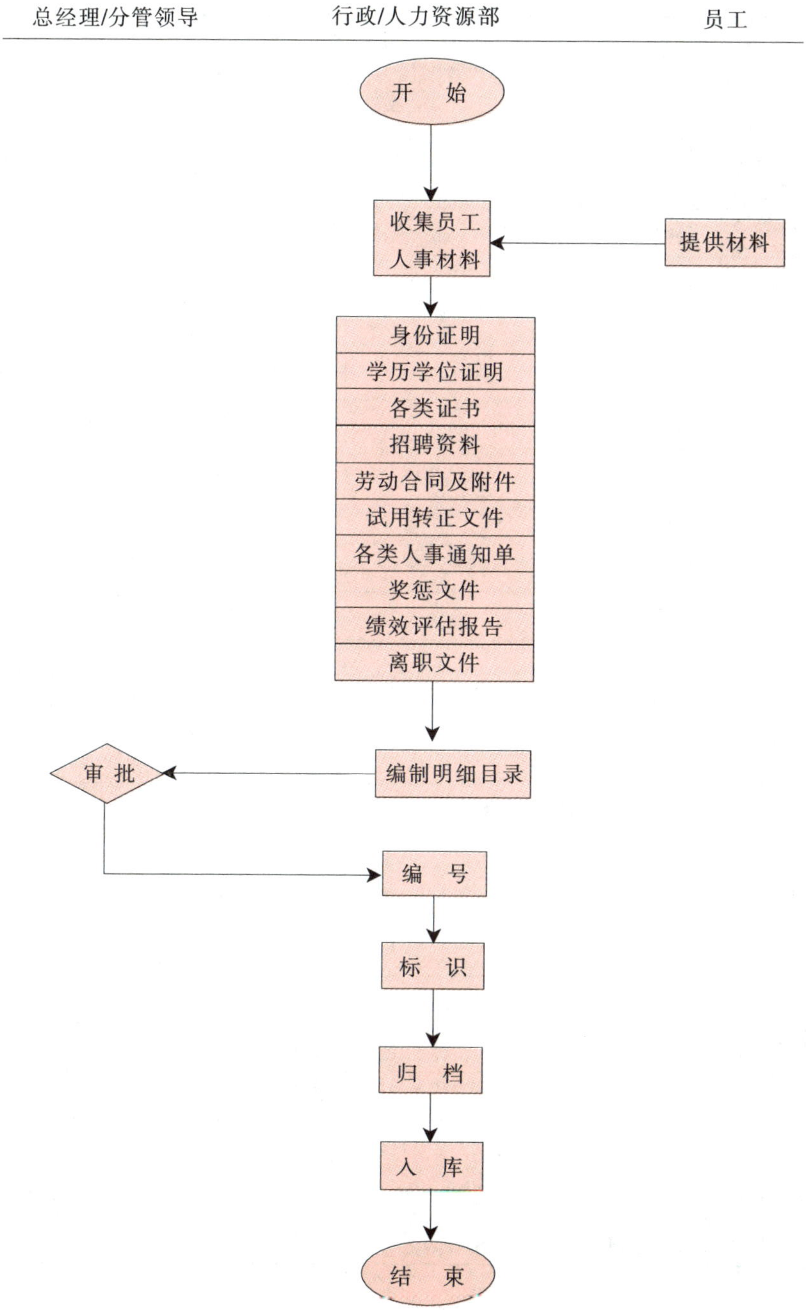

5.2.4 员工档案表

<table>
<tr><td>表格名称</td><td colspan="6">员工档案表</td></tr>
<tr><td>编　　号</td><td colspan="2"></td><td>填报日期</td><td colspan="3"></td></tr>
<tr><td rowspan="10">基本情况</td><td>姓　　名</td><td></td><td>性　　别</td><td></td><td>民　　族</td><td></td></tr>
<tr><td>出生日期</td><td></td><td>身份证号码</td><td colspan="3"></td></tr>
<tr><td>政治面貌</td><td></td><td>婚姻状况</td><td colspan="3">□已婚　□未婚</td></tr>
<tr><td>毕业学校</td><td colspan="3"></td><td>学　　历</td><td></td></tr>
<tr><td>毕业时间</td><td colspan="2"></td><td>参加工作时间</td><td colspan="2"></td></tr>
<tr><td>专　　业</td><td colspan="2"></td><td>户口所在地</td><td colspan="2"></td></tr>
<tr><td>籍　　贯</td><td colspan="3"></td><td>邮政编码</td><td></td></tr>
<tr><td>现住地址</td><td colspan="2"></td><td>联系电话</td><td colspan="2"></td></tr>
<tr><td>手机号码</td><td colspan="2"></td><td>电子信箱</td><td colspan="2"></td></tr>
<tr><td>备　　注</td><td colspan="5"></td></tr>
<tr><td rowspan="6">入司情况</td><td>所属部门</td><td colspan="2"></td><td>担任职务</td><td colspan="2"></td></tr>
<tr><td>入公司时间</td><td colspan="2"></td><td>转正时间</td><td colspan="2"></td></tr>
<tr><td>合同到期时间</td><td colspan="2"></td><td>续签时间</td><td colspan="2"></td></tr>
<tr><td>是否已调档</td><td colspan="2"></td><td>聘用形式</td><td colspan="2"></td></tr>
<tr><td>如未调档，档案所在地</td><td colspan="5"></td></tr>
<tr><td>备　　注</td><td colspan="5"></td></tr>
<tr><td rowspan="9">档案
所含
资料</td><td>文件名称</td><td></td><td colspan="2">文件名称</td><td colspan="2"></td></tr>
<tr><td>个人简历</td><td>□有　□无</td><td colspan="2">求职人员登记表</td><td colspan="2">□有　□无</td></tr>
<tr><td>应聘人员面试结果表</td><td>□有　□无</td><td colspan="2">身份证复印件</td><td colspan="2">□有　□无</td></tr>
<tr><td>学历证书复印件</td><td>□有　□无</td><td colspan="2">劳动合同书</td><td colspan="2">□有　□无</td></tr>
<tr><td>员工报道派遣单</td><td>□有　□无</td><td colspan="2">员工转正审批表</td><td colspan="2">□有　□无</td></tr>
<tr><td>员工职务变更审批表</td><td>□有　□无</td><td colspan="2">员工工资变更审批表</td><td colspan="2">□有　□无</td></tr>
<tr><td>员工续签合同申报审批表</td><td colspan="5">□有　□无</td></tr>
<tr><td>备　　注</td><td colspan="5"></td></tr>
</table>

5.3 印章管理

5.3.1 印章管理制度

<table>
<tr><td rowspan="2">制度名称</td><td rowspan="2">印章管理制度</td><td>受控状态</td><td></td></tr>
<tr><td>编　　号</td><td></td></tr>
<tr><td colspan="4">

第 1 章　总则

第 1 条　目的

印章是公司经营管理活动中行使职权的重要凭证和工具，印章的管理关系到公司正常的经营管理活动的开展，甚至影响到公司的生存和发展，为防止不必要事件的发生，维护公司的利益，特制定本制度。

第 2 条　管理者

公司总经理授权由办公室全面负责公司的印章管理工作，发放、回收印章，并监督印章的保管和使用。

第 3 条　公司印章的分类

1. 公司公章，指刻有公司注册名称且对外具有法律效力的印章。

2. 公司法人章，指刻有公司法人职衔及其姓名的印章。

3. 公司财务专用章，指公司财务部为履行财务职能而使用的印章。

4. 公司合同专用章，指刻有公司或子公司为履行合同职能而使用的印章。

5. 公司人事章，指公司人力资源部为履行人事职能而使用的印章。

第 2 章　印章的领取和保管

第 4 条　印章的刻制

1. 公司需要刻制印章者，须经公司相关领导审核批准后，由经办人持营业执照正本及公司介绍信赴当地公安机关办理刻章手续，经其审查登记后在指定的刻章部门刻制印章。印章的内容应与营业执照的相关内容一致。

2. 公司董事长办公室须将启用时间与印模报备到审计部，且每种印章只能刻制一枚。

第 5 条　印章的保管

1. 印章保管人应将印章置于其日常工作活动范围内的办公桌、文件柜内或保险箱内，并将钥匙妥善保管。

2. 更换印章保管人时，应按公司规定办理工作交接手续，并填写“印章移交或销毁清单”。

</td></tr>
</table>

（续表）

3. 印章保管人公差、外勤或因故休假等不能正常工作时，应事先将印章存放处的钥匙或保险箱密码交与代理人。

4. 印章应在公司办公场所固定位置保管，禁止任何人外出携带，但经公司董事长认可并同意者，可就所任职务需要专案呈核后携出洽公。

5. 财务部使用印章的保管按财务相关制度的规定执行。

第6条　领取记录

公司建立印章管理卡，专人领取和归还印章情况在卡上予以记录。

第7条　印章持有情况

印章持有情况纳入员工离职时移交工作的一部分，如员工持有公司印章的，须办理归还印章手续后方可办理离职手续。

第3章　印章的使用

第8条　印章的使用范围

1. 董事会、监事会印章使用，根据企业章程规定的范围及职权行使。

2. 公章使用范围，具体如下：

（1）发送正式公文、电函、传真件等；

（2）报送或下达各类业务计划、业务报表、财务报表等；

（3）授权委托书、人事任免、劳动合同和对外介绍等；

（4）签订重要业务合同、协议等；

（5）上岗证、先进集体和个人荣誉证书等；

（6）需要代表本企业加盖行政公章的其他批件、文本、凭证和材料等。

3. 各职能部门印章使用范围，具体如下：

（1）在其职权范围内，企业内部对口业务部门的电文、通知、函件等工作联系；

（2）用于对外工作介绍信和授权范围内的工作函件等。

第9条　使用要求

1. 公司各级人员需使用印章，须按要求填写印章使用单，将其与所需印的文件一并逐级上报，经公司有关人员审核，并最终由具有该印章使用决定权的人员批准后方可交印章保管人盖章。

2. 印章保管人应对文件内容和印章使用单上载明的签署情况予以核对，经核对无误的方可盖章。

3. 在逐级审核过程中被否决的，该文件予以退回。

4. 公司总经理对公司所有的印章的使用拥有绝对的决定权。

5. 涉及法律等重要事项需使用印章的，须依有关规定经法律顾问审核签字。

6. 财务人员依日常的权限及常规工作内容自行使用财务印章无须经上述程序。

7. 用印后，该印章使用单作为用印凭据由印章保管人留存，定期进行整理后交办公

（续表）

室归档。 8. 印章原则上不许带出公司，确因工作需要将印章带出使用的，应事先填写印章使用单，载明事项，经公司总经理批准后由两人以上共同携带使用。 9. 公章的使用决定权归公司总经理，其他各印章的使用决定权由公司总经理根据实际工作需要进行授权。 10. 原则上公司任何人不得携带公章外出。如确需带出使用时，须经公司领导批准并填写“公章借出审批表”方可带出。 第 10 条　印章损坏与遗失 1. 印章因长期使用或其他原因造成损坏需要刻制新印者，印章保管人应向董事长报告，经其同意后，按前述刻章流程，持已损坏的印章赴当地公安机关重新刻制，取得新印章后须将原印章及时销毁。 2. 印章若有遗失，保管人应在发现后立即向董事长办公室主任及审计部报告，并采取相应措施，同时依法公告作废。 3. 人为损坏印章者应按公司奖惩办法视行为人的过错程度给予相应处分。保管人或其他人因过错导致印章遗失且给公司造成损失的，依法律规定办理。 第 11 条　印章的移交或销毁 1. 因故分立、合并、解散、终止，由公司登记机关办理变更登记或注销后，印章保管人应将印章交予原单位善后事务的处理人保管。印章移交时，应填写“印章移交或销毁清单”。 2. 已解散或终止的单位其善后事宜处理完毕后，由公司法律顾问判定，或销毁或移交总部相关部门管理，并填写“印章移交或销毁清单”。 **第 4 章　印章管理的责任** 第 12 条　印章保管人的责任 印章保管人必须妥善保管印章，如有遗失，必须及时向公司办公室报告。 第 13 条　其他人员的责任 任何人员必须严格依照本办法规定程序使用印章，未经本办法规定的程序，不得擅自使用。 第 14 条　违反处理条例 违反本办法的规定，给公司造成损失的，由公司对违纪者予以行政处分，造成严重损失或情节严重的，移送有关机关处理。 **第 5 章　附则** 第 15 条　本制度自发布之日起开始执行。 第 16 条　本制度的编写、修改及解释权归人力资源部所有。					
执行部门		监督部门		编修部门	
编制日期		审核日期		批准日期	

5.3.2　印章刻制申请表

表格名称	印章刻制申请表				
申请刻章部门		申请人		申请日期	
申请章类	□分公司公章　□营销中心专用章　□人力资源部专用章 □技术服务中心专用章　□财务专用章　□部门专用章 □其他________________				
刻章状况	□初次 □复次（第__次）	印章内容		印章形状	
印章字体		印章制作材料		印章尺寸	
申请刻制原因	□新刻制，原因：____ □原章损坏，损坏原因：__________________________________ □其他，原因：____				
部门主管意见	签名：____________________ 日期：______年____月____日				
人力资源和行政意见	签名：____________________ 日期：______年____月____日				
总经理意见	签名：____________________ 日期：______年____月____日				

5.3.3　印章使用审批表

表格名称	印章使用审批表			编　　号	
用章部门		用章人		印章类别	
申请事由					
使用时间		备　　注			
用章人签字		公司领导签字			

5.3.4 印章使用范围表

表格名称		印章使用范围表						
种　类	区　分	支票及银行兑现凭证	公司对内文件	公司对外文件	订货单及日常业务文件	合同及协议	收据	人事关系及有关证明
公司名称印章	集团公司名章	√	√	√	√		√	√
	分公司名章	√	√	√	√		√	√
	部门名章		√		√		√	
职务名章	董事长名章	√						
	总裁名章		√	√				
	总经理名章		√	√				
	财务部经理名章	√					√	
	会计出纳名章	√					√	
专用章	财务专用印章（银行专用）	√					√	
	合同专用章					√		

5.4 会议与会务管理

5.4.1 会议管理制度

<table>
<tr><td rowspan="2">制度名称</td><td rowspan="2">会议管理制度</td><td>受控状态</td><td></td></tr>
<tr><td>编　　号</td><td></td></tr>
<tr><td colspan="4">

第 1 章　总则

第 1 条　目的

为规范企业会议管理，提高会议质量，降低会议成本，特制定本制度。

第 2 条　适用范围

本制度适用于公司全体员工。

第 2 章　会议类别

第 3 条　总经理办公会

1. 总经理办公会是由总经理本人或委托人定期召开的工作例会。

2. 参加人员为总经理、财务经理、项目经理及相关的部门负责人。

3. 时间原则上定为每周。

4. 例会由行政管理部转发通知，并做好会议的相关准备工作。

5. 会议纪要由行政管理部负责整理，并于下一个工作日呈总经理审阅后发放至各有关部门。

第 4 条　部门例会

1. 部门例会是由各部门负责人定期召开的工作例会。

2. 例会时间由各部门根据部门工作特点合理安排，以不影响日常工作的正常进行为原则。

第 5 条　部门联席会议

1. 部门联席会议是由总经理或各职能部门经理发起召开的跨部门协调、协作专题会议。

2. 会议由行政管理部转发通知，并安排时间、地点。会议纪要由行政管理部负责整理，并于次日呈总经理审阅后发放至各有关部门。

第 6 条　其他会议管理

1. 行政管理部每周应将企业例会和各种临时会议，统一编制《会议计划》并印发给企业领导和各部门及有关服务人员。

2. 凡行政管理部已列入《会议计划》的会议，如需改期，或遇特殊情况需安排其

</td></tr>
</table>

（续表）

他会议时，召集单位应提前 2 天报请行政管理部调整《会议计划》。

3. 对于参加人员相同、内容接近、时间相适的几个会议，行政管理部有权安排合并召开。

第 3 章　会议的准备

第 7 条　做好准备工作

所有会议主持人和召集单位与会人员都应分别做好有关准备工作，包括拟好会议议程、提案、汇报总结提纲、发言要点、工作计划草案、决议决定草案、落实会场、备好座位及纪念品、通知与会人等。

第 8 条　按规定时间召开

会议应按规定时间准时召开，组织会议的部门会前应准备好会议议程及有关内容，并负责维护会议纪律。

第 9 条　会议要求

参会人员准时参加会议并签到，准备好与会议有关的资料，做好会议记录，对要求传达的会议内容要及时进行传达。

第 10 条　会议保密要求

会议涉及机密事件，所有与会者要严守保密制度，不得外传泄密，否则按有关规定处理。

第 11 条　会议监督

会议形成决议应由牵头部门及时书面通知有关执行部门，并负责监督落实情况。

第 4 章　会议记录

第 12 条　会议记录原则

会议记录遵照“谁组织，谁记录”的原则，如有必要，主持人可根据本原则及会议议题所涉及业务的需要，临时指定会议记录员。

第 13 条　会议主持

公司总经理主持的企业例会、临时行政会议，原则上由集团总经理秘书负责会议的记录工作，集团总经理另有规定的，依据集团总经理指定的办法实行。

第 14 条　会议记录员应遵守的规定

1. 做好会议的原始记录及会议的考勤记录，根据需要整理《会议纪要》。

2. 对会议已议决事项，应在原始记录中括号注明“议决”字样。

3. 会议原始记录应于会议当日、《会议纪要》最迟不迟于次日呈报会议主持人审核签名。

第 5 章　会议室管理

第 15 条　会议室统筹管理

会议室由行政管理部指定专人负责管理，各部门如因会议需要使用会议室，须事先

（续表）

向行政管理部申请，由行政管理部统筹安排。 第16条　会议室卫生管理 会议室卫生由行政管理部安排人员负责进行，在每次会议召开前后均要进行卫生打扫，并做好日常保洁。 第17条　会议室设备管理 会议室电子设备的管理、使用和维护由专人负责，其他人不得随意操作，否则造成设备损坏应按价予以赔偿。 **第6章　附则** 第18条　本制度自发布之日起开始执行。 第19条　本制度的编写、修改及解释权归人力资源部所有。

执行部门		监督部门		编修部门	
编制日期		审核日期		批准日期	

5.4.2　会议计划表

表格名称	会议计划表			编　号				日　期			
会议信息／月份	1月	2月	3月	4月	5月	6月	7月	8月	9月	…	12月
会议名称											
会议性质											
开会地点											
开会日期											
会议时间											
参会单位											
预计人数											
主持人											
会议宗旨及议题	根据公司当月情况进行规定										
审核人											

5.4.3 会议安排表

<table>
<tr><td>表格名称</td><td colspan="3">会议安排表</td></tr>
<tr><td>会议主题</td><td colspan="3"></td></tr>
<tr><td>会议类型</td><td colspan="3"></td></tr>
<tr><td>会议主办单位</td><td colspan="3"></td></tr>
<tr><td>会议负责人</td><td></td><td>会议主持人</td><td></td></tr>
<tr><td colspan="4">会议摘要</td></tr>
<tr><td colspan="4"></td></tr>
<tr><td colspan="4">会议议题/内容</td></tr>
<tr><td>议题 1</td><td>议题名称</td><td colspan="2"></td></tr>
<tr><td>序　　号</td><td>时　　间</td><td>内　　容</td><td>发言人</td></tr>
<tr><td></td><td></td><td></td><td></td></tr>
<tr><td></td><td></td><td></td><td></td></tr>
<tr><td>议题 2</td><td>议题名称</td><td colspan="2"></td></tr>
<tr><td>序　　号</td><td>时　　间</td><td>内　　容</td><td>发言人</td></tr>
<tr><td></td><td></td><td></td><td></td></tr>
<tr><td></td><td></td><td></td><td></td></tr>
<tr><td>出席人员</td><td></td><td>会议记录员</td><td></td></tr>
<tr><td>会议注释</td><td colspan="3"></td></tr>
</table>

5.4.4 会议通知单

<table>
<tr><th colspan="4">会议通知单</th></tr>
<tr><td>接收部门</td><td></td><td>通知日期</td><td></td></tr>
<tr><td>发文部门</td><td colspan="3"></td></tr>
<tr><td>会议名称</td><td colspan="3"></td></tr>
<tr><td>会议时间</td><td colspan="3"></td></tr>
<tr><td>会议地点</td><td colspan="3"></td></tr>
<tr><td rowspan="2">会议注意事项</td><td colspan="3">1.</td></tr>
<tr><td colspan="3">2.</td></tr>
<tr><td>会议联系人</td><td></td><td>会议联系电话</td><td></td></tr>
<tr><td colspan="4">签章处：</td></tr>
<tr><td colspan="4">通知回执联
会议通知已收到，内容详细了解，□能 □不能 届时参加。谢谢！
签名：________
年 月 日</td></tr>
</table>

5.4.5 会议程序表

<table>
<tr><td colspan="5">__________会议程序</td></tr>
<tr><td>会议时间</td><td></td><td>会议地点</td><td colspan="2"></td></tr>
<tr><td>会议出席人姓名</td><td></td><td>会议缺席人姓名</td><td colspan="2"></td></tr>
<tr><td>程　序</td><td colspan="3">内　容</td><td>发言人</td></tr>
<tr><td>1</td><td colspan="3">入座，宣布开会</td><td></td></tr>
<tr><td>2</td><td colspan="3">阐述经营理念</td><td></td></tr>
<tr><td>3</td><td colspan="3">会议最高职位人致词</td><td></td></tr>
<tr><td>4</td><td colspan="3">说明议题、议案</td><td></td></tr>
<tr><td>5</td><td colspan="3">补充说明、报告</td><td></td></tr>
<tr><td>6</td><td colspan="3">讨论问题（质疑应答）</td><td></td></tr>
<tr><td>7</td><td colspan="3">决议事项确认</td><td></td></tr>
<tr><td>8</td><td colspan="3">下次会议讨论事项确认</td><td></td></tr>
<tr><td>9</td><td colspan="3">散会致词</td><td></td></tr>
<tr><td>10</td><td colspan="3">会议结束</td><td></td></tr>
<tr><td colspan="2">主管审核：
年　月　日</td><td colspan="3">领导审批：
年　月　日</td></tr>
</table>

5.5 财产与物质管理

5.5.1 办公用品管理制度

制度名称	办公用品管理制度	受控状态	
		编　　号	

第1章　总则

第1条　目的

为加强企业办公用品管理，控制费用开支，规范办公用品的采购与使用，特制定本制度。

第2条　适用范围

本制度适用于对办公及日常消耗品、宣传品、设备耗材等的管理。

第2章　办公用品采购

第3条　办公用品的采购办法

办公用品的采购采用集中采购定量供应的办法。

1. 集中采购由行政管理部负责并管理。

2. 集中采购的办公用品包括复印纸、传真纸，计算机消耗的磁盘，打印机消耗的色带、硒鼓、墨盒，日记本、各类笔墨等。

3. 实行定期计划批量采购供应。即每月______日前各部室向行政管理部提报当月所需用品计划，由行政管理部统一采购。

4. 特殊办公用品可以经行政管理部门同意授权，各部门自行采购。

5. 各部门或班组若临时急需采购办公用品，由部门或班组专人填写“办公用品请购单”，并在备注栏内注明急需采购的原因，经班组负责人审定同意后，交行政管理部审批同意后，实施采购任务。

6. 必需品、采购不易或耗用量大者应酌量库存。

7. 结算办法。综合办公室根据各单位办公用品领用数量及单价，编制明细表经确认后报财务划转。

第3章　办公用品的分发领用

第4条　填写领用单

各部门领用办公用品需填写“办公用品领用单”，一式两份，一份用于分发办公用品，另一份用于分发办公用品的台账登记。

（续表）

第5条　核对登记

接到各部门的两份“办公用品领用单”之后，有关人员要进行核对，并做好登记，然后再填写一份“办公用品分发通知书”交发送室。

第6条　办公用品分发

发送室进行核对后，把申请所要全部用品备齐，分发给各部门。

第7条　登记存档

用品分发后应做好登记，写明分发日期、品名与数量等。一份申请书连同“办公用品分发通知书”转交办公用品管理室记账存档；另一份“办公用品分发通知书”连同分发物品一起返回各部门。

第4章　办公用品管理

第8条　办公用品使用要求

新进人员到职时由各部门提出办公用品申请，向行政管理部请领办公用品，并列入领用卡，人员离职时，应将剩余办公用品一并缴交办公室。

第9条　管理部门

印刷品，如信纸、信封、表格等，除各部门特殊表单外，其印刷、保管均由办公室统一印刷、保管。

第10条　保管维护

部门使用的办公用品由部门指定专人保管维护。

第11条　报废规定

对决定报废的办公用品，要做好登记，在《报废处理册》上填写用品名称、价格、数量及报废处理的其他有关事项，并报相关领导同意后，到相关人员处办理报废注销手续。

第12条　损害赔偿

办公用品（价格在______元以上的），正常使用发生损坏时，要及时向行政管理部报告，由行政管理部安排修理，如不报告或擅自将损坏的办公用品丢弃，使用者个人按非正常使用损坏照价赔偿。

第13条　检查制度

企业对办公用品的使用情况，实行年内不定期检查、年末普查的检查制度，检查工作由行政管理部负责。

第5章　附则

第14条　本制度自发布之日起开始执行。

第15条　本制度的编写、修改及解释权归人力资源部所有。

执行部门		监督部门		编修部门	
编制日期		审核日期		批准日期	

5.5.2 物资采购入库验收管理制度

<table>
<tr><td rowspan="2">制度名称</td><td rowspan="2">物资采购入库验收管理制度</td><td>受控状态</td><td></td></tr>
<tr><td>编　号</td><td></td></tr>
<tr><td colspan="4">
第1章　总则
第1条　目的
为了规范公司物资采购、入库和验收流程，特制定本制度。
第2条　适用范围
本制度适用于公司物资采购、入库和验收相关工作人员。
第2章　物资采购
第3条　采购单处理
仓库保管员一旦接到采购部门转来的“采购单”，即应按物资类别、来源和入库时间等分门别类归档存放。
第4条　物资标签
物资在待验入库前应在外包装上贴好标签，详细填写批量、品名、规格、数量及入库日期。
第3章　物资入库
第5条　内购物资入库
1. 材料入库前，保管人员必须对照采购单，对物料名称、规格、数量、送货单和发票等一一清点核对，确认无误后，将到货日期及实收数量填入请购单。
2. 如发现实物与采购单上所列的内容不符，保管人员应立即通知采购人员和主管。在这种情况下，原则上不予接受入库，如采购部门要求接收，则应在单据上注明实际收料状况，并请采购部门会签。
第6条　外购物资入库
1. 材料进厂后，保管人员即会同检验人员对照装箱单及采购单开箱核对材料名称、规格和数量，并将到货日期及实收数量填入采购单。
2. 开箱后，如发现所装载材料与装箱单或采购单记载不符，应即通知办理进口人员及采购部门处理。
3. 如发现所装载物料有倾覆、破损、变质或受潮等现象，经初步估算损失在2000元以上者，保管人员应即通知采购人员、公证人员等前来公证并通知代理商前来处理，此前应尽可能维持原来状态以利公证作业。如未超过2000元，可按实际数量办理入库，并在“采购单”上注明损失程度和数量。
4. 受损物品经公证或代理商确认后，保管人员即开具“索赔处理单”呈主管批示，再送财务部门及采购部门办理索赔。
</td></tr>
</table>

（续表）

5. 入库以后，保管人员应将当日所收料品汇总填入进货日报表作为入账依据。

第 7 条　急用品入库

紧急材料入库交货时，若保管部门尚未收到请购单，收料人员应先询问采购部门。确认无误后，方可办理入库。

第 4 章　物资验收与退货

第 8 条　交货数量超额处理

交货数量超过订购量部分原则上应予退回，但对于以重量或长度计算的材料，其超交量在 3% 以下时，可在备注栏注明超交数量，经请示采购部门主管同意后予以接收。

第 9 条　交货数量短缺处理

交货数量未达订购数量时，原则上应予以补足。但经请购部门主管同意后，可采用财务方式解决。届时保管部门应通知采购部门联络供应商处理。

第 10 条　验收与退货

1. 为保证企业产品与服务的高质量，须高度重视来料质量标准问题。质量管理部门应就材料重要性及特性等，适时召集使用部门和其他有关部门按照生产要求制定材料验收规范，呈总经理核准后公布实施，作为采购验收依据。

2. 属外观等易识别性质检验的物料，验收应于收料后 1 日内完成。

3. 属化学或物理检验的材料，检验部门应于收件后 3 日内完成。

4. 对于必须试用才能实施检验者，由检验部门主管于“材料检验报告表”中注明预定完成日期，一般不得超过 7 天。

5. 检验合格的材料，检验人员在外包装上贴合格标签，交保管人员入库定位。

6. 检验不合格的材料，检验人员在外包装上贴不合格标签，并于材料检验报告表上注明具体评价意见，经主管核示处理办法，转采购部门处理并通知请购单位，通知保管部门办理退货。

7. 对于检验不合格的材料办理退货时，应开具材料交运单，并附材料检验报告表呈主管签认，作为出厂凭证。

第 5 章　附则

第 11 条　本制度自发布之日起开始执行。

第 12 条　本制度的编写、修改及解释权归人力资源部所有。

执行部门		监督部门		编修部门	
编制日期		审核日期		批准日期	

5.5.3　仓库管理制度

制度名称	仓库管理制度	受控状态	
		编　　号	

第 1 章　总则

第 1 条　目的

为使本公司的仓库管理规范化，保证财产物资的完好无损，根据企业管理和财务管理的一般要求，结合本公司具体情况，特制定本规定。

第 2 条　仓库管理工作的任务

1. 做好物资出库、入库和保管工作。

2. 做好各种防患工作，确保物资的安全保管，不出事故。

第 2 章　仓库物资的入库

第 3 条　对于采购人员购入的材料物资，库管人员要认真验收物资的数量、名称是否与发票相符，同时请申购部门及质量管理部门协同验收材料质量，对于实物与发票内容不符的，办理入库手续要如实反映。对需要化验的原材料要附相应的合格化验报告。

第 4 条　对于产成品入库，须有质量管理部门出具的产品质量合格证，库管人员填制“入库单”一式三份，经手人及库管人员双方核对无误后在“入库单”上签名，一联保管员留存作为登记实物账的依据，一联经手人带回生产车间做产量统计依据，一联交财务部作为成本核算和产成品核算的依据。

第 5 条　因生产需要直接进入生产车间的材料物资，应填写直提单，即同时办理入库出库手续。

第 6 条　对于物资验收过程中所发现的有关数量、质量、规格和品种等不相符现象，库管人员有权拒绝办理入库手续，并视具体情况报告业务部门和财务部经理处理。

第 3 章　仓库物资的出库

第 7 条　办理材料物资的出库，库管人员要填制出库凭证，由库管人员、经手人双方同时签字，由经手人持一式三联的凭证送经手人主管审核，经手人持主管审核签字后的凭证到财务部门由会计审核，经审核过的凭证留下第二联做记账依据，第一联由经手人留存，持第三联到仓库办理材料的出库。

第 8 条　对于一切手续不全的提货、领料事项，库管人员有权拒绝发货，并视具体情况报告业务部门和财务部门经理处理。

（续表）

第 4 章　仓库物资的保管

第 9 条　仓库管理员要及时登记各类物资明细账，做到日清月结，达到账账相符、账物相符和账卡相符。

第 10 条　每月月底之前，库管人员要对当月各种材料物资收发予以汇总，并编制报表上报财务部。

第 11 条　库管人员对库存物资要旬点月盘。每旬要看账点物，月末盘点对账。发现盈余、短少、残损或变质，必须查明原因，分清责任，及时写出书面报告，提出处理意见，报财务部经理。

第 12 条　做好仓库与供应、销售环节的衔接工作，在保证生产供应、合理储备的前提下，力求减少库存量，并对物资的利用、积压产品的处理提出建议。

第 13 条　根据各种物资的不同种类及其特性，结合仓库条件，保证仓库材料物资定置摆放，合理有序，保证物资的进出和盘存方便。

第 14 条　对于易燃、易爆、剧毒等物资，应指定专人管理，并设置明显标志。

第 15 条　建立健全出入库人员登记制度。

第 16 条　严格执行安全工作规定，切实做好防火、防盗工作，保证仓库和物资财产的安全。

第 17 条　库管人员每天上下班前要做到四“检查”，确保财产物资的完整。如有异常情况，要立即上报主管部门。

1. 上班必须检查仓库门锁有无异常，物品有无丢失。
2. 下班检查是否锁门、拉闸、断电，及时发现不安全隐患。
3. 必须经常检查调整库内温度、湿度，保持通风。
4. 检查易燃、易爆物品是否单独存储、妥善保管。

第 18 条　严格遵守仓库保管纪律、规定，仓库保管纪律内容规定。

1. 严禁在仓库内吸烟，严禁酒后值班。
2. 严禁无关人员进入仓库。
3. 严禁涂改账目。
4. 严禁在仓库堆放杂物、废品。
5. 严禁在仓库内存放私人物品。
6. 严禁私领私分仓库物品。
7. 严禁在仓库内闲谈、谈笑或打闹。
8. 严禁随意动用仓库消防器材。
9. 严禁在仓库内乱接电源、临时电线，临时照明。

（续表）

第5章　附则 第19条　本制度自发布之日起开始执行。 第20条　本制度的编写、修改及解释权归人力资源部所有。					
执行部门		监督部门		编修部门	
编制日期		审核日期		批准日期	

5.5.4　公司计算机管理制度

制度名称	公司计算机管理制度	受控状态	
		编　　号	

第1章　总则

第1条　目的

随着科学技术的发展，对企业经营管理工作的要求也越来越高，采用计算机对企业进行管理，是提高工作效率和管理水平、实现企业管理现代化的一种途径。在企业生产经营中推广应用计算机管理，对增加工厂经济效益将起积极的促进作用。

第2条　适用范围

本制度适用于公司全体员工。

第2章　计算机的管理和使用

第3条　归口管理单位

1. 微型以上档次的计算机管理单位为企业管理科。
2. 过程控制的计算机，主要指单板机，管理为总师办。

第4条　管理员职责

1. 负责计算机运用的长远规划。
2. 根据资金的安排，负责机器及外设、备件的计划、采购。
3. 负责软件的开发规划制定，组织开发成果鉴定。
4. 与教育部门使用，组织计算机技术培训。
5. 对分散使用的计算机进行不定期的检查。

第5条　硬件使用

1. 各单位使用计算机，须提出上机申请，经批准后按规定机型、外设使用。
2. 上机申请分为单次上机、每月定时上机和每日定时上机三类。
3. 软件开发、上机时间较多的单位，可以申请配置机器。

（续表）

第 6 条　软件管理

1. 各单位需开发的应用软件，应向企管科提出申请。

2. 应用软件的开发分为自力开发、协作开发和委托开发三类。

3. 企管科负责与外单位在有偿或对等的基础上进行软件交流。

第 3 章　软件开发任务书的编制与审批

第 7 条　编制依据

1. 厂部对软件开发的总体及项目的要求。

2. 各单位要求开发的项目。

3. 设备及软件开发人员的能力。

第 8 条　任务书内容

1. 软件名称。

2. 软件应能达到的技术性能。.

3. 软件的操作环境。

4. 更高层次软件对开发软件的要求。

5. 工作进度计划。

6. 设计组织机构、人员安排、协作单位情况。

7. 经费预算。

第 9 条　任务书的审批

设计任务书编制完成后，由企管科组织有关科室进行审议，认定可行后，由企管科科长批准。

第 4 章　软件鉴定

第 10 条　鉴定的基本要求

软件全部开发完成后，需经三个月到一年的实践运行（视软件复杂程序），才能申请鉴定。

第 11 条　鉴定资料

软件鉴定前，必须向鉴定小组提供下述资料，其中 3 ~ 7 项资料各两份。

1. 设计任务书。

2. 软件实现的功能。

3. 使用机型、对外存外设的要求、软件支撑环境。

4. 软件设计的流程图。

5. 源程序清单。

6. 数据库结构。

7. 标准化室审议报告。

8. 用户意见书。

（续表）

第12条　鉴定小组的组成与鉴定程序 1. 鉴定小组成员由厂长、企这科、计划科、财务科、总师办、标准化室等单位负责人组成，厂长担任组长。 2. 鉴定的议程 （1）软件设计者对软件的介绍。 （2）宣读标准化审查报告。 （3）用户代表发言。 （4）操作示范。 （5）讨论鉴定结果及提出进一步修改的建议。 （6）通过鉴定报告，鉴定小组成员签字。 第13条　鉴定后的工作 1. 整理资料、存档。 2. 将鉴定会的意见反馈到各有关部门。 第14条　软件的维护与完善 1. 软件开发人员对开发的软件要经常维护和不断完善，并对软件操作者和后续开发人员进行业务指导。 2. 完善软件，年底应向计算机管理人员提供修改的程序清单。 **第5章　操作证管理** 第15条　操作证由企业管理科统一归口管理，每年审核一次。 第16条　办理操作证由本人申请，单位领导同意，通过应知应会考试，成绩合格者才能发给操作证。 第17条　申请操作证的人员应掌握一种或一种以上的计算机语言，了解计算机的结构和操作规程。 第18条　操作人员能按操作证规定的机型、外设操作。 **第6章　机房管理** 第19条　凡与计算机有关的业务联系由企管科负责人接洽。 第20条　进入机房工作，要认真填好上机申请表，经主管负责人审批后，方可上机操作。 第21条　外单位人员因工作需要进入机房时，必须由企管科办理审批手续。 第22条　参观机房由企管科安排，进入机房后听从工作人员的指挥，未经许可，不得乱动机房内设施。 第23条　进入机房必须换鞋，严禁吸烟，不得高声喧哗，自觉维护室内清洁卫生。 第24条　软件复制经有关软件人员批准，方可进行。

（续表）

第7章　附则					
第25条　本制度自发布之日起开始执行。 第26条　本制度的编写、修改及解释权归人力资源部所有。					
执行部门		监督部门		编修部门	
编制日期		审核日期		批准日期	

5.5.5　办公用品需求表

办公用品需求表											
部　　门								填表日期			
个人领用类（每人每月50元）						业务领用类					
办公用品品名	代号	部门	单价	数量	金额	办公用品品名	代号	部门	单价	数量	金额
小　计						小　计					
预算金额						实际金额					
部门主管			经　　理					经办人			

5.5.6　办公用品采购单

办公用品采购单							
财管字第　　号					填单日期：　　年　月　日		
财产名称	规格	用途	单位	数量	需用日期	估计价值	签注
总经理批准		办公室主任意见			请购部门负责人意见		
日期：____年___月___日		日期：____年___月___日			日期：____年___月___日		

5.5.7 办公用品申领单

办公用品申领单 部　门：						编　号：
日　期	名　称	规　格	单　位	数　量	使用人	备　注
部门领导签字				总经办签字		

5.5.8 办公用品配发表

表格名称		办公用品配发表			编　号				填表日期		
品名 / 数量 / 姓名											备　注
合　计											
行政部主管			办公用品保管员				填表人				

5.5.9 办公用品统计表

办公用品统计表						
编　号		部　门		填表日期		
名　称	规格/型号	数　量	金　额	存放地点	负责人	备　注
审核人				填表人		

5.5.10 办公用品盘点报告表

表格名称		办公用品盘点报告表				编　号		盘点日期		年　月　日	
编　号	名　称	规　格	单　位	单　价	上期结存		本期购进	本期发放数	本期结存		备　注
					数　量	金　额			数　量	金　额	
财务主管						行政主管			保管员		

Chapter 5

5.6 出差管理

5.6.1 出差管理制度

<table>
<tr><td rowspan="2">制度名称</td><td rowspan="2">出差管理制度</td><td>受控状态</td><td></td></tr>
<tr><td>编　　号</td><td></td></tr>
<tr><td colspan="4">

第 1 章　总则

第 1 条　目的

为使公司出差管理有所遵循，维护公司利益，特制定本制度。

第 2 条　适用范围

适合公司全体员工办理出差事项及支取差旅费。

第 2 章　出差管理细则

第 3 条　出差申请要求

1. 公司员工因业务需要远途出差时必须事先填报“出差申请书”，写明出差日程、出差目的地及出差事由等，呈部门经理或系统总监核准后方可出差。

2. 远途出差员工在出差申请书上添附出差旅费概算表，向财务部门预支差旅费。

3. 未及呈准，出差人员须补办手续后方可支给差旅费。

第 4 条　差旅费支出要求

1. 出差人员因急病或不可抗力无法在预定期限返回销差而必须延长滞留，根据出差者申请，经调查无误支给出差旅费。

2. 出差人员必须在公毕返回后 3 日内填具出差旅费报销单，预算内费用送请各部门经理核准，预算外费用呈总经理核准后，出纳人员方可凭以报销。

3. 员工出差的膳食、住宿、杂费按下列标准核发：

（1）部门级：每日____________元。

（2）一般级：每日____________元。

第 5 条　出差期间因公支出费用的报销规定

1. 乘坐出租车原则上应取得汽车公司开具的统一发票。

2. 电报电话费应取具电信局的收据为凭。

3. 邮费应取具邮局的证明为凭。

4. 因公宴客的费用，应以统一发票正式收据为凭。

5. 因公携带的行李运费，应以正式的运费收据为凭。

</td></tr>
</table>

（续表）

第 6 条　出差交通工具报销要求 1. 出差人员的交通工具除可利用公司车辆外，以利用火车、汽车为原则。但因紧急情况经总经理核准者可利用空运交通工具。无特殊情况不得私自乘坐出租车。 2. 出差人员交通费凭乘车证明以实费计算支给。 3. 使用公司交通车辆或借用车辆者不得申领交通费。 第 7 条　出差住宿费报销要求 1. 住宿费按出差人员在外住宿日数定额支给。 2. 出差人员住宿费必须取得住宿费凭证，但住宿自宅未取得住宿费凭证者减半支给住宿费。 3. 与部门经理以上人员随行，其住宿费不够时须呈经部门经理核准，凭住宿费支给凭证支给与部门经理同等住宿费。 4. 远途出差，如利用夜间，即晚上 9 时以后、上午 6 时以前的车次，住宿费减半支给。 第 8 条　出差述职要求 1. 出差人员每日填写出差日报向各直属主管报告。 2. 各分支机构人员因业务需要或受命到总公司述职，比照远途出差支给。 第 9 条　短途短期出差报销要求 市内及短程，即 1 日内的出差人员，除按实报支车资外，另可报支误餐费。误餐费标准为： 午餐______元，晚餐______元。 下午 1 时以后销差者准报午餐。 下午 7 时以后销差者准加报晚餐。 第 10 条　奉令调遣人员报销要求 1. 奉令调遣的人员，可以比照以上有关条文报支交通费、膳食费（1 天）及行李运费。 2. 调遣人员若在公司用膳，则不得报支误餐费。 3. 调遣人员若超过 1 天以上但不能视为出差的，可以由公司酌情予以补贴。 第 11 条　报销原则及惩处 员工差旅费，应据实填报核发，如发现有虚报不实者，除将所领差旅费追回外，并视情节轻重，予以惩处。 **第 3 章　附则** 第 12 条　本制度自发布之日起开始执行。 第 13 条　本制度的编写、修改及解释权归人力资源部所有。					
执行部门		监督部门		编修部门	
编制日期		审核日期		批准日期	

Chapter 5

5.6.2 出差实施细则表

表格名称	出差实施细则表
一、本公司员工因公务上的需要到国内外出差（包括迁调）都依照本章的规定进行办理。 二、员工出差均依照各单位主管的命令或指示，视实际需要，限定日期呈请总经理核准后进行。 三、出差员工应该在出发前依式填写公司制的表格，通知总务组登记，如情形特殊，事前来不及办理时，事后也须尽速补填表格，送交登记。 四、员工出差得按实报支出差旅费，其最高标准应该在其预算内，除特殊情况，经总经理核准者外，其余如有超额报支，一律予以剔除。 五、员工出差前，得按实际需要预借旅费，其预借款额，经由各主管初审，呈请总经理。 六、员工在本市及郊区或其他同日可往返的出差，按实支给交通费及误餐费。 七、员工出差在1日以上，其另有不满1日之旅费，无论出发或返回日一律按1/2给付，乘夜车往返者，不另支宿费。 八、交通费包括旅程中必须的舟车等费，按实际报支，其他零星用费均在膳杂费内开支，不得另行报支。 九、凡因公拍发邮电及特别公务，临时雇用快递、车辆等项所支出的必要费用，另列特别费用内得按实凭证报支。 十、员工出差除中途患病及天然不可抗力的原因，并有确实证明者外，不得任意改变起程日期或延长出差时间，但事后经总经理特准的，应予以追认。 十一、员工出差旅费，应据实提供收据以待核发，如果发现有虚报不实的事情，除将所领追回外，还会视情节轻重，酌情予以惩处。 十二、员工出差事前事后及旅途中所应填写的一切表格及应办手续另定。	

5.6.3 出差管理办法

制度名称	出差管理办法	受控状态	
		编　　号	

第 1 章　总则

第 1 条　目的

为使本公司员工出差管理有序，特制定本办法。

第 2 条　适用范围

适用于本公司全体出差人员。

第 2 章　出差管理

第 3 条　出差的分类

1. 当日出差，当日可以往返者。

2. 远途出差，必须在外住宿者。

第 4 条　出差的流程

1. 出差前应填写出差申请单。出差期限由派遣负责人视情况需要，在事前予以核定。

2. 出差人凭核准的出差申请单向财务部暂支相应数额的差旅费，返回后 1 周内填具差旅费报销单，并结清暂支款；未于 1 周内报销者，财务部应在其当月工资中先予扣除，等报销时再行核付。

第 5 条　出差的审核决定权限

员工当日出差时由主管核准。

第 6 条　出差报销

1. 长途出差，4 日内由部门经理核准；4 ~ 8 日由副总经理核准；部门经理以上人员一律由总经理核准。

2. 出差不得报支加班费，但假日出差另计。

3. 出差途中除因病或遇意外灾害，或因工作实际需要延时外，应电话请示，不得因私事或借故延长出差时间，否则不予报销差旅费，并依情节轻重论处。

4. 员工出差差旅费，应据实提出收据；如发现有虚报不实者，将追回所虚报款项，并视情节轻重予以惩处。

第 7 条　当日出差差旅费的支付

1. 员工在本市及郊区或其他同日可往返的出差按实支给交通费及误餐费。

2. 当日出差每延误正餐一次支给误餐费每餐 20 元。

3. 外勤已发给月伙食津贴的人员概不支给误餐费。

（续表）

4. 当日出差的交通费凭乘车证明实数支给，无特别原因，不得乘坐出租车。

5. 通信费以邮局凭证报销。

6. 招待费由领导核定，凭据报销。

第 8 条　远途出差的差旅费分类

远途出差的差旅费分为交通费、住宿费、膳食费、通信费和招待费等。

1. 交通费、膳食费和住宿费按实际报销，超标自付，欠标不补，标准如下：

职　　务	住宿标准	膳食标准	飞　　机	火　　车	汽　　车
经理以上	________元/天	________元/天	头等舱	软　　卧	出租车
主管级	________元/天	________元/天	普通舱	硬　　卧	视情况
一般职员	________元/天	________元/天	普通舱	硬　　卧	视情况

2. 国外出差的费用标准由副总经理核定。

3. 通信费以邮局凭证报销。

4. 招待费由经理核定，1000 元以上需副总经理核定，凭据报销。

第 3 章　附则

第 9 条　本制度自发布之日起开始执行。

第 10 条　本制度的编写、修改及解释权归人力资源部所有。

编制日期		审核日期		批准日期	
修改标记		修改处数		修改日期	

5.6.4　出差计划申请表

<table>
<tr><td rowspan="2">出差人</td><td>职 别</td><td></td><td rowspan="2">代理人</td><td>职 别</td><td></td><td rowspan="2">签 认</td><td>出差人</td><td></td></tr>
<tr><td>姓 名</td><td></td><td>姓 名</td><td></td><td>代理人</td><td></td></tr>
<tr><td>出差
地点</td><td colspan="3"></td><td>出差
时间</td><td colspan="4">自____年__月__日__时起
至____年__月__日__时讫（共__日）</td></tr>
<tr><td>拟　办</td><td colspan="8"></td></tr>
<tr><td colspan="3">主管副总批示</td><td colspan="3">部门负责人</td><td colspan="3">申请人</td></tr>
<tr><td colspan="3"></td><td colspan="3"></td><td colspan="3"></td></tr>
</table>

（续表）

日　　期	起讫地点	交通工具	交通费	住宿费	杂　　费	合　　计
合　　计						
合计金额（大写）	___万___仟___佰___拾___元___角___分				附凭证___张	
财务主管		会　　计		经办人		

5.6.5　年度出差计划表

表格名称		年度出差计划表	单　　位		
年　度		上　旬	中　旬	下　旬	合　计
第一期	1 月				
	2 月				
	3 月				
	4 月				
	小　　计				
第二期	5 月				
	6 月				
	7 月				
	8 月				
	小　　计				
第三期	9 月				
	10 月				
	11 月				
	12 月				
	小　　计				
总　计					

5.6.6 国外出差费用明细表

表格名称	国外出差费用明细表				
姓　名		单　位		日　期	
出发地		事　由			

航空行程	出　发			回　国		
	月　日	时　间	班　次	月　日	时　间	班　次

旅费清单	类　别		单　价	天　数	金　额		摘　要
					外　币	本币（换算）	
	准备金						
	出国旅费						
	出国手续费						
	出国交通费						
	停留期间的旅费	交通费					
		住宿费					
		伙食费					
		杂　费					
合　计					______元	________元	

原支领金额	支　出	余　额	不足额
________元	________元	________元	________元

类　别	支付额	金　额	支付月日	借　方	贷　方

5.6.7 外派培训学习申请表

<table>
<tr><td>姓　　名</td><td></td><td>部　　门</td><td></td><td>职　　位</td><td></td></tr>
<tr><td>学　　历</td><td></td><td>性　　别</td><td></td><td>部门负责人</td><td></td></tr>
<tr><td>工作任务</td><td colspan="5"></td></tr>
<tr><td>受训机构</td><td colspan="2"></td><td>受训课程</td><td colspan="2"></td></tr>
<tr><td>培训要求</td><td colspan="5"></td></tr>
<tr><td colspan="6">申请说明</td></tr>
<tr><td colspan="6">申请人签字：
申请日期：____年__月__日</td></tr>
</table>

<table>
<tr><td rowspan="8">课程内容</td><td>名　称</td><td>日期起</td><td>日期迄</td><td>学　费</td></tr>
<tr><td></td><td></td><td></td><td></td></tr>
<tr><td></td><td></td><td></td><td></td></tr>
<tr><td></td><td></td><td></td><td></td></tr>
<tr><td></td><td></td><td></td><td></td></tr>
<tr><td></td><td></td><td></td><td></td></tr>
<tr><td></td><td></td><td></td><td></td></tr>
<tr><td></td><td></td><td></td><td></td></tr>
<tr><td rowspan="3">审核记录</td><td>总经理意见</td><td>主管副总意见</td><td>行政人事主管意见</td><td>部门负责人意见</td></tr>
<tr><td></td><td></td><td></td><td></td></tr>
<tr><td>日　期</td><td>日　期</td><td>日　期</td><td>日　期</td></tr>
</table>

5.7 车辆管理

5.7.1 车辆管理制度

<table>
<tr><td rowspan="2">制度名称</td><td rowspan="2">车辆管理制度</td><td>受控状态</td><td></td></tr>
<tr><td>编　号</td><td></td></tr>
<tr><td colspan="4">

第1章　总则

第1条　目的

为加强公司机动车辆管理，提高用车效率，降低用车成本，减少管理脱节现象，特制定本制度。

第2条　适用范围

本制度适用于公司全部车辆和司机管理。

第2章　车辆管理

第3条　车辆管理部门及要求

1. 公务用车辆由总务部门负责管理，分别按车号设册登记管理。

2. 公司公务车的证照及会计核算等事务统由管理部负责管理。配属于营业所之车辆由主管指派专人调派，并负责维修、检验、清洁等。

3. 本公司人员因公用车须于事前向车管专人申请调派，车管专人依重要性顺序派车。不按规定办理申请，不得派车。

4. 每车应设置车辆行驶记录表，使用前应核对车辆里程表与记录表上前一次用车的记载是否相符。使用后应记载行驶里程、时间、地点、用途等。管理部每月抽查一次。发现记载不实、不全或未记载者应呈报主管提出批评，对不听劝阻、屡教屡犯者应给以处分，并停止其借用权利。

5. 每车设置车辆使用记录表，由营业会计于每次加油及修护时记录，以了解车辆受控状况。每月初连同行驶记录表一并转管理部会计核算。

6. 公司总部全部车辆行政划归司机班管理，办公室主任负责使用审批，司机班长负责调度，对于售后服务中心和零售部的车辆，在满足业务需要的基础上，如公司总部需要，办公室主任有权调配。

7. 车辆保险等有关资料统由办公室保管。

第4条　车辆使用要求

1. 各部门需要使用车辆时，须提前一天填妥“用车申请单”，经部门负责人签字后

</td></tr>
</table>

（续表）

报办公室主任审批，特殊情况除外。

2. 使用人必须拥有驾照，驾驶人须严守交通规则。

3. 公务车不得借予非本公司人员使用。

4. 使用人于驾驶车辆前应对车辆做基本检查，如检查水箱、油量、机油、煞车油、电瓶液、轮胎、外观等。如发现故障、配件失窃或损坏等现象，应立即报告，否则，最后使用人要对由此引发的后果负责。

5. 驾驶人不得擅自将公务车开回家或做私用，违者受罚。经公司特许或返回时已逾晚上 9 时者例外。

6. 车辆应停放于指定位置、停车场或适当、合法位置。任意放置车辆导致违犯交规、损毁或失窃，由驾驶人赔偿损失，并予以处分。

7. 使用人应爱护车辆，保证机件、外观良好，使用后应将车辆清洗干净。

8. 私用时若发生事故，从而导致违规、损毁或失窃等，在扣除理赔额后全部由私人负担。

9. 车辆由专职司机驾驶，专职司机每周不定期对车辆进行检查及保养，确保行车安全。

10. 各部门派车交货、洽谈业务时，应执行下列规定：

（1）车辆仅供运送公司物资及执行公务专用；

（2）车辆原则上不得运载任何与业务无关的职员或物品，特殊情况除外；

（3）车辆出车前须进行安全检查；

（4）车辆工作任务结束后，应停放在公司指定场所，并将车、窗锁妥。

第 3 章　车辆保养

第 5 条　车辆保养要求

1. 车辆如需维修、清洗、打蜡等，应先填车辆使用申请单，注明行驶里程，核准后方得送修。

2. 车辆应由车管专人指定各厂牌保养，特约修护厂维修，否则修护费一律不准报销。可自行修复者，可报销购买材料零件费用。

3. 车辆于行驶途中发生故障或其他耗损急需修复或更换零件时，可视实际情况需要进行修理，但无迫切需要或修理费超过 2000 元时，应与车管专人联系请求批示。

4. 如由于驾驶人使用不当或车管专人疏于保养而导致车辆损坏或机件故障，所需的修护费应视情节轻重，由公司与驾驶人或车管专人负担。

5. 公务车油料及维修费以凭证实报实销。私车公用凭实证报销。

第 4 章　违规与事故处理

第 6 条　违规处罚

在下列情形之一的情况下，违反交通规则或发生事故，由驾驶人负担，并予以记过

（续表）

或免职处分。 1. 无照驾驶。 2. 未经许可将车借予他人使用。 3. 违反交通规则，其罚款由驾驶人负担。 第 7 条　事故处理 1. 各种车辆如在公务途中遭遇不可抗拒的车祸，应先急救伤患人员，向附近警察机关报案，并及时与管理部及主管联络协助处理。如属小事故，可自行处理后向管理部报告。 2. 意外事故造成车辆损坏，在扣除保险金额后再视实际情况由驾驶人与公司共同负担。 3. 发生交通事故后，如需向受害当事人赔偿损失，经扣除保险金额后，其差额由驾驶人与公司各负担一半。 **第 5 章　附则** 第 8 条　本制度自发布之日起开始执行。 第 9 条　本制度的编写、修改及解释权归人力资源部所有。					
编制日期		审核日期		批准日期	
修改标记		修改处数		修改日期	

5.7.2　车辆管理实施细则

表格名称	车辆管理实施细则
一、为更好地贯彻公司《机动车辆管理制度》，合理高效地利用车辆，特制定本细则。 二、车辆定专人使用，并负责对车辆进行清洁和养护。 三、每日做好加油及出车记录，由汽车班长负责考核。 四、各部门用车须提前一天填具用车申请单，报办公室主任审批。批准后由汽车班长负责调度。 五、如各部门申请用车时间比较集中，则调度顺序按优先等级依次为销售部、技术部、办公用车等。 六、周六、周日原则上不发车，特殊情况经办公室主任批准后，方可调派车辆。 七、申请办公用车以__________为界，往市区方向不超过__________的，原则上不予安排，但特殊情况除外。	

（续表）

八、各部门需要使用车辆时，应事先填妥派车单（一式二联），经单位主管核准后交管理部调派。无派车单者，守卫得禁止出车。 九、派车单应详填用途及装载品名、数量，但可以用出货清单代替。守卫人员应就单载品名、数量、规格与实际数相核对，若有不符，应立即报请管理部处理。 十、公司车辆原则上不许在外过夜，下午5：00之前尽量回厂并存放于指定位置。如有特殊情况，下午5：30不能到公司者，必须及时通知汽车班长。 十一、每月26日至下月初，接送上下班员工的车辆不必回公司，但要将车存入存车场，否则后果自负。 十二、公司车辆原则上不准私用，如遇员工本人婚嫁、直系亲属丧事可申请用车，按第四条规定办理。 十三、由于司机个人的原因受到交通罚款由当事人承担，公司行为的情况除外。 十四、每日收车后，司机要对车辆进行全面检查，发现异常情况及时向汽车班长报告，并立即排除故障以保持车辆良好的运行状态。 十五、摩托车的使用管理原则上与汽车相同。如因工作需要下班之前未能回公司，使用人要将车辆存放于安全的场所并对车辆的安全负责。车辆出现问题要及时向汽车班长报告，并立即排除故障。 十六、无论是何种原因引起机动车辆任何部位损坏，当事人须立即向汽车班班长讲明原委，由汽车班班长分析责任，提出处理意见，报办公室主任审批。如当事人不及时报告，按车辆损坏程度处罚当事人。 十七、专供销售部工作人员外出办事使用的摩托车的动用，不需经过第四条规定的审批，但适用于本细则其他条款的规定。 十八、凡购买车辆的配件都要由汽车班长同意，经行管总监批准后方可办理。 十九、车库划分为五个卫生责任区，分别由五位司机管理。车库卫生要做到“一明四净一整洁”；一明即窗明，四净即地面净、墙壁净、门净、车净，一整洁即物品整洁。 二十、本细则未尽事宜，按公司《机动车辆管理制度》执行。

5.7.3 司机管理制度

制度名称	司机管理制度	受控状态	
		编　　号	

第1章　总则

第1条　目的

为完善司机人员行车管理，提升其工作效率及工作品质，确保车辆使用及时、合理及安全化，提高车辆使用效率，降低维修成本，延长汽车使用寿命，特制定本制度。

第2条　适用范围

适用于公司所有车辆的司机管理。

第2章　司机管理

第3条　司机工作规定

1. 车辆由市场部全面负责管理，分别按车号设册登记。

2. 司机上下班须打卡两次，不出差需按正常打卡四次。

3. 上班时间，如不出车时，司机须在所属科室待命但不影响他人工作，车辆应停放在厂区指定位置。

4. 司机人员接送来宾，应具备基本礼貌礼仪，以将客人送到目的地大门口为原则，不得在车辆未驶进目的地时即让客人下车步行。

5. 外出行车时，司机不得以任何理由故意刁难用车人员。

6. 严禁在厂区乱鸣喇叭，影响正常生产。

7. 行车时应严格遵守交通规则，违章罚款由行车司机本人自理，并给予相应处罚。

8. 司机保证手机常开，公司电话要马上接听（7:00—22:00），不能随意更改号码。

9. 司机应利用空闲时间保养车辆，确实需进厂维修，须提前一天写申请。

10. 司机证件年审自行办理，办证时间每年一次，每次限3~4天，超过时间以无证件为由拒绝出车者以事假处理。节假日司机轮流值班，需出车时应以加班论，给予加班工资及出差补助。

11. 各种车辆的附带资料，除行驶证和保险卡由各使用人携带外，其余均由市场部相关负责人保管，不得遗失。如该车转移时应办理车辆转籍手续，并将该车各种资料随车转移。

12. 车辆各司机人员应于规定日期自行前往指定车管所受检，如年审、季审，逾期未办理受处罚，其费用由司机人员自行负担，并处以负责人小过以上处分一次。

（续表）

第4条　司机行车规定 1. 申请用车部门，须提前一天填写派车申请单，临时、紧急情况除外，经部门经理核准后，交市场部批准方有效。 2. 市场部派车原则以派车单送达先后顺序及办理事务的轻重缓急程度安排车辆。 3. 车辆返回后或出车前半小时，司机人员须认真检查车辆安全状况，如检查油、水、电，以确保车辆正常运行。随车人员不得随意支配司机变更路线，延长工作时间，增加运营成本。司机对超出派车单范围内用车有权提出自己的建议。 4. 司机对自己所驾驶车辆证件的有效性应经常检查，确保出车时证件齐全。 5. 司机行车外出，凭总经理或其授权人批准的车辆放行单交厂区保安确认登记后放行，未经核准，不得私自开车外出，否则按有关规定罚款。 6. 车辆钥匙及各种行车证件由行政部保安组统一管制，派车时应分发到人。 7. 外出行车时，车辆如在核签的时间内不能及时返回，行车司机需及时通知科室文员，以便于文员安排次日的工作。 8. 为确保夜间车辆安全，车辆返回后应停在厂区指定位置并在保安室登记。 9. 司机人员每日行车须认真填写派车单回馈情况栏，并于次日9：00前交各科科长审核作为油费、路桥费报销的依据，否则费用不予报销。 10. 夜间厂区或宿舍出现工伤或紧急病人或其他突发事件需用车时，值班保安报告市场部负责人，登记后可调度车辆。行车司机不得以任何理由拒绝出车或故意延误用车时间，并且须在第二天补签车辆放行单。 11. 保安人员必须严格按照门禁有关规定、车辆进出管理规定验单放行。 第5条　岗位职责 1. 凭派车单出车，未经领导批准不得公车私用或停车办私事而影响货物运输。 2. 工作积极主动，服从分配，同事之间团结互助，有事提前请假，不得无故缺勤。请假人员须指定职务代理人并由代理人签名确认。 3. 出车前要检查以下事项： （1）行车前要坚持检查，做到机油、汽油、刹车、水、轮胎气压、自动转向、喇叭、灯光等完好，确保车辆处于安全、可靠的良好状态。 （2）出车前搞好车容卫生，车外要擦洗干净，车内要勤打扫，不得有垃圾、杂物，保持车内整洁、美观，否则一经发现立即处罚。 （3）行车前可先启动引擎试运行，详细察看有无异常情况，一经发现立即报告。 4. 司机不得借车给非驾驶人员驾驶，否则，造成的一切后果及损失由当事司机负责。 5. 驾驶人员应严守交通规则，违反交通规章者按交通规则办理，责任自负。 6. 原则上司机为主送货人，随车人员协同工作，但遇到所送货品个人无法搬运的，可申请配备一名送货员。

（续表）

7. 司机于送货后当日或次日必须将客户签字确认的送货回单交给所属科室文员，如遇单据遗失等后果由司机负完全责任。且要如实填写回馈情况写明原因以便科室文员安排。 8. 车辆回厂后，必须及时清理车内的杂物、货品，办理相关交接手续并及时报告相关部门，车辆上不得留有货物过夜，一经发现，立即处罚。 9. 回厂车辆停放在保安人员指定位置，登记好相关数据并锁好方向盘、车门等，确保车辆安全。 10. 认真执行车辆回厂制度，任何人员不得将车辆开回家中。如因特殊原因不能回厂，须经公司领导批准，并确认车辆在外停放安全，否则后果自负。 11. 出车前严禁饮酒，行驶中注意力高度集中，严禁在行车时与随行人员谈笑风生。 12. 司机须无条件接受调派命令，不得以任何原因推诿，如有意见应在执行任务后向相关负责人或上级领导反映。 13. 为了随时保持良好的沟通与联系，司机的手机从7:00—22:00必须处于开机状态，并保证有充足的话费及电量。 14. 司机个人素质包括： （1）司机须保持良好的个人形象，保持服装整洁、卫生。 （2）注意个人言行，礼貌待人、微笑服务，绝不允许在客户面前影响公司形象，否则重罚。 （3）树立良好的职业道德，热情亲切，为客户提供良好的服务，遵守客户方厂规厂纪。 **第3章　车辆保养及派车规定** 第6条　车辆保养规定 1. 本公司所有司机应严格执行车辆保养规范，使车辆保持最佳状况。 2. 司机全面监督车辆维修、保养、季审和年审工作。 3. 操控车辆时若发觉异常，应立即检查，并以书面形式知会车辆负责人进行处理。 4. 随时防范车辆配件失窃或损坏。 5. 车辆每周至少洗车2次，并随时确保车身外观清洁干净。 6. 车辆每月按实际需求保养1次，司机须将车开至公司指定的维修点维护保养。若需更换汽车配件，须经车辆技术人员现场确认后方可更换，并将更换的旧零件带回公司。 7. 车内应保持整洁，不得零乱堆置杂物。 8. 所有维修记录应详尽填写，积累经验，防范类似事件的发生。 第7条　派车作业规定 1. 凡需派车部门，须提前填写车辆放行单，经部门经理审核后，交车辆负责人调派。

（续表）

2. 派车申请：当天上午需用车部门，须于前一天下午17：00前将车辆放行单送交车辆负责人员。 3. 派车原则，即车辆调度应遵循的原则： （1）优先安排生产需用车部门； （2）一车多办事的原则，合理调配； （3）用车人员应按时返回，如有特殊情况，应及时报告派车人员。 4. 派车人员安排派车后，应交部门经理核准。 5. 经核准后，由派车人员通知司机出车。 **第4章　费用报销及奖惩** 第8条　费用报销 1. 车辆加油必须统一在公司指定的加油站加油，并于当天晚上加满油，以备第二天及时用车。 2. 出差车辆的路桥费及加油费实行实报实销。 3. 除指定车辆、路段外，原则上不得走高速，不得在指定加油站外加油，特殊情况需市场部随行人员签署证明，否则不予报销。 4. 出车费用申请负担，如属共同用车，科室派车文员有权视情况协调平衡，共同负担。 第9条　奖励 1. 符合公司规章制度范围内的事迹，按照公司规章制度奖励。 2. 每月车辆保养佳、无投诉、无违章、无事故者予以50元奖励。 9. 三年度无违章、无事故、无投诉者可当选为“年度明星司机”，奖励1000元。 第10条　惩罚 1. 在公司规章制度范围内的，按公司规章制度处罚。 2. 每月30日以前，司机应查询自己负责的车辆有无违章并及时处理，由司机直接负责人负责监督。 3. 如司机提出维修申请后，因相关负责人未认真对待而造成损失或违章事故的，处以每次100元罚款。 4. 车容不整洁、没有对车辆及时清理，处以每次10元罚款；车上存有货物过夜的，处以每次50元罚款。 5. 司机没有履行应尽的职责造成客户投诉的，处以每次50元罚款。 6. 司机未做好出车前检查，如缺水、油，电路故障等，处以每次50元罚款。 7. 因管理及监控不力造成货物单据遗失、车辆损坏或丢失的，除追究主要责任人外，相关人员承担连带责任。 8. 对不执行市场部工作安排而造成损失的，要追究责任人负责并处以每次50元罚款。

（续表）

9. 保安人员必须严格按照车辆管理规定验单放行，违者必追究责任并处以每次 50 元罚款。 **第 5 章　附则** 第 11 条　本制度自发布之日起开始执行。 第 12 条　本制度的编写、修改及解释权归人力资源部所有。					
编制日期		审核日期		批准日期	
修改标记		修改处数		修改日期	

5.7.4　车辆使用申请表

车辆使用申请表					
编　　号			时　　间		
申请人		所在部门		随行人数	
计划用车时间					
目的地					
用车事由					
备　　注					
部门主管签字			派车人签字		

5.7.5　车辆故障请修表

车辆故障请修表							
编　　号			日　　期		年　月　日		
车　　号			里程数		责任人		
请修项目							
预算金额							
修理厂							
损坏原因							
审核意见							
主　　管		复　　核		管理员		经办人	

5.7.6 车辆费用报销单

<table>
<tr><td colspan="11">车辆费用报销单</td></tr>
<tr><td>编　　号</td><td colspan="4"></td><td colspan="4">填表日期</td><td colspan="2"></td></tr>
<tr><td>驾驶员</td><td colspan="4"></td><td>部　　门</td><td colspan="3"></td><td>车　　号</td><td></td></tr>
<tr><td>预支期间</td><td colspan="8">____年__月__日—____年__月__日</td><td>车　　型</td><td></td></tr>
<tr><td>项　　目</td><td colspan="2">张　　数</td><td colspan="2">金　　额</td><td colspan="6" rowspan="2">（单据粘贴处）</td></tr>
<tr><td></td><td colspan="2"></td><td colspan="2"></td></tr>
<tr><td>合　　计</td><td colspan="2"></td><td colspan="2"></td><td colspan="2">金额（大写）</td><td colspan="4"></td></tr>
<tr><td colspan="2">财务审批</td><td colspan="2">部门主管审批</td><td colspan="2">财务复核</td><td colspan="2">部门审核</td><td colspan="2">经办人</td><td>报销人</td></tr>
<tr><td colspan="2"></td><td colspan="2"></td><td colspan="2"></td><td colspan="2"></td><td colspan="2"></td><td></td></tr>
</table>

5.7.7 司机值班表

<table>
<tr><td colspan="5">司机值班表</td></tr>
<tr><td>日　　期</td><td>时　　间</td><td>姓　　名</td><td>出车记录</td><td>备　　注</td></tr>
<tr><td></td><td></td><td></td><td></td><td></td></tr>
<tr><td></td><td></td><td></td><td></td><td></td></tr>
<tr><td></td><td></td><td></td><td></td><td></td></tr>
<tr><td></td><td></td><td></td><td></td><td></td></tr>
<tr><td></td><td></td><td></td><td></td><td></td></tr>
</table>

5.7.8 加油记录表

<table>
<tr><td colspan="7">加油记录表</td></tr>
<tr><td>车　　型</td><td colspan="3"></td><td>车牌号码</td><td colspan="2"></td></tr>
<tr><td>加油日期</td><td>加油地点</td><td>司　　机</td><td>开始油量</td><td>加油量</td><td>油　　费</td><td>审　　核</td></tr>
<tr><td></td><td></td><td></td><td></td><td></td><td></td><td></td></tr>
<tr><td></td><td></td><td></td><td></td><td></td><td></td><td></td></tr>
<tr><td></td><td></td><td></td><td></td><td></td><td></td><td></td></tr>
<tr><td></td><td></td><td></td><td></td><td></td><td></td><td></td></tr>
<tr><td></td><td></td><td></td><td></td><td></td><td></td><td></td></tr>
<tr><td></td><td></td><td></td><td></td><td></td><td></td><td></td></tr>
</table>

5.8 安全与卫生管理

5.8.1 员工安全管理制度

<table>
<tr><td rowspan="2">制度名称</td><td rowspan="2">员工安全管理制度</td><td>受控状态</td><td></td></tr>
<tr><td>编　号</td><td></td></tr>
</table>

第 1 章　总则

第 1 条　目的

为落实“安全第一，预防为主”的方针，加强公司人身安全管理，特制定本制度。

第 2 条　适用范围

本制度适用于公司各部门。

第 2 章　安全管理组织机构设置

第 3 条　安全管理小组

1. 安全管理小组为公司安全管理机构。

2. 安全管理小组组成成员包括：

（1）组长：总经理。

（2）组员：副总、总工程师和各部门经理。

第 4 条　安全管理小组主要职责

1. 贯彻国家安全政策，负责公司安全制度体系的建立与完善，制定、执行各类安全管理措施。

2. 负责对本部门安全工作进行考核、检查，督促不安全措施的整改落实。

3. 出现安全事故，及时组织人员对公司重大安全事故的调查，并拟订可行性处理方案。

4. 组织公司安全教育培训，安全大检查等安全管理工作。

第 3 章　安全管理责任

第 5 条　安全管理责任人

1. 人身安全的最高责任人为总经理及各部门第一责任人。

2. 各级管理人员在各自管辖范围内，对员工的人身安全负有不可推卸的责任。

（续表）

第 4 章　员工人身安全事故预防

第 6 条　生产安全事故预防

1. 责任划分：

（1）由于设备的维护和保养以及操作工的培训不到位而造成的安全事故，动力设备部负主要责任，生产部门负次要责任。

（2）由于现场安全管理不到位造成的安全事故，生产部门负主要责任，动力设备部负次要责任。

2. 责任要求：

（1）各部门必须遵守生产安全管理制度，包括配电房、用电管理制度，机械设备、设施维修保养管理制度，以及安全生产检查管理制度、安全生产教育、培训管理制度、仓库安全管理制度、特种设备安全管理制度、建筑施工安全管理制度等。

（2）各部门必须明确安全生产责任人、建立安全网络图并落实相关管理人员及具体的岗位职责，制定重点设备及区域的相关应急预案并定期进行演练。

（3）各部门必须有专人定期检查安全生产（每月不少于两次），落实安全生产措施，及时发现安全隐患并进行整改。

（4）动力设备技术人员必须定期对生产、工程设备进行维修、保养，特种设备、设施，压力容器必须到当地技术监督局备案，定期进行年检，确保车间机器设备的正常运转。

（5）动力设备技术人员必须对车间设备、压力容器、用电等的安全定期进行检查、整改。

（6）动力设备技术人员必须对车间员工提供设备操作规范培训并及时纠正违章操作。

（7）叉车工、电工、制冷、电梯操作工和行车工等特殊岗位必须持证上岗，无证人员一律不得上岗操作。

（8）新员工、转岗职工上岗前必须经过生产技能培训，同时各部门必须定期进行安全教育培训。

违反以上条例的单位，对责任部门总经理索赔 100 元并限期整改。

第 7 条　消防安全事故预防

1. 责任划分：EHS 部负责消防设施的检查、整改，各部门负责消防设施的及时更换并协助 EHS 部进行消防安全管理。

2. 各部门必须遵守消防安全管理制度，包括动火、用火管理制度，易燃、易爆、危险品的安全管理制度，以及消防器材维护、保养制度、消防安全检查、管理制度、每日防火巡查管理制度、消防安全教育、培训制度等。

（续表）

3. 各部门必须明确安全生产责任人、专（兼）职的安全管理人员及具体的岗位职责。

4. 各部门的安全管理人员每周必须对所在单位的消防器材和消防设施定期进行检查，发现火灾隐患要及时整改。必须定期开展消防安全教育。

5. 灭火器必须时刻保持正常使用，且保持压力正常，同时消防水枪、水袋必须配备齐全，应急灯必须保证正常使用。

6. 灭火器材必须按规定予以配置、摆放。严禁在消防器材和消防设备旁堆放物品。消防器材要做到四防，即防雨、防晒、防潮和防冻。

7. 从事或雇请电工、烧焊工、易燃易爆等特殊工作的人员，必须持证上岗，并严格按照消防安全操作规程进行作业。

8. 各部门必须对重点消防部位设立明显防火标志，并设置相应的消防设施；各部门的疏散标志和事故应急照明设置应符合规范。

9. 各部门必须保持疏散通道、安全出口畅通，严禁占用疏散通道，严禁在安全出口或疏散通道上安装栅栏等影响疏散的障碍物。

10. 易燃、易爆、危险物品必须有专用的库房，配备必要的消防器材设施，仓管人员必须由消防安全培训合格的人员担任。化学性质相抵触或灭火方法不同的易燃易爆化学物品，必须分库存放，且必须分类、分项储存。

11. 各种电器、电线必须定期检修，最好每月不少于 2 次。

12. 任何部门、个人不得损坏和擅自挪用、拆除、停用消防设施、器材，不得埋压、圈占消防栓，不得占用防火间距，不得堵塞消防通道。

13. 违反以上条例的部门，对责任部门经理索赔 100 元并限期整改。

第 5 章　工伤事故的处理与医疗费用报销

第 8 条　工伤安全事故的申报及规定

1. 工伤安全事故的处理：

（1）在工作场所和工作时间内因公致伤的，应先予以处理。

（2）处理原则是尽快安抚和救治伤者，预防类似事件再发生。

（3）工伤安全事故事后对事故当事人的处理包括：按个人的责任，其承担一定比例的责任医疗费用；公司保留追究其过失所致的财产损失的权利；凡因过失致使公司损失超过 1 万元人民币的员工，公司可予以辞退；有总经理特批的，按总经理批示执行。

（4）对事故部门主管的处理包括：部门各级主管对本部门的每起工伤安全事故负有领导责任。所属员工凡出现一次工伤安全事故，经济损失在 1 万元以下的，对其直接主管予以警告一次并处罚 200 元；如果所属员工出现一次工伤安全事故，经济损失在 1 万元以上的，对其直接主管予以留岗试用并罚款 500 元处理。有总经理特批的，按总经理批示执行。

（续表）

第 9 条　工伤医疗费用的报销 1. 申请报销时必须准备以下资料准备： （1）工伤事故当事人的身份证明。 （2）安全管理小组的事故分析报告。 （3）本部门出具的意外伤害事故报告（如出外出差的交通事故与安全事故，还需出具交通部门或公安部门的报告）。 （4）县级以上公立医院或保险公司或公司认可的医疗机构出具的医疗诊断证明。 （5）病历。 （6）医疗、医药费原始单据。 （7）费用结算明细表。 2. 报销额度的规定，适用于公司支付部分。 （1）安全管理小组的事故分析报告判定为公司或设备所致的工伤事故，公司将全额支付剩余部分。 （2）安全管理小组的事故分析报告判定为公司和事故当事人双方对工伤事故均有责任的，公司按应承担的责任比例予以支付剩余部分；有总经理特批的，按总经理批示执行。 （3）安全管理小组的事故分析报告判定为事故当事人自己所致的工伤事故，公司原则上不予支付，剩余部分由事故当事人自行承担；有总经理特批的，按总经理批示执行。 （4）当确定为因本人粗心疏忽等其他主观因素所致的工伤事故，公司只承担相关治疗、住院、交通、抢救等费用在保险理赔后的余额的 20%～70%；对由当事人造成的他人伤害；由其自行承担相关责任。 （5）如因员工本人违反安全操作规程，或不服从上级的工作安排等原因而发生工伤事故，并且给公司造成了损失的，公司不承担责任，同时根据当事人行为造成的对公司利益的损害程度，对其进行行政和经济处罚。 （6）工伤争议：当因判断是否为工伤事故而出现争议，并在公司内部进行协调后无效时，当事人在事故发生后 30 日内可向劳动部门的劳动争议仲裁机构申请劳动仲裁，经仲裁机构判定后仍不服从，可向法院提请诉讼。 **第 6 章　附则** 第 10 条　本制度自发布之日起开始执行。 第 11 条　本制度的编写、修改及解释权归人力资源部所有。					
编制日期		审核日期		批准日期	
修改标记		修改处数		修改日期	

5.8.2 公司消防管理制度

制度名称	公司消防管理制度	受控状态	
		编　　号	

第1章　总则

第1条　目的

本制度根据《中华人民共和国消防条例》及公安消防机关颁布的有关消防、消防法规，结合本公司具体情况制定。旨在加强我公司的消防安全工作，保护通信设备、企业财产及工作人员生命安全，保障各项工作的顺利进行。

第2条　原则

本公司的消防安全工作实行“预防为主，防消结合”的原则，由消防安全领导小组负责实施。

第3条　适用范围

本制度适用于公司全体员工。

第2章　消防安全的组织与机构

第4条　设立消防责任人

公司、分公司及各部门、车间、班组均实行消防安全责任制，设消防责任人。本公司的消防责任人由总经理担任，分公司消防责任人按有关要求由各单位行政主要领导担任，车间、班组的消防责任人分别由各车间主任、班组长担任。

第5条　成立消防安全领导小组

为确保各项消防安全措施落实，公司成立消防安全领导小组，负责本公司的消防安全工作，各分公司设立相应的消防安全领导小组。此外，各生产班组和要害工作部位设负责抓消防工作的兼职消防安全员。

第6条　建立义务消防队

各级均要建立义务消防队，以便在万一发生火灾及专业消防队未到达前，能起到控制火势蔓延或把火扑灭在初起阶段的作用。

第3章　消防安全规定

第7条　消防安全职责规定

1. 公司全体职工都应增强消防意识并有安全消防的责任和义务。

2. 公司消防责任人和各分公司、车间班组的消防责任人，分别对本公司和本部门的消防安全负责。

3. 各级消防安全责任人的职责是：

（1）贯彻上级的消防工作指示，严格执行消防法规。

（续表）

（2）将消防工作列入议事日程，做到与生产、与经营同计划、同布置、同检查、同总结、同评比。

（3）执行消防安全制度，依法纠正违章。

（4）协助公安机关调查火灾原因，提出处理意见。

4. 消防安全领导小组的职责是：

（1）处理本公司消防安全工作。

（2）制定公司的消防安全制度和措施。

（3）组织消防安全检查，主持整改火险与事故隐患。

（4）组织交流经验，评比表彰先进。

5. 各施工生产班组和要害工作部位的兼职消防安全员要在消防安全领导小组的领导下，落实本工作部位的消防安全措施。

6. 义务消防队接受消防安全领导小组的指挥调动，应能召之即来，认真履行消防职责。

第 4 章　消防安全措施

第 8 条　消防安全培训

消防安全领导小组应经常对全体干部、职工进行消防安全教育，并组织业务消防队进行消防训练。

第 9 条　消防安全检查

1. 各施工生产班组、要害部位的兼职消防安全员，应在每日下班和交接班前，对本工作部位进行一次消防安全检查。

2. 其他各科室每星期做一次检查。

3. 各分公司的消防责任人应每月对本单位的消防安全工作做一次检查。

4. 本公司消防安全领导小组每半年进行一次检查，每季度进行抽查。

5. 完善逐级检查制度以保证及时发现和消除火险隐患。

第 10 条　消防器材要求

各办公大楼原设计安装的消防设施，如消防龙头、水管、烟感报警器以及其他消防器材要保证有效，此外，还应给各施工和要害部位及本单位其他工作地点配置相应种类和数量的消防器材。上述消防设备及器材不得借故移作他用。

第 11 条　消防人员要求

对从事或雇请电工、烧焊工、易燃易爆等特殊工种的人员，要按规定进行消防安全技术考核，取得合格证方可操作，提出动火申请后方可进行。

第 12 条　消防安全防范规定

1. 施工单位在作业中需用明火的，要按规定由动火单位填写临时动火作业申请表，按不同级别事前进行审批。

（续表）

(1) 一级动火作业指可能发生一般性火灾事故，由本单位安技和保卫人员提出意见，经本单位的消防责任人审批。

(2) 二级动火作业指可能发生重大火灾事故，由本单位保卫室或安技室提出意见，经本单位消防责任人审核，报总公司保卫部领导审批。

(3) 三级动火责任人提出意见，经总公司保卫部审核，报公安消防监督机关审批。办理审批手续较为严格，待批准后发给临时动火许可证方可进行动火作业。并且要在动火前做到“八不”，动火中做到“四严”，动火后做到“一清”和下班前严格执行检查制度，确认安全后方可离开。全体干部职工不论在宿舍还是工作区，一般不得使用电炉等电器。

2. 仓库的库存物资和器材，要按公安部公布的《仓库消防安全管理规则》的要求堆放和管理，对易燃、易爆有害物品，更要严格按章妥善管理。

3. 任何人发现火险，都要及时、准确地向保卫部门或消防机关报警，并积极投入参加扑救。单位接到火灾报警后，应及时组织力量配合消防机关进行扑救。

第5章　奖励与惩罚

第13条　奖励

对消防安全工作定期检查评比，对取得下列成绩的单位或个人，给予适当的表彰和奖励。

1. 进行消防技术革新，改善了消防安全条件，促进了安全生产的。
2. 坚持消防安全规章制度，敢于同违章行为作斗争，保障了安全的。
3. 不怕危险，勇于排除隐患，制止火灾爆炸事故发生的。
4. 及时扑灭火灾，减少损失的。
5. 其他对消防工作有贡献的。

第14条　惩罚

1. 对无视消防安全工作，违反有关消防法规，经指出拒不执行的单位或个人，应视情节给予处分和包括经济制裁在内的处罚。

2. 对玩忽职守造成火灾事故的，应对直接责任者和所在部门的消防责任人追究责任，触犯刑律的，还应上报司法机关追究刑事责任。

第6章　附则

第15条　本制度自发布之日起开始执行。

第16条　本制度的编写、修改及解释权归人力资源部所有。

编制日期		审核日期		批准日期	
修改标记		修改处数		修改日期	

5.8.3 卫生管理制度

<table>
<tr><td rowspan="2">制度名称</td><td rowspan="2">卫生管理制度</td><td>受控状态</td><td></td></tr>
<tr><td>编　号</td><td></td></tr>
<tr><td colspan="4">
第 1 章　总则
第 1 条　目的
为维护本公司员工健康及工作场所环境卫生，特制定本制度。
第 2 条　适用范围
1. 凡本公司卫生事宜除相关单位需要另有规定外，悉依本办法实行。
2. 本公司公共卫生事宜，除总务及清洁员外，全体人员须确实遵行。
第 2 章　卫生管理
第 3 条　卫生要求
1. 新进人员须注重并了解卫生的重要与应用知识。
2. 工作场所内均须保持清洁，不得堆积足以发生臭气或有碍卫生、有碍观瞻的垃圾、污垢或碎屑，如若有这些物品应予以清除。
3. 各工作场所内应严禁随地吐痰，乱丢烟蒂、垃圾等。
4. 各工作场所内的走道及阶梯，应按固定时间清扫、消毒，保持干净卫生，并采取适当方法保持环境美观。
5. 空调、饮水、电器、企业形象标志等系统必须定时保养、维护，保持整齐、清洁、安全、卫生。
6. 洗手间、厕所、更衣室及其他卫生设施必须特别保持清洁。
7. 排水沟应经常清除污秽，保持清洁。
8. 凡可能寄生传染病菌的原料应于使用前施以消毒。
9. 凡可能产生有碍卫生的气体、尘灰、粉末的清除工作，应遵守下列使用规定：
（1）采用密闭器具，以防止此项有害物的散发。
（2）若有害物散发，其处理方式按其性质分别为凝结、沉淀、吸引或排除装置。
10. 各工作场所的窗面及照明器具透光部分，均须保持清洁明亮，勿使有所掩蔽。
11. 各工作场所应充分使空气流通，必要时严禁吸烟。
12. 食堂及厨房的一切用具及环境均须保持清洁卫生。
13. 垃圾、污物、废物等清除必须合乎卫生要求，放于所规定的场所或箱子内，不得任意乱倒堆积。
14. 公司应设置急救药品设备并存放于小厨房内，且置于明显处，防止污染以便利取用。
</td></tr>
</table>

（续表）

15. 各工作场所使用的器具、用品应依规定放置，不得随意放置。 16. 地面须保持干净，避免有铁钉、尖锐物或易滑及污染物品。 17. 工作场所禁止吸烟，如需要应在指定场所。 第 4 条　卫生健康规定 1. 职员患有下列疾病时，应立即停止上班，抓紧治疗： （1）精神病患者。 （2）法定传染病及其他被认为有显著传染危险疾病者。 （3）由其他卫生机关规定应予停止工作，在外治疗。 2. 职员应依本公司规定接受健康检查及预防注射，不得无故拒绝。 第 5 条　公共卫生管理规定 凡营业单位必须依照卫生部与环保部颁布的《公共场所卫生管理条例》与废水、废气排放标准所规定的内容实施，并随时由行政部公告实施。 **第 3 章　附则** 第 6 条　本制度自发布之日起开始执行。 第 7 条　本制度的编写、修改及解释权归人力资源部所有。

编制日期		审核日期		批准日期	
修改标记		修改处数		修改日期	

5.8.4　卫生状况检查表

卫生状况检查表					
检查项目	良　好	一　般	较　差	缺点事实	改善项目
茶杯、烟缸					
门					
窗					
地　板					
办公桌椅					
电　话					
办公用品					
工作桌椅					
楼　道					
卫生间					
其　他					

5.8.5 清洁卫生评分表

清洁卫生评分表					
评分部门		评分员		日　期	
评分项目	分　值	评　分		备　注	
一般安全	15				
消防器具	10				
走道通路	15				
工作区域整洁	15				
环境整洁	15				
办公桌椅及办公室整洁	15				
设备维护状况	15				
建议及评语					

5.8.6 安全状况检查表

安全状况检查表				
检验项目	待改善项目	其　他	备　注	复　检
1. 消防	□无法使用　□道路阻塞			
2. 灭火道	□失效　□走道阻塞　□缺少			
3. 走道	□阻塞　□脏乱			
4. 门	□阻塞　□损坏			
5. 窗	□损坏　□不洁			
6. 地板	□不洁　□损坏			
7. 厂房	□破损　□漏水			
8. 楼梯	□损坏　□阻塞　□脏乱			

（续表）

检验项目	待改善项目		其他	备注	复检
9. 厕所	□漏水	□损坏			
10. 办公桌椅	□损坏				
11. 工作桌椅	□损坏	□污损			
12. 餐厅桌椅	□损坏				
13. 厂房四周	□脏乱	□废弃未用			
14. 一般机器	□保养不良	□基础松动			
15. 高压线	□基础不稳	□保养不良			
16. 插座、开关	□损坏	□不安全			
17. 电线	□损坏				
18. 给水管	□漏水				
19. 仓库	□零乱	□防水防盗不良			
20. 废料	□未处理	□放置零乱			
21. 其他					
主　　管		检查员			

5.8.7　消防设备检修表

消防设备检修表			
编　　号		填表日期	
检修部门		检修设备	
检修原因			
检修情况及结果			
更换品种及数量			
备　　注		检修人	
检修人员		消防主管	

5.8.8 员工出入证

<table>
<tr><td colspan="10">员工出入证</td></tr>
<tr><td colspan="2">姓　名</td><td colspan="3">部　门</td><td colspan="3">工作证号</td><td colspan="2">电　话</td></tr>
<tr><td colspan="2"></td><td colspan="3"></td><td colspan="3"></td><td colspan="2"></td></tr>
<tr><td>事　由</td><td colspan="9"></td></tr>
<tr><td rowspan="2">出入厂
日期</td><td colspan="2" rowspan="2">____年__月__日</td><td rowspan="2">预定时间</td><td colspan="2">____时____分出</td><td colspan="2" rowspan="2">到　达</td><td>地　点</td><td></td></tr>
<tr><td colspan="2">____时____分进</td><td>单　位</td><td></td></tr>
<tr><td>备　注</td><td colspan="9"></td></tr>
<tr><td rowspan="2">实际时间</td><td colspan="2">____时____分出</td><td>保　卫</td><td colspan="3"></td><td colspan="3" rowspan="2"></td></tr>
<tr><td colspan="2">____时____分进</td><td>保　卫</td><td colspan="3"></td></tr>
<tr><td>主　管</td><td colspan="3"></td><td colspan="3">填表人</td><td colspan="3"></td></tr>
</table>

5.8.9 安全工作日报表

<table>
<tr><td colspan="10">安全工作日报表</td></tr>
<tr><td colspan="3">无灾害</td><td colspan="5">灾　害</td><td rowspan="2">灾害频率</td><td rowspan="2">对策指标</td></tr>
<tr><td>人员</td><td>时间</td><td>累计时间</td><td>工作场所</td><td>姓名</td><td>内容</td><td>原因</td><td>损失额</td></tr>
<tr><td></td><td></td><td></td><td></td><td></td><td></td><td></td><td></td><td></td><td></td></tr>
<tr><td></td><td></td><td></td><td></td><td></td><td></td><td></td><td></td><td></td><td></td></tr>
<tr><td></td><td></td><td></td><td></td><td></td><td></td><td></td><td></td><td></td><td></td></tr>
<tr><td></td><td></td><td></td><td></td><td></td><td></td><td></td><td></td><td></td><td></td></tr>
<tr><td colspan="2">经　理</td><td colspan="2"></td><td>主　管</td><td colspan="2"></td><td colspan="2">填表日期</td><td></td></tr>
</table>

5.8.10 值班安排表

<table>
<tr><th colspan="8">值班安排表</th></tr>
<tr><th colspan="2">日　期</th><th>班　次</th><th>时　间</th><th>值班主管</th><th>值班人员</th><th colspan="2">备　注</th></tr>
<tr><td rowspan="3">____月
____日</td><td>早</td><td></td><td></td><td></td><td></td><td colspan="2"></td></tr>
<tr><td>中</td><td></td><td></td><td></td><td></td><td colspan="2"></td></tr>
<tr><td>晚</td><td></td><td></td><td></td><td></td><td colspan="2"></td></tr>
<tr><td rowspan="3">____月
____日</td><td>早</td><td></td><td></td><td></td><td></td><td colspan="2"></td></tr>
<tr><td>中</td><td></td><td></td><td></td><td></td><td colspan="2"></td></tr>
<tr><td>晚</td><td></td><td></td><td></td><td></td><td colspan="2"></td></tr>
<tr><td rowspan="3">____月
____日</td><td>早</td><td></td><td></td><td></td><td></td><td colspan="2"></td></tr>
<tr><td>中</td><td></td><td></td><td></td><td></td><td colspan="2"></td></tr>
<tr><td>晚</td><td></td><td></td><td></td><td></td><td colspan="2"></td></tr>
<tr><td colspan="2">制表人</td><td colspan="2"></td><td colspan="2">保安部经理</td><td colspan="2"></td></tr>
</table>

5.8.11 交接记录表

<table>
<tr><th colspan="6">交接记录表</th></tr>
<tr><td>日　期</td><td></td><td>交班主管</td><td></td><td>值班人员</td><td></td></tr>
<tr><td colspan="6">交代事项</td></tr>
<tr><td>1</td><td colspan="5"></td></tr>
<tr><td>2</td><td colspan="5"></td></tr>
<tr><td>3</td><td colspan="5"></td></tr>
<tr><td>备　注</td><td colspan="5"></td></tr>
<tr><td>接班时间</td><td></td><td>接班主管</td><td></td><td>值班人员</td><td></td></tr>
</table>

5.9 公关管理

5.9.1 公关管理制度

制度名称	公关管理制度	受控状态	
		编　　号	

第 1 章　总则

第 1 条　目的

为树立良好的企业形象，保持与社会、员工的沟通和理解，规范公司公关活动和行为，特制定本制度。

第 2 条　适用范围

本制度适用于公司公关部全体员工。

第 2 章　公关管理内容

第 3 条　管理体制

1. 公司设立公关部，承担公司公关管理职能。
2. 公司公关工作实行统一管理，员工应人人树立公关意识，人人成为“公关员”。
3. 公司高层领导负责公关的整体协调。

第 4 条　公司的公关对象

公司的公关对象和建立关系为：

1. 顾客。
2. 员工。
3. 社区。
4. 股东。
5. 金融界。
6. 供应商。
7. 竞争对手。
8. 新闻出版界。
9. 社会公众。
10. 政府机关。
11. 行业。

第 5 条　公司公关主要内容目标

1. 树立公司良好的信誉和形象。

Chapter 5

（续表）

2. 监视、改善、适应公司的运作环境。
3. 联络公众和传递内外信息。
4. 辅助决策和协调人际关系。
5. 增加公司的社会效益和经济效益。

第6条　公司的公关原则

1. 根据公司业务特征，确立公司公关的重点对象和方式。
2. 公司内求团结，积极动员公司全员参与公关。
3. 公司以外部公关为主，动员全社会主动关心、支持公司。
4. 公司公关表里如一，不能对外过分吹嘘，玩弄公众，要以“做”的实际行动去“说”服公众、感动公众。
5. 公司公关有的放矢，根据公关目标、任务和对象精心设计策划公关方案，起到事半功倍的轰动效果。
6. 以诚待人，切忌弄虚作假、夸夸其谈，不掩饰缺点，及时化解、转化矛盾。

第7条　公司的公关方式

1. 宣传方式。

（1）广告。

（2）新闻宣传：新闻报道、专题通讯、经验介绍和记者专访。

2. 服务方式。提供优质的产品、商品和服务，如三包、送货、退货、保修期和保险等。

3. 社会方式。举办社会性活动，如纪念会、庆祝会、赞助、展览会、联欢会和音乐会等。

4. 征询方式。

（1）发放测试和问卷。

（2）公司经营管理活动有奖征询，如商标名、图案、产品名称、企业形象和经营点子等。

第8条　公司公关媒介

1. 新闻性媒介，包括报纸、杂志、电视和广播等。

2. 其他媒介：

（1）电子出版物或国际互联网络。

（2）展览会、研讨会和发布会。

（3）书籍、电影、录像、录音带、幻灯片和纪念片。

（4）企业内部刊物、公司用品。

（5）广告宣传品、教育小册子、招贴画和挂历。

（6）图片、照片、明信片和实物模型。

（续表）

<table>
<tr><td colspan="6">

第 9 条　公关活动的工作流程
1. 调查研究、判断形势，通过对公司内部状态、外部环境的调查，了解社会公众的意见态度以及对公司行为的反应，判断企业的社会基本形象、地位和问题。
2. 确定目标，包括多个目标的体系，注意目标的不同轻重、时间结构。
3. 选择公关对象群体。
4. 选择公关媒介和公关技巧。
5. 做出公关活动预算，并报经总经理批准。
6. 制定公关活动详细企划书，并予以实施。
7. 公关活动效果评价，包括民意调查、人数统计、征询和经济效益估算等。
第 10 条　重大公共关系活动
1. 重大公关活动由公司领导亲自组织和领导。
2. 建立公关活动领导小组，邀请公司外部知名人士和领导参加，公司内部各部门负责人为其成员。
3. 聘请、委托专业公关咨询公司或企划人员专门策划公关方案。
4. 制订详细的公关活动工作计划，并组织精心实施，对出现的新情况迅速反馈，修正计划，力争取得最佳效果。
第 11 条　广告与公关
1. 公司对外发布的广告均需通过公关部的公关审查。
2. 公司广告创意、制作、发布应反映公司的公关意图、目标和功能。
3. 公司广告与公关活动互相促进、互相配合、互相依托。
4. 鉴于广告和公关在受众、媒介、费用及支付方式、传播目的等方面存在异同，应积极寻找最佳的妥协方案。
第 12 条　公共关系人员
1. 公司公共关系从业人员应包括调查、编辑、策划、组织等各类人员。
2. 公共关系人员的素质要求：
（1）知识广博，思维开放活跃。
（2）组织活动能力强。
（3）社会能力强。
（4）宣传、演讲鼓动能力强。
（5）良好的职业道德和敬业精神。
第 3 章　附则
第 13 条　本制度自发布之日起开始执行。
第 14 条　本制度的编写、修改及解释权归人力资源部所有。

</td></tr>
<tr><td>编制日期</td><td></td><td>审核日期</td><td></td><td>批准日期</td><td></td></tr>
<tr><td>修改标记</td><td></td><td>修改处数</td><td></td><td>修改日期</td><td></td></tr>
</table>

5.9.2 公关工作计划表

<table>
<tr><th colspan="6">公关工作计划表</th></tr>
<tr><td colspan="2">公关计划名称</td><td colspan="4"></td></tr>
<tr><td colspan="2">公关主题</td><td colspan="4"></td></tr>
<tr><td colspan="2">实施部门</td><td colspan="2"></td><td>公关组别</td><td></td></tr>
<tr><td colspan="6">参与人员</td></tr>
<tr><td>公关主管</td><td></td><td>公关人员</td><td></td><td>辅助参与人员</td><td></td></tr>
<tr><td colspan="6">公关计划安排</td></tr>
<tr><td colspan="2">公关进度</td><td colspan="2">起始时间</td><td>工作内容</td><td>工作要求</td></tr>
<tr><td colspan="2">调研阶段</td><td colspan="2"></td><td></td><td></td></tr>
<tr><td colspan="2">策划阶段</td><td colspan="2"></td><td></td><td></td></tr>
<tr><td colspan="2">实施阶段</td><td colspan="2"></td><td></td><td></td></tr>
<tr><td colspan="2">评估阶段</td><td colspan="2"></td><td></td><td></td></tr>
<tr><td colspan="2">完成情况</td><td colspan="4"></td></tr>
<tr><td colspan="2">预　　算</td><td colspan="2"></td><td>结　　算</td><td></td></tr>
<tr><td colspan="2">领导批示</td><td colspan="4"></td></tr>
</table>

5.9.3 危机调查报告表

<table>
<tr><th colspan="4">危机调查报告表</th></tr>
<tr><td>调查人姓名</td><td></td><td>部　　门</td><td></td></tr>
<tr><td>调查事件</td><td colspan="3"></td></tr>
<tr><td>调查日期</td><td></td><td>调查地点</td><td></td></tr>
<tr><td>调查状况</td><td colspan="3"></td></tr>
<tr><td>危机原因</td><td colspan="3"></td></tr>
</table>

（续表）

图表描述			
造成损失			
处理意见			
审核人		报告时间	

5.9.4 危机预警对策表

危机预警对策表					
编　　号		时　　间		危机等级	
危机征兆					
预警分析					
危机处理机构	名　　称				
	联系方式				
	负责人				
	成　　员				
警戒程度					
危机处理对策					

5.10 接待宴请管理

5.10.1 接待宴请管理制度

制度名称	接待宴请管理制度	受控状态	
		编　　号	

第1章 总则

第1条 目的

为了进一步加强公司公务接待工作管理，规范公务接待行为，实现接待工作的程序化运作和在线管理，保证我司经营管理、对外联系和内部接待工作的正常开展，促进企业改革发展和廉政建设。根据我司的实际情况，特制定本制度。

第2条 适用范围

本制度适用于本公司及各个子公司各部门、各单位。

第3条 制定原则

公司的公务接待管理工作坚持必要、合理、节约的原则，坚持分类管理、分工明确、服务规范的原则。

第2章 接待职责分工

第4条 管理部门

公司办公室是公司接待工作的归口管理部门。在公司党政领导下，接待费由公司办公室统一归口管理，具体负责接待任务的组织协调、接待方案审定及接待费用的控制工作。

第3章 接待分类管理

第5条 接待分类原则

按照统一领导、分工负责、分类管理、对口接待、密切协作的原则，公司本部的接待工作按公司接待和对口部门接待进行分类管理。

第6条 接待任务负责人及职责

公司接待是指公司领导指示公司办公室完成的接待任务，包括来宾为厅（局）、处级领导干部或由其带队的团组接待任务，以及由公司领导直接指派的其他接待任务等。公司接待主要由公司办公室独立承办或为主承办。具体职责是：

1. 了解来宾姓名、职务、级别、接待要求及来访内容。
2. 制定具体的接待方案。

（续表）

3. 除日常业务正常接待外，非工作关系的其他接待必须填写来宾接待审批表，连同接待方式报公司领导审批。

4. 实施接待任务。

5. 接待工作完成后，报销接待费用。

第 7 条　其他情况

其他特殊情况根据公司主管领导的要求由公司办公室负责协调承办。

第 4 章　接待程序要求

第 8 条　接待程序

日常公务往来中的用餐或宴请，由主办部门根据公司领导批示确定接待项目，确定主办、协办单位和经办人，制定必要的接待方案后填写来宾接待审批表，按要求逐级审批。审批流程结束后，由公司办公室统一安排实施。具体实施办法是将接待工作分为工作餐的申请接待、普通餐和宴请的申请接待及会议的申请接待三大类：

1. 工作餐申请接待。各主办部门在接待工作的申请中按照来宾级别申请接待任务，由公司办公室同意后开具就餐通知单实施接待。工作餐一律在指定餐馆或职工食堂进行。

2. 普通餐和宴请的申请接待。各主办部门在接待工作的申请中按照来宾的级别申请接待任务，由公司办公室提出对应的餐费标准建议，报分管领导和主管领导审批后由公司办公室统一安排实施，以经办人的签单进行结算，具体金额不能超过审批表上的标准。

3. 会议的申请接待。

（1）省公司专属会议。指的是省公司的相关专业会议在本公司召开，由本公司配合省公司相关部门做好会务工作的会议，依照省公司的接待工作管理办法的规定，此种会议通常有专项的接待费用，各主办部门应根据具体情况进行接待工作，原则上公司所需补贴费用应不超过总费用的 1/4。

（2）省公司工作指导及检查考核等的会议。主办部门应根据具体的工作情况，会同公司办公室制定接待方案，方案中包含普通餐标准、宴请标准、餐后活动及需购礼品等的标准，经公司主管领导审批后，由公司办公室统一安排实施。应尽可能以转账的形式结算发生的各种费用，无特殊情况时总体费用不能超过方案核定的标准。

（3）公司本部的各类会议指基层各单位参加的会议，按普通餐标准执行；年度的工作会议，宜安排一次宴请。

第 9 条　登记备案

有关部门在准备各类接待活动时，要由公司办公室负责登记备案，如接待单位、接待对象、来宾级别、人数、日期等。大型、重要接待活动的接待方案和费用预算，必须

（续表）

向公司主管领导汇报，审批同意后及时通报公司办公室。

第 10 条　准备工作

有关部门在准备各类接待活动时应做好有关材料印刷、现场考察、食宿、接送和车辆安排等准备工作。

第 11 条　费用报销

各类接待完成后，由公司办公室按有关规定进行相关费用结算与报销，不得无故滞延报销时间。

第 5 章　经费管理

第 12 条　接待经费定义

接待经费指用于公务接待中所发生的费用，包括餐饮、住宿、参观、用车费用及必要的纪念品费用等。

第 13 条　接待经费申批

每年年初由财务部根据当年省公司核定的年度开支总额建议数，经办公会审定批准后，方可下达，并严格执行。

第 14 条　接待经费执行

接待费用管理实行总额控制，按实列支，各接待主办部门在实施接待工作时应严格按接待费审批的标准执行。

第 15 条　接待经费额度要求

部门在具体的接待活动中费用如有突破，确需追加额度的，由部门提出申请，经公司主管领导批准后给予追加；无特殊理由超出的费用，不予报销。

第 16 条　接待经费结算

接待活动中费用的结算以转账的形式结算。在市区各接待场所的接待工作无特殊情况不能用现金结算。特殊情况经公司主管领导同意的方可用现金结算。出差在外的接待工作费用的报销应在每次出差回明后及时办理结算。

第 17 条　接待地点

公司协议定点的宾馆、酒店等。

第 18 条　来宾住宿标准

厅局级及以上领导安排住套房，省公司处级以上领导安排在单间，其他人员安排住标准间，总体来说，需根据来宾要求视情况安排。

第 19 条　来宾住宿费用标准

来宾住宿费用按标准收取，电话费自理。系统内的来宾住宿费用在 180 元/天以下的应按实际结算。其他住宿费用需减免的由接待经办部门申请，由公司办公室提出意见，报公司主管领导同意，公司办公室按规定统一结算办理，差额部分在对应接待费用中列支。

（续表）

第 20 条　用车标准

接待车辆使用应科学调度，合理使用。尽量少用车，用少车。来宾人数较多时，尽量集中用车，避免铺张浪费。在接待过程中，车辆由相关部门或经办人员直接调度，未经同意，驾驶员不得中途离岗。

第 21 条　用餐标准

对来访客人原则上只安排一次宴请，对重要来宾按实际情况经公司主管领导批准后可增加宴请次数。根据来宾任务性质和宾客类型、餐饮，宴请及住宿可参照以下标准执行：

来宾级别	住宿安排	工作餐标准	普通餐标准	宴请标准
厅（局）级	套房	70 元/人·天	80 元/人·天	120～150 元/人·天
县（处）级	单间	50 元/人·天	60 元/人·天	80～120 元/人·天
上级机关人员	单间/标间	40 元/人·天	60 元/人·天	50～80 元/人·天
兄弟单位人员	自定	30 元/人·天	50 元/人·天	30～50 元/人·天
代表本单位各种会议		50 元/人·天（10 元/人·早，20 元/人·午、晚）		
代表省公司各种会议		按省公司要求办理		
接待本公司下基层人员		25 元/人·天（5 元/人·早，10 元/人·午、晚）		

日常工作宴请分不同级别来宾的，参照以上标准执行。无行政级别单位来宾的，比照以上标准执行。

第 22 条　其他人员用餐标准

各相关单位因完成突击任务临时或短期借用基层单位或有关单位人员，可安排用餐，伙食标准按 30 元/人·天。具体做法是：由经办部门向公司办公室办理好接待申请后，领取餐券，凭餐券到指定餐馆用餐或安排在职工食堂就餐，接待部门不安排陪餐。借用时间超过一个月的，须经公司主管领导批准。

第 23 条　陪餐人数

来宾人数在 5 人以内的，安排陪餐人员 1～3 人；来宾人数在 5～10 人之间的，安排陪餐人员 1～4 人；来宾人数在 10 人以上的，安排陪餐人员 1～6 人。随车驾驶员不安排宴请，进行就餐补贴，每次 50 元/人。

第 6 章　报销程序

第 24 条　报销要求

各类接待费用报销必须实行一事一结，及时报销。

（续表）

第25条　公司专项接待任务接待费用报销程序

1. 主办部门在接待任务结束7个工作日（异地接待15个工作日）内，将正式发票和签单凭证送公司办公室。公司办公室依据有关规定和接待备案登记内容进行审核签认。

2. 公司办公室以月为单位进行接待工作汇总。

3. 公司办公室每月25日作为当月接待工作的截至汇总日。26日至月末编制当月的接待费使用情况，在提交当月的接待费使用情况的分析报告后，将当月的接待费的报销总额呈总经理或董事长审批。

4. 于下一月份的10日前到财务部办理报销手续。

第26条　费用超标

接待费用超标准或未办理有关手续不得报销。特殊情况须经公司主管领导签字批准后报销。

第7章　接待纪律

第27条　接待纪律管理要求

根据公司领导班子分工授权，严格遵守接待费签批制度，严格接待费用管理，严禁铺张浪费。

1. 认真执行接待费用预算审批制度。按规定标准编制费用预算，按规定程序审批，按审批标准控制使用。

2. 严格遵守财务纪律，不得转移接待费用，不得变相拨付接待费用。

3. 不得在商业性娱乐场所安排活动。

4. 属个人性质的消费由个人自理。

第8章　附则

第28条　本制度自发布之日起开始执行。

第29条　本制度的编写、修改及解释权归人力资源部所有。

编制日期		审核日期		批准日期	
修改标记		修改处数		修改日期	

5.10.2 来访客人登记表

来访客人登记表										
序 号	姓 名	所在单位	来访人数	联系方式	是否预约	被访人	来访事由	时 间		被访人签名
								进 入	离 开	
1										
2										
3										
…										
编 制				审 核			日 期			

5.10.3 接待用餐申请表

接待用餐申请表 日期： 年 月 日					
接待人		接待部门		工作职务	
来客负责人		所在单位		工作职务	
用餐时间		用餐人数		陪客人数	
接待事由					
用餐规格					
是否符合公司规定					
部门经理		批准人		经办人	

5.10.4 商务接待安排表

<table>
<tr><td colspan="7">商务接待安排表</td></tr>
<tr><td>来宾单位</td><td colspan="6"></td></tr>
<tr><td>带队人姓名</td><td colspan="2"></td><td colspan="2">带队人职务</td><td colspan="2"></td></tr>
<tr><td>随行人员名单</td><td colspan="6"></td></tr>
<tr><td>到达时间</td><td colspan="2"></td><td colspan="2">停留时间</td><td>人　数</td><td></td></tr>
<tr><td>考察内容</td><td colspan="6"></td></tr>
<tr><td>接待计划安排</td><td colspan="6"></td></tr>
<tr><td>车辆使用计划</td><td colspan="6"></td></tr>
<tr><td rowspan="4">相关事项</td><td>摄　影</td><td></td><td>礼　品</td><td></td><td>音　响</td><td></td></tr>
<tr><td>欢迎标语</td><td></td><td>用　餐</td><td></td><td>鲜　花</td><td></td></tr>
<tr><td>宣传材料</td><td></td><td>礼　仪</td><td></td><td>导　游</td><td></td></tr>
<tr><td>题　词</td><td></td><td>水　果</td><td></td><td>其　他</td><td></td></tr>
<tr><td>负责接待部门意见</td><td colspan="6">签字：</td></tr>
<tr><td>领导意见</td><td colspan="6">签字：</td></tr>
<tr><td>填表人</td><td colspan="2"></td><td colspan="2">填写日期</td><td colspan="2"></td></tr>
</table>

5.10.5 公务接待审批表

公务接待审批表					
来宾单位		来宾人数		接待日期	
带队人姓名		职　　务		停留时间	
来宾事由					
接待费用预算	餐饮费用预算额		住宿费用预算额		
	其他费用预算额		合计预算总额		
陪同人员要求					
公关事务主管意见	签字： 日期：　　年　月　日				
行政部经理意见	签字： 日期：　　年　月　日				
行政总监意见	签字： 日期：　　年　月　日				

5.10.6 宴请申请单

宴请申请单			
申请部门		申请日期	
宴请时间		宴请标准	
宴请目的			
宴请对象			
宴请费用预算			
主管领导签字		签字日期	

5.11 保密工作管理

5.11.1 保密工作管理制度

制度名称	保密工作管理制度	受控状态	
		编　　号	

第1章　总则

第1条　目的

为保守公司秘密，维护公司的合法权益不受侵犯，保证公司正常经营管理秩序，特制定本制度。

第2条　定义

公司秘密是关系公司权利和权益，依照特定程序确定，在一定时间内只限一定范围人员知悉的事项。

第3条　保密要求及奖励

1. 公司所属组织和分支机构以及全体员工都有保守公司秘密的义务。
2. 公司保密工作，实行既确保秘密又便利工作的方针。
3. 对保守、保护公司秘密以及改进保密技术、措施等方面成绩显著的部门或职员实行奖励。

第2章　保密范围和密级确定

第4条　公司秘密包括事项

1. 公司重大决策中的秘密事项。
2. 公司尚未付诸实施的经营战略、经营方向、经营规划、经营项目及经营决策。
3. 公司内部掌握的合同、协议、意向书及可行性报告、重要会议记录。
4. 公司财务预决算报告及各类财务报表、统计报表。
5. 公司所掌握的尚未进入市场或尚未公开的各类信息。
6. 公司员工人事档案、薪资待遇、劳务性收入及资料。
7. 其他经公司确定为应保密的事项。

第5条　公司未列入保密事项

一般性决定、决策、通告，行政管理资料等内部文件不属于保密范围。

（续表）

第6条　公司机密等级 公司机密分为绝密、机密和秘密三个等级。 1. 绝密是最主要的公司秘密，一旦泄露会对公司的权益造成特别严重的损害。 2. 机密是主要的公司秘密，一旦泄露会对公司的权益造成严重的损害。 3. 秘密是一般的公司秘密，泄露会对公司的权益造成损害。 第7条　公司秘级的确定 1. 公司经营发展中，直接影响公司权益的重要决策文件资料为绝秘级。 2. 公司规划、财务报表、统计资料、重要会议记录以及公司经营情况为机密级。 3. 公司人事档案、合同、协议、员工工资性收入以及尚未进入市场或尚未公开的各类信息为秘密级。 4. 属公司秘密事项但不能标明密级的，通过口头通知，传达接触范围的人员。 第8条　机密文件保存期限要求 属于公司秘密的文件、资料，应当依据本制度第8条、第9条之规定标明密级，并确定保密期限。保密期限届满，自行解密。 **第3章　保密措施** 第9条　秘密文件保密方法 属于公司秘密的文件、资料和其他物品的制作、收发、传递、使用、复制、摘抄、保存和销毁，由公司行政部或主管副总经理委托专人执行；采用电脑技术存取、处理、传递的公司秘密由电脑使用者负责保密。 对于密级的文件、资料和其他物品必须采取以下保密措施： 1. 非经总经理或副总经理及特别授权人员批准，不得复制和摘抄。 2. 收发、传递和外出携带，由指定人员负责，并采取必要的安全措施。 3. 在设备完善的保险装置中保存。 第10条　属于公司秘密的设备或商业机密，由公司指定的专门部门负责，并采取相应的保密措施。 第11条　在对外交往与合作中需要提供公司秘密事项的，应当事先经总经理批准。 第12条　秘密会议的保密措施 具有属于公司秘密内容的会议和其他活动，主办方应采取下列保密措施： 1. 选择具备保密条件的会议场所。 2. 根据工作需要，限定参加会议人员的范围，对参加涉及密级事项会议的人员予以指定。 3. 依照保密规定使用会议设备，管理会议文件。

（续表）

4. 确定会议内容是否传达及传达范围。

第 13 条　不准在私人书信和通讯中泄露公司秘密，不准在公共场所谈论公司秘密，不准通过其他方式传递公司秘密。

第 14 条　公司员工发现公司秘密已经泄露时，应当立即采取补救措施并及时报告总经理或相关领导，由其及时作出处理。

第 4 章　责任与处罚

第 15 条　泄露秘密的罚款措施

出现下列情形之一，给予警告并予以 50 元以上 500 元以下的罚款。

1. 泄露公司秘密，尚未造成严重后果或经济损失的。
2. 违反本制度第 10 条、第 11 条、第 12 条、第 13 条、第 14 条、第 15 条规定的。
3. 已泄露公司秘密但采取补救措施的。

第 16 条　其他处罚

出现下列情形之一的，予以辞退并罚款 5000 元，酌情赔偿公司因此受到的经济损失直至追究其刑事责任：

1. 故意或过去泄露公司秘密，造成严重后果或重大经济损失的。
2. 违反本制度规定，为他人窃取、出卖公司秘密的。
3. 利用职权强制他人违反保密规定的。

第 5 章　附则

第 17 条　本制度自发布之日起开始执行。

第 18 条　本制度的编写、修改及解释权归人力资源部所有。

编制日期		审核日期		批准日期	
修改标记		修改处数		修改日期	

5.11.2 公司秘密事项分类、内容、等级汇总表

公司秘密事项分类、内容、等级汇总表				
类别		涉密项目	建议保密等级	备注
管理类	公司核心资料	公司战略、方针及重大决策	绝密	
	公司重要资料	公司年度、月度的计划与总结	机密	不包括个人
		公司周例会、总经理会议纪要	机密	
		服务器存储资料	绝密	
		公司重大诉讼、仲裁事项	绝密	
		公司股改准备材料	绝密	
		股东会、董事会、监事会的文件、决议	绝密	
		公司对外重大投资、采购的项目资料	绝密	
		公司薪资体系文件	秘密	
		年度、半年度绩效考核资料	秘密	
		员工档案	机密	
		资金筹措前的准备情况	绝密	
		资金筹措结果	绝密	
		产品销售价格	机密	
		产品成本资料	绝密	
		原材料、成品采购价格、产地、型号	机密	
		债权债务情况（总体、个别）	绝密	
		图纸中材料消耗工艺定额	机密	
		图纸中产品结构件组成明细	机密	
		工程项目招标内容、资料	绝密或机密	
		工程决算	绝密或机密	
		月度、年度审计资料及报告	绝密	
		公司资产和资金表、报告	绝密	

（续表）

类别		涉密项目	建议保密等级	备注
管理类	公司重要发文	公司对内重要发文	机密	
		公司对外重要发文	绝密或机密	
	重要信息	副总级以上个人日常信息	机密	
	公司重要制度	公司人事制度（含人员编制等）	秘密	
	公司各类报表	每月工资报表	绝密	
		未定财务报表（预测分析类）	绝密	
		未审财务报表	机密	
		已审财务报表	机密	
		财务账册、凭证	机密	
		各产品销售价格明细	机密	
		职工调薪表、奖惩表、简历表	机密	
技术类	重要文件	新品设计开发文件	绝密	
		产品设计文件（含硬、软件）	绝密	
		产品工艺文件（含硬、软件）	绝密	
		公司下发技术文件	机密	
		技术部门管理文件	秘密	
	重要资料	新品项目技术资料	绝密	
		技术改进项目、技术资料	机密	
		专项核、报价资料	机密	
		产品图纸	机密	
		实验室的建设和配置	秘密	
		研发人员的结构、层次、规模等	秘密	

（续表）

类别		涉密项目	建议保密等级	备注
业务类	重要资料	合同、订单、中标通知书、发货清单	机密	
		标书、底价、区域费用、佣金结算	绝密	
		业务人员日常报告	机密	
		业务人员请示报告	机密	
		客户明细	绝密	
		工程项目施工图纸	绝密或机密	依项目重要程度决定
		工程项目设计方案	绝密或机密	
		各类产品的安装档案、客户资料	机密	
		各类产品缺陷信息（外观、设计、元件等）	秘密	
		未完成项目资料（在谈合同、往来邮件等）	绝密	
	重要文件	营销策略、报价原则、市场动态分析、预测等	绝密	
	重要报表	各类统计报表（合同、回款、业务明细等）	绝密	
		产品营销成本分析表	绝密	
		业务报表	机密	
生产类	重要资料	生产用图	机密或秘密	
		计划任务单、出库领料单	秘密	
		工单达成率、采购达成率统计	秘密	
		不合格品的相关信息	秘密	
		新品开发及试制资料	绝密	
		模具清单	秘密	
		工艺用纸、工艺过程卡	机密或秘密	
		外加工的产品图纸及文件	机密或秘密	按委托方要求
		发货地点、业务客户资料	机密	
		供应商资料	机密	
		采购策略、采购渠道、采购价格	绝密或机密	
		采购合同	机密	
		产品配料单	秘密	

5.11.3　员工保密协议书

员工保密协议书

甲方：____________________　　　　　　　乙方：____________________

甲乙双方根据《中华人民共和国反不正当竞争法》和国家、地方有关规定，就企业技术秘密、公司及客户财产保护达成如下协议：

1. 保密范围

(1) 甲方尚未公开的发展规划、方针政策、经营决策的信息、计划、方案、指令及商业秘密。

(2) 甲方财政预算、决策报告、财务报表、统计资料、财务分析报告、审计资料和银行账号。

(3) 甲方的经营方法、状况和经营实力。

(4) 甲方未公布的人事调动、人事任免。

(5) 甲方机构的设置、编制、人员名册和统计表、奖惩材料、考核材料。

(6) 甲方各级员工的个人薪金收入情况。

(7) 甲方具有保密级别的文件、资料、会议记录、信件、方案、投标书、图片和电脑软件。

(8) 甲方客户的资料及财产。

(9) 甲方专有产品技术、新技术，包括设计方案、测试结果和记录、数据资料、计算机程序等，以及售后服务技术。

(10) 销售合同、销售网络和渠道。

2. 权利和义务

(1) 甲方提供乙方正常的技术研究、开发条件和业务拓展的空间，努力创造有利于乙方发展的机会。

(2) 乙方未经批准，不准复印、摘抄、随意或恶意拿走甲方的秘密文件，电脑软、硬件等。

(3) 乙方未经批准，不得向他人泄露甲方秘密、信息。

(4) 乙方应妥善谨慎保管和处理甲方及其客户之机密信息资料及固定资产，如有遗失，应立即报告并采取补救措施挽回损失。

(5) 甲方有义务对乙方在保守秘密、举报泄密或改进保密技术、措施，以及及时防止泄密事故、挽救损失方面成绩显著者，给予奖励。

3. 违约责任

(1) 乙方违反此协议，甲方有权无条件解除聘用合同，并取消或收回有关待遇。

(2) 乙方违反此协议，造成一定经济损失，甲方将处以乙方__________万元罚款。

（续表）

（3）乙方违反此协议，造成甲方重大经济损失的，应赔偿甲方全部损失。

（4）以上违约责任的执行，超过法律、法规赋予双方权限的，申请仲裁机构仲裁或向法院提出起诉。

4. 协议期限

（1）聘用合同期内。

（2）解除聘用合同后的__________年内。

甲方（盖章）：__________　　乙方（签字）：__________

______年____月____日　　______年____月____日

签订地点：__________　　签订地点：__________

附件

补充合同

公司：__________（下称“甲方”）　员工：__________先生/小姐（下称“乙方”）

下列条款与条件经双方一致协商制订，若有不足之处，由双方协商修订并由甲乙双方签署生效。

一、适用范围

甲方已聘用的，可以接触公司技术或销售秘密的员工。

二、甲方权利和义务

1. 甲方有义务为乙方在工作过程中需要了解涉及到保密范围的工作内容提供方便。

2. 甲方为乙方的科研成果提供良好的创造和应用条件，并根据创造的经济效益给予奖励。

3. 甲方在乙方离职时发放离职补偿金以要求乙方做到第四项条款。获取离职补偿金条件：当涉及违反甲方纪律而被处分、处罚或被解雇的乙方不在获取离职补偿金范围内。

4. 离职补偿金发放的比例：

（1）已工作半年未到一年的，以最后工作日底薪的__________%补偿。

（2）已工作一年至三年的，以最后工作日底薪的__________%补偿。

三、乙方权利和义务

乙方在任何时候任何场合均不得向第三方泄露甲方商业秘密、资料和信息。

乙方不得到与甲方相同或相近业务（专业）有竞争关系或利益关系的其他公司兼职。掌握甲方专有产品技术或销售业务网络的乙方，在离开甲方后的1年内不得到与甲方相同或相近业务（专业）有竞争关系或利益关系的其他公司任职。离职之日起2年内，不得利用甲方技术机密、商业机密和客户资源参与同行业竞争。

（续表）

乙方在离职前可以得到甲方给予的离职补偿金作为须遵守以上条款的补偿。 四、注释：相同或相近业务（专业）有竞争关系或利益关系的公司 1. 行业的相关公司。 2. 可利用甲方软、硬件核心技术的相关公司。 3. 可利用甲方客户资料及销售网络和渠道的相关公司。 五、违约责任 乙方违反此合同，甲方有权无条件解除聘用合同，当造成一定经济损失时，甲方视情节轻重处理，处以乙方__________至__________万的罚款。 乙方违反此合同，造成公司重大经济损失的，应赔偿甲方全部经济损失，甲方有权追回乙方所得全额离职补偿金。 以上违约责任的执行，超过法律、法规赋予双方权限的，申请仲裁机构仲裁或向法院提出起诉。 甲方（盖章）：__________　　　　乙方（签字）：__________ ______年____月____日　　　　______年____月____日

·行政文书管理制度
·公司文件管理制度
·文件送发登记表
·档案管理制度
·电子档案管理制度
·员工档案表
·印章管理制度
·公章借出审批表
·印章移交或销毁清单
·印章刻制申请表
·印章使用范围表
·会议管理制度
·会议管理规定
·会议室使用规定
·公司例会制度
·会议计划表
·会议安排表
·会议通知单
·会议程序表
·会议纪要表
·会议用品明细表
·办公用品管理制度
·固定资产管理制度
·文具使用管理制度
·物资采购入库验收管理制度
·索赔处理单
·进货日报表
·电话传真管理制度
·公司计算机管理制度
·办公用品需求表
·办公用品采购单
·办公用品申领单
·办公用品配发表
·办公用品统计表
·办公用品盘点报告表
·办公设备采购申请单
·请购单
·月度采购计划表
·出差管理制度
·出差申请书
·出差旅费概算表
·出差旅费报销单
·出差实施细则表
·物料移交清册
·物资保管清单
·物料使用转移登记卡
·固定资产登记表
·固定资产移交清单
·固定资产保管记录卡
·办公用品一览表
·办公用品登记表
·办公用品耗用统计表
·出差计划申请表
·车辆登记表
·车辆使用申请表
·车辆调度派车单
·车辆日常检查表
·车辆故障请修表
·车辆保养记录表
·车辆交通事故处理单
·交通事故现场记录表
·安全工作日报表
·安全检查报告书
·安全整改通知书
·意外事故报告单
·突发事故报告表
·安全事故报告书
·伤亡事故报告书
·工伤医疗费用报销申请表
·赔偿处理调查报告表
·保安工作日志
·来宾出入登记表
·员工外出登记表
·物品出厂放行单
·货品进厂联络单
·值班安排表
·值班工作记录表
·消防器械检查记录表
·员工住宿申请单
·员工宿舍登记表
·住宿人员资料卡
·宿舍物品领用表
·宿舍检查登记表
·宿舍管理员值班日报表
·厨房排班表
·餐厅卫生检查表
·餐厅卫生考核表
·清洁工作安排表
·卫生状况检查表
·绿化责任区划分表
·绿化项目计划表
·绿化质量巡查表
·员工病假单
·员工体检表
·材料检验报告表

Docu

行政公文写作

释放行政更大能量

ment

行政公文，此章偏重企业行政公文，是在生产经营和行政管理等过程中形成的具有强制执行效力和规范体式的公务文书，是企业管理中必不可少的重要工具和历史资料，能够帮助企业行政释放更大能量。

6.1 行政公文的含义、文种分类及选用依据

1. 行政公文的含义

行政公文，是公务文书的简称，是人类在治理社会、管理国家的公务实践中使用的具有法定权威和规范格式的应用文。它是特殊规范化的文体，具有其他文体所没有的权威性，有法定的制作权限和确定的读者，有特定的行文格式，并有行文规则和办理办法。

本章偏重企业行政公文，它是在企业生产经营和行政管理等过程中形成的具有强制执行效力和规范体式的公务文书，是传达贯彻党和国家的方针、政策，贯彻落实企业战略部署、经营方针，发布规章制度，实施行政措施，请示和答复问题，指导、布置和商洽工作，报告情况和进行经营活动等的重要工具和历史资料。

2. 行政公文的文种分类

国家行政机关公文最新版本有15种，分别是决议、决定、命令（令）、公报、公告、通告、意见、通知、通报、报告、请示、批复、议案、函和纪要，比2000年8月的版本多了决议和公报两个文种。

党政机关公文公认的有决议、决定、公报、公告、通告、意见、通知、通报、报告、请示、批复、议案、函和纪要14个文种。其中企业常用的有决定、通知、通报、报告、请示、批复、意见和函。

3. 公文选用依据

要拟写一篇公文，我们首先要学会选择一个合适的文种来行文。对于公文文种的正确选用，国务院于2000年8月24日发布的《国家行政机关公文处理办法》中已有明确规定：公文的文种应当根据行文目的、发文的职权和与主送机关的关系确定。

其中，企业行政公文选用依据为：

（1）决定。适用于对重要事项或者重大行动做出决策和安排，奖惩有关

单位及人员，变更或者撤销下级机关不适当的决定事项。

（2）通知。适用于批转有关下级机关的公文，转发上级机关和不相隶属机关的公文，发布规范性公文，传达要求下级机关办理和需要有关单位周知或者共同执行的事项，任免人员。

（3）通报。用于表彰先进、批评错误、传达重要精神、交流重要情况。实践中常用于总结推广先进典型的经验，褒扬先进模范事迹，总结并要求借鉴吸取具有较普遍借鉴意义的各种教训，批评具有一定典型性的错误思想、错误观念、错误做法、错误行为，告知性质重要、涉及面较宽的事物的动态、动向。

（4）报告。用于向上级机关汇报工作、反映情况、提出建议、答复上级机关的询问。

（5）请示。用于向上级机关请求指示或批准。

（6）批复。用于答复下级机关的请求事项。

（7）意见。用于对重要问题提出见解和处理办法。

（8）函。用于机关之间商洽工作、询问和答复问题，向无隶属关系的有关主管部门请求批准等。

此外，其他公文选用依据如下：

（1）条例。对于国家权力机关而言，可作为国家法律、地方性法规和民族自治地方有关法规文件的名称。全国人民代表大会或全国人民代表大会常务委员会制定的作为国家法律的条例，主要用于调整明确长期施行的国家政治、经济、文化等方面的关系或规则。

（2）规定。可作为国家法律、地方性法规、行政法规和规章以及党内规章和机关内部规章制度的名称。

（3）命令。适用于依照有关法律公布行政法规和规章，宣布施行重大强制性行政措施，嘉奖有关单位及人员。

（4）指示。适用于对下级机关布置工作，提出开展工作的原则和要求。

（5）决议。用于经会议讨论通过的重要决策事项。

（6）公告。用于地位较高、影响较大的机关向国内处公开宣布重要事项或法定事项。

（7）公报。用于公开发布重要决定或者重大事件。其具体适用范围与公告基本相同。

（8）通告。用于公布社会有关方面应当遵守或者周知的事项。

（9）议案。用于各级人民政府（须以政府而非政府部门名义）按照法律程序向同级人民代表大会或人民代表大会常务委员会提请审议事项。

（10）会议纪要。用于记载和传达会议情况与议定事项。

在了解以上文种如何区别使用之后，大家最好还要做到避免以下相近文种混用的使用，做到行文准确，提高工作质量和效率。

1. 报告与请示的区别

（1）请示的目的是请求上级机关对某事宜给予批准或明确答复某个问题；报告的目的是向领导部门汇报工作、反映情况、提出建议，不需要批准答复。

（2）请示必须在事前行文；报告则不受行文时限，事前、事中、事后皆可行文。

（3）请示内容单一，要求一文一事，以便上级及时处理；报告则一文一事、一文数事皆可。

（4）请示中可以反映有关情况，要有请示事项；报告中决不能夹带请示事项。

（5）本机关难以解决或难以回答的问题用请示；本机关职权范围内可解决或已解决的问题用报告。

2. 请示与申请的区别

（1）申请是因业务或事务需要，按相关的法定程序向上级或职能部门、管理机构、组织、社团说明理由，提出请求，希望得到批准的一种事务文书，也叫申请书或申请表。请示和申请都有请求原由、请求事项，但请示是法定公文，申请为专用书信，属于不同文种。

（2）请示用于下级机关向上级提出请求，下级只能在上级机关的职权范围内报请需要批准的事项。申请不仅用于下级向上级提请求，而且可用于不相隶属的但按规定、法律程序必须向其请求的机关、单位、部门等。如银行、保险、公安、海关、土地管理、工商管理等专门办理有关业务的机构部门。

（3）请示的行文对象固定，而申请的行文对象不定。请示的内容限于本系统、本部门的行政公务或政策问题，写法规范；申请的内容不以系统、部门为限，写法不强求一律，且常以填写有关部门印制的各种表格代替。

（4）请示的作者是法定的机关、团体，而申请的作者可以是机关、团体，也可以是个人。机关、团体或个人向有关方面递交申请，有时必须按有关规定出具或提交有关证明、证件、文件等，而请示则没有这方面的规定。

（5）请示可以带附件，附件是请示的重要组成部分，作为对正文的补充说明或参考。

3. 批复与批示的区别

批复和批示都是上级机关对下级机关的来文所作出的指导性意见，若分不清“请示”与“报告”，必造成批复与批示的混用。

（1）批复是上级机关对下级请示作出的同意与否、批准与否的答复；批示是上级机关或领导者有选择地、主动地就下级来文中较有普遍意义的问题作出的指示。

（2）批复是法定公文，而批示不属此列；批示多以批转、转发下级来文的通知的形式下发。

（3）批复对应的文种只能是请示；批示的对象则有报告、总结、调查报告等。

（4）批复的结尾往往用“此复”“特此批复”等词语；批示则用“望参照执行”“望依此办理”等。

6.2 行政公文处理规范与语言运用

6.2.1 行政公文处理规范

制度名称	行政公文处理规范	受控状态	
		编　　号	

第1章　总则

第1条　目的

为使行政公文处理工作进一步规范化、制度化，提高公文质量和公文处理效率，保证公文的严肃性，根据国务院发布的《国家行政机关公文处理办法》，结合公司实际情况，特制定行政公文处理规范。

第2条　作用

行政公文是行政管理过程中形成的具有法定效力和规范体式的文书，是依法行政和进行公务活动的重要工具。

第3条　原则

1. 公文处理应当坚持实事求是、精简、高效的原则，做到及时、准确、安全。

2. 公文处理必须严格执行国家保密法律、法规和其他有关规定，确保国家秘密的安全。

3. 各单位的负责人应当高度重视公文处理工作，模范遵守本办法并加强对本单位行政公文处理工作的领导和检查。

第4条　负责人

行政部是行政公文处理的管理机构，主管公司行政的公文处理工作并指导各单位的行政公文处理工作。

第2章　公文种类

第5条　行政公文的种类

1. 决定：适用于对重要事项或者重大行动做出安排，奖惩有关单位及人员，以及变更或者撤销公司内各单位不适当的决定事项。

2. 公告：适用于向公司内外宣布重要事项或者法定事项。

3. 通告：适用于公布公司各有关方面应当遵守或者周知的事项。

4. 通知：适用于批转、转发公文，传达要求有关单位办理和需要有关单位周知或者执行的事项，以及任免人员。

5. 通报：适用于表彰先进、批评错误、传达重要精神或者情况。

（续表）

6. 议案：适用于公司及下属单位按照法律程序向同级单位提请审议事项。

7. 报告：适用于向上级单位汇报工作、反映情况，以及答复上级单位的询问。

8. 请示：适用于向上级单位请求指示、批准。

9. 批复：适用于答复下级单位的请示事项。

10. 意见：适用于对重要问题提出见解和处理办法。

11. 函：适用于不相隶属单位之间商洽工作，询问和答复问题，以及请求批准和答复审批事项。

12. 会议纪要：适用于记载、传达会议情况和议定事项。

第 3 章　公文格式

第 6 条　公文组成

1. 公文一般由秘密等级和保密期限、紧急程度、发文单位标识、发文字号、签发人、标题、主送单位、正文、附件说明、成文日期、印章、附注、附件、主题词、抄送机关、印发机关和印发日期等部分组成。

2. 涉及国家秘密的公文应当标明密级和保密期限，其中，“绝密”“机密”级公文还应当标明份数序号。

3. 紧急公文应当根据紧急程度分别标明“特急”“急件”。

4. 发文单位标识应当使用发文单位全称或者规范化简称；联合行文，主办单位排列在前。

5. 发文字号应当包括单位代字、年份和序号。联合行文，只标明主办单位发文字号。

6. 上行文应当注明签发人、会签人姓名。其中，“请示”应当在附注处注明联系人的姓名和电话。

7. 公文标题应当准确、简要地概括公文的主要内容并标明公文种类，一般应当标明发文单位。公文标题中除法规、规章名称加书名号外，一般不用标点符号。

8. 主送单位指公文的主要受理机关，应当使用全称或者规范化简称、统称。

9. 公文如有附件，应当注明附件顺序和名称。

10. 公文除“会议纪要”外，应当加盖印章。联合上报的公文，由主办单位加盖印章；联合下发的公文，发文单位都应当加盖印章。

11. 成文日期以负责人签发的日期为准，联合行文以最后签发单位负责人签发日期为准。

12. 公文如有附注（需要说明的其他事项），应当加括号标注。

13. 公文应当标注主题词。上行文按照上级单位的要求标注主题词。

14. 抄送单位指除主送单位外需要执行或知晓公文的其他单位，应当使用全称或者规范化简称、统称。

（续表）

15. 文字从左至右横写、横排。

第 7 条　标识规则

公文中各组成部分的标识规则，参照《国家行政机关公文格式》国家标准执行。

第 8 条　公文用纸

公文用纸一般采用国际标准 A4 型（210mm×297mm），左侧装订。张贴的公文用纸大小，根据实际需要确定。

第 4 章　行文规则

第 9 条　行文要求

1. 行文应当确有必要，注重效用。

2. 行文关系根据隶属关系和职权范围确定，一般不得越级请示和报告。

3. 公司各职能部门依据部门职权可以相互行文和向各相关业务部门行文。各单位不得对外正式行文。

4. 同级单位可以联合行文；行政单位与同级党委可以联合行文。

5. 属于部门职权范围内的事务，应当由部门自行行文或联合行文。联合行文应当明确主办部门。须经公司行政审批的事项，经公司行政同意也可以由部门行文，文中应当注明经公司行政同意。

6. 属于主管职能部门职权范围内的具体问题，应当直接报送主管职能部门处理。

7. 职能部门之间对有关问题未经协商一致，不得各自向下行文。如擅自行文，公司行政应当责令纠正或撤销。

8. 各单位的重要行文，应当同时报送上级单位行政。

9. “请示”应当一文一事；一般只写一个主送单位，需要同时送其他单位的，应当用抄送形式，但不得抄送其下级单位。

10. “报告”不得夹带请示事项。

11. 除上级单位负责人直接交办的事项外，不得以单位名义向上级单位负责人报送“请示”“意见”和“报告”。

12. 受双重领导的单位向上级单位行文，应当写明主送单位和抄送单位。上级单位向受双重领导的下级单位行文，必要时应当抄送其另一上级单位。

第 5 章　发文办理

第 10 条　发文办理的过程

发文办理指以本单位名义制发公文的过程，包括草拟、审核、签发、复核、缮印、用印、登记和分发等过程。

第 11 条　草拟公文应当做到

1. 符合国家法律、法规及其他有关规定。如提出新的政策、规定等，要切实可行并加以说明。

（续表）

2. 情况确实，观点明确，表述准确，结构严谨，条理清楚，直述不曲，字词规范，标点正确，篇幅力求简短。

3. 公文的文种应当根据行文的目的、发文单位的职权和与主送单位的行文关系确定。

4. 拟制紧急公文，应当体现紧急的原因，并根据实际需要确定紧急程度。

5. 人名、地名、数字、引文准确。引用公文应当先引标题，后引发文字号。引用外文应当注明中文含义。日期应当写明具体的年、月、日。

6. 结构层次序数，第一层为“一”，第二层为“（一）”，第三层为“1.”，第四层为“（1）”。

7. 应当使用国家法定计量单位。

8. 文内使用非规范化简称，应当先用全称并注明简称。使用国际组织外文名称或其缩写形式，应当在第一次出现时注明准确的中文译名。

9. 公文中的数字，除成文日期、部分结构层次序数和在词、词组、惯用语、缩略语、具有修辞色彩语句中作为词素的数字必须使用汉字外，应当使用阿拉伯数字。

第 12 条　拟制公文

拟制公文，对涉及其他单位职权范围内的事项，主办单位应当主动与有关单位协商，取得一致意见后方可行文；如有分歧，主办单位的主要负责人应当出面协调，仍不能取得一致时，主办单位可以列明各方理据，提出建设性意见，并与有关单位会签后报请公司办协调或公司行政裁定。

第 13 条　审核

公文送负责人签发前，应当由办公室（综合科）进行审核。审核的重点是：是否确需行文，行文方式是否妥当，是否符合行文规则和拟制公文的有关要求，以及公文格式是否符合本办法的规定等。

第 14 条　签发要求

以本单位名义制发的上行文，由主要负责人或者主持工作的负责人签发；以本单位名义制发的下行文或平行文，由主要负责人或者由主要负责人授权的其他负责人签发。

第 15 条　复核

公文正式印制前，文秘部门应当进行复核，重点是审批、签发手续是否完备，附件材料是否齐全，格式是否统一、规范等。

第 16 条　复审

经复核需要对文稿进行实质性修改的，应按程序复审。

第 6 章　收文办理

第 17 条　收文办理定义

收文办理指对收到公文的办理过程，包括签收、登记、审核、拟办、批办、承办和

（续表）

催办等程序。

第 18 条　公文审核

收到公司内各单位上报公司行政的公文，行政部应当进行审核。审核的重点是：是否应由公司行政办理，是否符合行文规则，内容是否符合国家法律、法规及其他有关规定，涉及其他部门或地区职权的事项是否已协商、会签，以及文种使用、公文格式是否规范。

第 19 条　审核后的处理

经审核，对符合本规范的公文，公司行政部应当及时提出拟办意见送公司行政领导批示或者交有关部门办理，需要两个以上部门办理的应当明确主办部门。紧急公文，应当明确办理时限。对不符合本规范的公文，经主任批准后，可以退回呈报单位并说明理由。

第 20 条　收到公文及时处理

承办部门收到交办的公文后应当及时办理，不得延误、推诿。紧急公文应当按时限要求办理，确有困难的，应当及时予以说明。对不属于本单位职权范围或者不宜由本单位办理的，应当及时退回公司行政部并说明理由。

第 21 条　处理流程

收到上级单位下发或交办的公文，由行政部提出拟办意见，送公司行政领导批示后办理。

第 22 条　涉及其他部门的处理方法

公文办理中遇有涉及其他部门职权的事项，主办部门应当主动与有关部门协商；如有分歧，主办部门主要负责人要出面协调，如仍不能取得一致，可以报请公司行政部协调或公司行政裁定。

第 23 条　审批

审批公文时，对有具体请示事项的，主批人应当明确签署意见、姓名和审批日期，其他审批人圈阅视为同意。没有请示事项的，圈阅表示已阅知。

第 24 条　不同类型公文的处理时间

送公司行政领导批示或者交有关部门办理的公文，行政部要负责催办，做到紧急公文跟踪催办，重要公文重点催办，一般公文定期催办。

第 7 章　公文归档

第 25 条　公文整理归档

公文办理完毕后，应当根据《中华人民共和国档案法》和其他有关规定，及时整理（立卷）、归档。个人不得保存应当归档的公文。

第 26 条　归档范围

归档范围内的公文根据其相互联系、特征和保存价值等整理（立卷），要保证归档

（续表）

公文齐全、完整，能正确反映本机关的主要工作情况，便于保管和利用。 第 27 条　联合办理的公文归档 联合办理的公文，原件由主办单位整理（立卷）、归档，其他单位保存复印件或其他形式的公文副本。 第 28 条　兼任其他单位职务的归档 本单位负责人兼任其他单位职务，在履行所兼职务职责过程中形成的公文，由其兼职单位整理（立卷）、归档。 第 29 条　保管期限 归档范围内的公文应当确定保管期限，按照有关规定定期向档案部门移交。 第 30 条　存档要求 拟制、修改和签批公文，书写及所用纸张和字迹材料必须符合存档要求。 **第 8 章　公文管理** 第 31 条　管理人员 公文由专职人员统一收发、审核、用印、归档和销毁。 第 32 条　建立健全相关制度 各单位办公室（综合科）应当建立健全本单位公文处理的有关制度。 第 33 条　翻印 上级单位来文，除绝密级和注明不准翻印的以外，公司内各单位经主任批准，可以翻印。翻印时，应当注明翻印的单位、日期、份数和印发范围。 第 34 条　复印件 公文复印件作为正式公文使用时，应当加盖复印单位证明章。 第 35 条　撤销与废止 公文被撤销，视作自始不产生效力；公文被废止，视作自废止之日起不产生效力。 第 36 条　销毁 1. 不具备归档和存查价值的公文，经过鉴别并经主任批准，可以销毁。 2. 销毁秘密公文应当指定场所由二人以上监销，保证不丢失、不漏销。其中，销毁绝密公文（含密码电报）应当进行登记。 第 37 条　其他 1. 单位合并时，全部公文应当随之合并管理。单位撤销时，需要归档的公文经整理（立卷）后按有关规定移交档案部门。 2. 工作人员调离岗位时，应当将本人暂存、借用的公文按照有关规定移交、清退。

（续表）

第 9 章　附则					
第 38 条　本制度自发布之日起开始执行。 第 39 条　本制度的编写、修改及解释权归人力资源部所有。					
执行部门		监督部门		编修部门	
编制日期		审核日期		批准日期	

6.2.2　行政公文语言运用

行政公文的语言，受制于公文的性质、内容、功能，有明晰、准确、简朴、庄重的鲜明特点。撰写公文时，应按公文语言的要求选词造句，组段成篇，使公文语言更好地为表达内容服务。

1. 明晰

明晰，就是意思明白、清楚，不晦涩，无歧义。公文要在办理公务中发挥有效的作用，从语言方面看，首先是要让人看得懂，能清楚地理解你的意思。如果晦涩难懂、语有歧义，必然会影响公务的有效办理。因此，想要使行政公文语言明晰，要做到以下两点：

（1）选用含义确定、自己明白的词语。选择词语，首先要选含义确定、自己明白的词语。如果自己都不懂或似懂非懂，表达出来的意思至少也会含混不清、晦涩难懂。例如：要统筹安排生产和生活用水，把城市所有用水户逐步纳入计划，按季分月下达用水指标，严格执行，认真考核。（1982 年第 18 号《国务院公报·二十五个城市用水会议纪要（摘要）》）例中的“考核”应改为“查核”。因为，对人可以“考核”，对“用水指标”是不能“考核”的。

（2）要选通俗易懂的词语。不要用过时、冷僻的词语，更不能生造词语。比如，计量单位，我国曾实行市制，现在实行公制，其名称也应相应改变。在公文中现在就不应该再用诸如尺、平方尺、斤，而应该用米、平方米、公斤。重量单位公斤又称为千克，因此两者都可以用。生造词语，是指由撰稿者自己造出来的，别人可能不理解它的意义和功能的词语。

2. 准确

准确，就是能恰如其分地说明情况、阐述做法和表达思想。这里有用词、造句、构段等问题，但最基本的是词语的锤炼问题。锤炼词语的目的，就是要选用最恰当、最能说明特定事物的词语入文。锤炼词语，在公文的撰写中要注意以下几点：

要认真分辨词类。词，按照其在造句时所起作用的不同，可以分成实词和虚词两大类。实词能充当句子成分，包括名词、动词、形容词、数词、量词和代词。虚词不能单独充当句子成分，包括副词、连词、介词、助词、语气词和叹词。各类词因其性质不同，其语法特点也不同。在公文撰写中要做到用词准确，就要分清词性，了解其语法特征，否则，选用时就容易产生错误。

要精心辨析词义。汉语的词汇非常丰富，这是我们民族语言发达的一个重要标志。在公文的语言表达上要做到准确，精心辨析和选用同义词，就显得十分重要。例如，公文中在讲到收获时常常用到成绩、成果、成效和成就，这几个词就是同义词。它们的基本意义一样，但分量和重点有所不同。“成绩”一般用于工作或学习中取得的具体收获，如“他在期末考试中取得了优良成绩”。“成果”则用在事业中取得了较大些的收获，如“我们的劳动取得了丰硕的成果”。“成效”则重于功效、效果，如“他们研制的新农药，杀灭稻田害虫很有成效”。“成就”是指事业上取得了很大的成绩，如“我国的开放改革事业取得世界瞩目的成就”。

3. 简朴

简朴，就是要简明扼要、实事实说、直陈直叙，不冗长繁杂，不浮华藻饰。要使公文语言达到“简朴”的要求，应该注意以下几点：

（1）实事求是，实话实说。不说假话，不说空话，不说套话。

（2）叙事说理，开门见山。主旨确定之后，就要话不离题。议论这个问题，你就对这个问题发表赞成或反对意见。

（3）遣词造句，惜字如金。一个词能概括就不用两个词，三句话能交代清楚的就不用四句话。要反复修改，正如鲁迅先生所说：“竭力将可有可无的字，句，段删去，毫不可惜。”

4. 庄重

庄重，就是端庄、郑重，这是发文单位办理公务的严正立场、严肃态度的体现，也是公文强烈的权威性和行政约束力的要求。公文在语言的运用上要达到庄重，起码要做到两点：

（1）要用规范的书面语言。公文的用词造句，要符合现代汉语的规范要求。一般不要使用口语、方言和土语。如：“改革开放后，农民的钱包一年比一年胀，日子越过越好，就像吃甘蔗由尾吃到头越吃越甜。”这是口语，要把这样的意思写入公文，得改为：“改革开放后，农民的收入年年增加，生活越过越幸福。”这是书面语言。口头语言和书面语言的意思虽然没有什么差别，但后者要比前者来得端庄、郑重。

（2）恰当地使用专用语。在长期的公务实践中，由于行文关系和处理程序的需要，公文逐渐形成了一套常用的专用语，即公文特定用语。

现代的公文特定用语，已基本规范化、定型化，具有含义的确定性，它在准确、严谨地表述公文内容及格式的同时，还能自然地增强简明、庄重的语体风格。公文常用特定用语如下表所示。

表格名称	公文常用特定用语简表	
用语名称	作　用	常用特定用语
开端用语	主要用于文章开头，表示发语、引据	为、为了、为着、查、接、顷接、根据、据、遵照、依照、按照、按、鉴于、关于、兹、兹定于、今、随着、由于。
称谓用语	用于表示人称或对单位的称谓	第一人称：我、我单位、本人、本公司、我们、敝单位。 第二人称：你、你局、贵公司、贵方。 第三人称：他、该公司、该项目。

（续表）

用语名称	作　用	常用特定用语
递送用语	用于表示文、物递送方向	上行：报、呈。 平行：送。 下行：发、颁发、颁布、发布、印发、下达。
引叙用语	用于复文引据	悉、接、顷接、据、收悉。
拟办用语	用于审批拟办	拟办：责成、交办、试办、办理、执行。
经办用语	用于表明进程	经、业经、已经、兹经。
过渡用语	用于承上启下	鉴于、为此、对此、为使、对于、关于、如下。
期请用语	用于表示期望请求	上行：请、恳请、拟请、特请、报请。 平行：请、拟请、特请、务请、如蒙、即请、切盼。 下行：希、望、尚望、切望、请、希予、勿误。
结尾用语	用于结尾表示收束	上行：当否，请批示；可否，请指示；如无不当，请批转；如无不妥，请批准；特此报告；以上报告，请批转；以上报告，请审核。 平行：此致敬礼；为盼；为荷；特此函达；特此证明；尚望函复。 下行：为要；为宜；为妥；希遵照执行；特此通知；此复；为……而努力；……现予公布。
谦敬用语	用于表示谦敬	惠允、不胜感激、鼎力相助、蒙、承蒙。
批转用语	用于上级对下级来文的批转处理	批转、转发。
征询用语	用于征请、询问对有关事项的意见、态度	当否、妥否、可否、是否妥当、是否同意、如无不当、如无不妥、如果可行等。

上表所列的常用特定用语，或在结构上引起开端，导向过渡，收束煞尾；或在语意上表示郑重、强调；或在意向上提出请示，表示盼望。要恰当运用，就不但要认识、熟悉它们，还要能够根据行文的实际灵活处理。

总而言之，公文语言明晰、准确、简朴、庄重的特点，不是孤立存在的，而是互相联系，统一存在于一份公文的整体之中。因而撰写公文的时候，遣词造句要从体现这些特点出发，切勿顾此失彼，让每个字都用得恰当，这样就可以使所撰公文的语体特点更鲜明，更能发挥公文在办理公务中的作用。

6.3　办公事务类文书写作要点与范本

6.3.1　计划的写作要点与范本

1. 计划的写作要点汇总表

<table>
<tr><td>表格名称</td><td colspan="3">计划的写作要点汇总表</td></tr>
<tr><td colspan="4">计划的概念与分类</td></tr>
<tr><td colspan="4">计划是党政机关、企事业单位、社会团体对今后一段时间的工作、活动做出预想和安排的一种事务性文书。
计划根据内容分，有生产计划、工作计划、教学计划、财务计划、学习计划、科研计划等；根据时间的长短来分，有年度计划、季度计划、月工作计划和周工作计划等……</td></tr>
<tr><td colspan="4">计划的写作格式</td></tr>
<tr><td>标题</td><td colspan="3">由单位名称、适用时期、内容和文种构成。</td></tr>
<tr><td rowspan="2">正文</td><td rowspan="2">由前言和计划事项构成</td><td>计划前言</td><td>要简明扼要说明制订计划的目的或依据，提出工作的总任务或总目标。前言常用“为此，今年（或某一时期）要抓好以下几项工作”作结，并领起下述的计划事项。</td></tr>
<tr><td>计划事项</td><td>是总的计划下面的各个分计划项目。这部分一般要分项来写，有时大的项目下有小的项目，大的项目是一个大的方面要做的工作，小的项目是在大的方面要做的每一项工作。</td></tr>
</table>

2. 计划的写作范本

2015 年企业工作计划

2015 年里凭借前几年蓄势已步入了快车道，为了效益稳步增长，以崭新姿态展现在客户面前，更具朝气和活力，车间管理必将更为科学化、人性化，这不仅是市场竞争的外在要求，更是自身发展的内在要求。如何提升管理与公司同步发展？本公司总体经营管理厂部特制订 2015 年工作计划如下：

（续表）

1. 本年度工作情况与公司发展状况

（1）公司组织架构和区分每个职能权责。组织架构科学适用，3年内不再做大的调整，公司运营在既有组织架构中运行。

（2）公司各职位工作分析为人才招募、评定薪资与绩效考核提供科学依据。

（3）日常人力资源招聘与配置。

（4）推行薪酬管理员工制度，建立薪资结构更科学、公平的薪酬制度。

（5）考虑员工福利、员工激励工作、内部升迁制度、员工职业生涯规划，培养雇员主人翁精神和献身精神企业。

（6）在现有绩效考核制度基础上参考先进企业绩效考评办法、绩效评价体系与运行，并与薪资挂钩，从而保证绩效考核的权威性。

（7）员工岗位知识、技能和素质培训加大内部人才开发。

（8）内部纵向、横向沟通机制调动公司所有员工主观能动性，融洽企业内部关系，集思广益为企业发展服务。

（9）控制人员流动率、劳资关系和纠纷预见。既保障员工合法权益又维护公司形象和利益。

2. 人员配置

（1）前台：前台配置3名工作人员，分管不同区域。

（2）车间管理人员：车间行政主管1人、技术主管1人、所需机电维修组长约3名。

3. 强化人员素质培训

春节前对各区域所需人员进行招聘和培训，使2015年新管理制度实施过程中人员素质有保障，选择和慎重录用基层管理人员，切勿滥竽充数。

4. 加大人员考核

在人员配置、资源和业绩考核等方面做出实施细则规定，从制度上对此项工作各区域的实际情况和存在的问题进行有针对性的分析，以督促其在短期内按规定建立和健全管理的工作。

5. 市场调研

公司在各区域的进展情况，将以专人（兼职）对各区域发展现状和潜在发展趋势进行市场调研获取第一手资料，为公司在各区域开拓新市场做好参谋。

6. 品牌推广

（1）打响“振兴”品牌，振兴市场占有率。2015年公司车间乘改建东风，考虑以宣传拓展品牌更大市场空间，从而奠定坚实市场基础。

（2）内部管理及宣传工作。在各个现场制作宣传条幅或安装广告牌，现场展示企业实力，制作企业新业绩和宣传资料。

（续表）

（3）和外界接触人员的专业知识培训和素质教育工作。企业员工形象和企业文化内涵能够给每一位与我厂的人员接触的人都留下美好的印象，从而对我公司品牌有更清晰和深层次的认识。 7. 客户接待 客人接待工作仍是工作接洽的必要前提和基础，公司规定要求保质保量地接待客人。表面上看接待工作很简单，但实质上客户接待是一门十分深奥的学问，要让该项工作做得好，就要在方法上、细节上下一番功夫，更多地了解客人的生活阅历、为人禀性、处事、办事风格、企业价值取向、管理理念、产品特色和行业地位等，仔细分析和琢磨推敲日程安排，让每一位客人在最短时间内对振兴的产品生出最大限度的认同感，对管理模式和企业文化产生足够兴趣，把长期地、不懈地对待每一批客人和使每一位客人对接待工作满意作为每一个接待工作人员的准则，从而以此来跟进企业经济效益。为此，2015 年要着重抓好以下几项工作： （1）督促全体人员以热诚为原则，有礼有节地使客人接待工作一年好于一年。 （2）在确保客户接待效果的前提下，尽量节省接待费用，以降低公司整体经营成本，提高公司利润水平。 （3）继续做好客户接待档案管理工作。 （4）调整部门人员岗位，招聘高素质人员充实接待力量，根据公司的发展需要，做好接待人员招聘工作。 8. 内部管理 （1）严格执行 5S 管理模式，实施“一切按文件管理，一切按程序操作，一切用数据说话，一次就把工作完成”的战略，逐步组建执行型的团队。 （2）按公司规定的各项要求，加强工作管理。 （3）提高各岗位人员工作的积极性和主观能动性，强调其工作中的过程控制和最终效果，提高工作责任心和工作质量。严格按照相应的岗位职责实行考核制。 （4）一切从公司大局出发。强调（产品）营销体系一盘棋，营销系统各部门之间要互相配合，提高营销系统整体战斗力，为 2015 年营销工作提供最优质服务。 （5）配合日常行政管理，主动做好后勤保障工作和日常服务性工作，为大家创造更加良好的企业文化和工作环境。

6.3.2 总结的写作要点与范本

1. 总结的写作要点汇总表

表格名称	总结的写作要点汇总表	
总结的概念		
总结是单位或个人对过去一个时期内的实践活动做出系统的回顾归纳、分析评价，从中得出规律性认识用以指导今后工作的事务性文书。		
总结的写作格式		
标题	文件式标题	一般为“单位名称 + 时限 + 内容 + 文种名称”。例：《××局20××年度拥军拥属工作总结》。
	文章式标题	以单行标题概括主要内容或基本观点，不出现总结字样，但对总结内容有提示作用。例某高校的专题总结《我们是如何实行教学与科研相结合的》。
	双行式标题	即分别以文章式标题和文件式标题为正副标题，正标题揭示观点或概括内容，副标题点明单位、时限、性质和总结种类。例：《知名教授上讲台 教书育人放异彩——××大学德育工作总结》。
正文	前言	一般介绍工作背景、基本概况等，也可交待总结主旨并做出基本评价。开头力求简洁，开宗明义。
	主体	应包括主要工作内容、成绩及评价、经验和体会、问题或教训等。这些内容是总结的核心部分，可按纵式或横式结构形式撰写。所谓纵式结构，即按主体内容纵向所做的工作、方法、成绩、经验和教训等逐层展开。所谓横式结构即按材料的逻辑关系将其分成若干部分，标序加题，逐一写来。
	结尾	作为结的结束语可以以归纳呼应主题、指出努力方向、提出改进意见或表示决心信心等语作结，要求简短精练。
落款	一般在正文右下方署名署时。如是报刊杂志或简报刊用的交流经验的专题总结，应在标题下方居中署名。	

2. 总结的写作范本

办公室工作总结

近年来，我们总公司办公室认真贯彻落实县委、县政府的各项安排部署，大力践行“三个代表”重要思想，本着“服务到位、协调到位、把关到位、参谋到位”的工作原则，充分发挥办公室的职能作用，较好地完成了各项工作任务。在具体工作中，我们主要有三个方面的做法和体会。

1. 围绕中心工作，搞好全方位服务

搞好服务是办公室工作的“主旋律”。面对经济发展的新形势和新任务，我们找准工作的着力点，努力为公司党委提供优质高效的服务。

（1）围绕各项会议精神的安排部署，积极做好传达贯彻工作。结合县委、县政府有关会议精神和总公司经济工作会议的安排部署，我们联系企业实际，列出工作重点，及时深入到企业进行会议精神的宣贯、检查和落实。在宣贯上，我们注重将会议精神的理论性与企业工作的实际性相结合、相统一，不断增强会议精神宣贯的针对性和有效性，进而把企业广大干部职工的思想和行动统一到了“跨越式发展的目标实现”和“构建中等旅游城市的总体规划”上来；在检查上，我们坚持实事求是的原则，做到件件有着落，事事有回音，保证了工作的有效进行；在落实上，我们着重在服务、帮助上下功夫，进行广泛深入的调研，摸实情，查症结，指出企业存在的问题，明确发展方向，当好向导，确保企业各项工作落到实处。

（2）围绕党委工作的重心，做好对领导的服务。我们充分发挥办公室参与政务、管理事务、综合服务的职责，认真当好领导的参谋和助手，确保优质高效的服务。我们想领导之所想，针对企业改革发展过程中的“急、难、险、重”问题，做到有准备、有分析、有建议、有安排；我们做领导之所需，经常深入一线，加强对改制企业职工关心的热点、难点问题的调查研究，做到底数清、情况明，切实为领导决策提供“第一手”材料。尤其是在保先教育活动过程中，我们针对“保先教育”时间紧、任务重、材料多的实际情况，从服务于党委的大局出发，以高度的政治责任感、务实的工作作风和强烈的时效精神，保持办公室工作高效运转。在“保先教育”材料的整理与打印上，我们几乎没有“八小时五天制”的概念，八小时以外仍在工作，双休日照样加班，从而使得“保先教育”圆满结束。

（3）围绕企业重点难点问题，做好对基层的服务。我们积极做好企业体制改革工作，针对生产经营困难、资金缺乏、面临停产的企业，在盘活闲置资产、安排就业、保持稳定上进行了有益的探索。我们在借鉴外地成功改革经验的基础上，按照“公司制改造一批、退出转换一批、调整规范一批、破产出让一批”的工作思路，加快企业改革步伐。由于我们考虑全面、准备充分、措施得力，顺利完成了门窗总厂、氧气厂、乙炔气厂、农机厂产权多元化改制，以及棉纺织厂、大修厂、冶炼公司的破产工作，促进企业资产的合理流动和生产要素的优化配置，实现了体制改革的新突破。我们积极帮助企业

（续表）

协调解决建房问题，针对棉纺织厂、农机厂、挂车厂职工住房日益紧张的情况，协助企业写申请、打报告，找政府、跑土地局，办理有关手续，协调各方关系，争取优惠政策，为加快建房进程起到了很好的促进作用。此外，我们认真做好来客接待工作，做到笑脸相迎，热情相送。特别是上访问题，我们耐心解释，理顺情绪，尽可能地化解矛盾，决不将问题直接上交给领导。

2. 做好日常工作，树立良好形象，开创办公室工作新局面

办公室是公司党委日常工作运转的关键环节，是承上启下、联系左右、协调内外的枢纽。办公室的一文一会、一言一行、一举一动，都影响着全系统的工作，影响着党委在职工心中的形象。为此，我们从做好日常工作做起，做到思想统一、目标同向、相互协作、乐于奉献，形成精诚团结、干好本职工作的强大合力。具体表现为：

（1）办文、办会标准高，质量好。我们始终以良好的精神状态和严谨的工作作风投入到日常工作中，在通知、请示、报告的编写上，坚持反复研究，认真推敲，不放过一丝一毫的疑点，不留下一字一点的差错，保证了文件的质量；在日常信息的报送上，坚持重要情况及时、准确、全面报送，做到喜忧兼报，每年上报各类信息 40 多条，为上级领导决策提供了有效服务；在会议、活动的组织上，我们从前期准备，到现场服务，直至会后落实，每一件事情、每一个环节都考虑周到，安排妥当，确保了会议、活动的高质量进行。

（2）文件收发、档案管理井然有序。办公室工作无小事，我们以高度负责的精神，做好文件的收发和档案的管理工作。在文件收发上，我们坚持正确传递、快速流转、准确无误的工作原则，做到文件不积压、不丢失、不泄密，从而使得文件收发工作始终保持着畅通、高效的运行状态。在档案管理上，我们建立健全了各项规章制度，配齐了档案设施，整理汇编了全部文件，做到会议、活动一结束，相关材料就加以汇总、立卷归档，保证查有出处、拿有记录。同时，我们组织全系统档案工作人员进行了《档案法》《××档案管理条例》的学习，进一步增强了档案人员的业务能力；帮助××公司、××气体公司等企业完成了档案联查工作，受到了有关领导的好评；充分发挥档案资源优势，为企业项目建设、房屋改造、土地普查和换证等工作提供了档案材料。目前，我们的档案工作目标管理已晋升为市二级。

（3）后勤保障工作全面落实。值班工作进一步加强，严格落实领导带班和科室干部值班制度，保证每天 24 小时电话接得通、车子开得出、人员调得动；门前“三包”制度得以全面落实，坚持周五卫生劳动日，保证了卫生区的整洁环境；全面落实廉政建设，坚持从俭、节省的原则，机关来客一律实行内部招待；严格车辆管理，确保安全运行，近年来无一重大车辆交通事故发生；物业管理工作不断加强，按时收取水、电、暖的费用，没有出现少收和多收的现象，对职工住宅水、电、气的故障及时给予维修，做到快捷服务。

（续表）

3. 改善机关容貌，创造良好工作环境 我们建立健全了机关卫生责任制度，公司领导带头遵守落实责任制度。比如，每天卫生责任区的打扫和厕所清洁制度，机关领导和全体干部职工一样排班落实，自觉参与，从而起到了较好的示范作用，保证了制度落实。我们组织进行了机关办公楼的整修和改造，先后投资近百万元，改造房屋20多间，粉刷了办公楼，各科室安装了空调、配备了电脑，极大地改善了机关办公条件。同时，我们积极搞好机关院内的绿化和美化，随季节变化对花草树木进行不同的管理和养护，做到春花、夏荫、秋果、冬青，营造了一个优雅的工作环境。 我们虽然取得了一定的成绩，但在工作中仍存在着差距和不足。有应付碎锁性事务多、下企业调查研究少的问题，有为领导提供有分量、有价值的内容不够全面的问题，有存在畏难情绪、工作推进力度不大的问题，等等。这些问题的存在，不同程度地影响着我们的工作。今后，我们将坚决加以纠正和改进，大力发扬求真务实、迎难而上、与时俱进、开拓创新的精神，积极做好办公室工作，以不断适应新形势，迎接新挑战，开创新局面。

6.3.3 报告的写作要点与范本

1. 报告的写作要点汇总表

表格名称	报告的写作要点汇总表	
报告的概念		
报告是机关或企事业单位向上级机关或单位汇报工作、反映情况、提出意见或者建议，以及答复上级机关询问的文件，是一种陈述性的上行公文。 报告可以用来向上级机关反映本部门、本单位贯彻各项方针、政策和指示的情况，也可以用来反映实际工作中遇到的问题。		
报告的写作格式		
首部	标题	包括标题和主送机关。标题有两种常见的形式："事由＋文种名称"；"发文机关＋事由＋文种名称"。
	发文机关	主送机关，顶格写上受文单位全称。

Chapter 6

（续表）

正文	开头	开头部分要开门见山地简要说明报告的原由、目的和意义，然后用“现将××情况报告如下：”过渡到主体部分。
	主要内容	中间部分是报告的核心部分。主要内容：一是工作情况及问题；二是进一步开展工作的意见。
	结束语	结尾部分，结束语，一般都有程式性用语，应另起段来写。工作报告和情况报告的结束语，常用“特此报告”；答复报告多用“专此报告”；递送报告则用“请审阅”“请收阅”等。
落款	署名	如果标题有发文单位，就不再署名，否则就要在右下方署上单位名称和主要负责人姓名。
	时间	于署名下写明年月日期，然后加盖单位公章或主要负责人章。

2. 报告的写作范本

人才市场调查报告

大学生如何才能跨好迈出校门的第一步？大学生如何成为一个成功的就职人？在如今的大学校园中，诸如此类的话题早已引起了大家众多的关注和热情。大学的学习生活，不仅是知识积累的过程，也是大学生社会化的第一站。因此，为了了解和熟悉人才市场的现状，有助于大学生毕业之后能更快、更成熟地融入社会之中，特此做出一份人才市场实践报告，以备将来的不时之需。

当今和未来的国际国内竞争，说到底是人才的竞争。当前，欠发达地区人才工作面临新的机遇和挑战。从国际上看，随着经济全球化的发展，人才全球化趋势进一步增强，发达国家凭借强大的经济和科技实力，以优厚的条件在全球范围内加紧吸引人才，包括我国在内的很多发展中国家已成为一些发达国家争夺人才的重要战场，而且现在有急剧蔓延到欠发达地区的倾向，这对我们无疑是一个新的挑战。从国内看，我国加入WTO后，人才问题引起各地普遍重视；从欠发达地区看，人才资源特别是高中级人才和专门人才的大量外流，以及现有人才的年龄老化、素质滑坡，已使传统的人才优势逐步丧失，而新的人才优势尚未培育起来，人才队伍建设和人才工作与全国平均水平相比，存在着较大的差距。作为欠发达地区，在激烈的人才争夺战中，如果不加大力度做好人才的培养、吸引和使用工作，那么，在当今和未来的竞争中，我们就将处处被动挨打，并对经济社会发展产生深远的影响。为此，一定要在人才问题上增强忧患意识和危机意识，充分认识人才工作形势的严峻性和紧迫性，增强做好人才工作的历史责任感和使命感，把人才工作提到战略高度上来研究和部署。

（续表）

长期看来，虽然中国人才资源配置市场化的进程已展开，并取得了举世瞩目的成果，但由于诸多因素的制约，我国人才的市场化程度还不够高，存在以下几个问题。

1. 户籍制度的制约

因为现行的户籍制度，很多毕业的大学生考虑到落实户口，很多人不愿意到私营企业里找适合自己的工作，尤其是在长沙、上海等大城市落户仍然受到严格限制，这些都严重地制约了人才的跨地域流动，成为影响人才要素市场的重要因素。

2. 人事档案制度改革的滞后

传统的人事档案管理制度与我国经济社会发展的不适应之处主要表现在：单一的国有单位人事档案管理模式不适应多种所有制经济组织并存的新形势；现行的“人档分离，收费管理”的流动人员档案管理办法不符合建立统一开放的人才市场的需求；而且传统人事档案的采集利用制度也不符合“国家尊重和保障人权”的要求。

3. 人事制度改革尚未完全到位

但是由于全民所有制事业单位专业技术人员与管理人员的辞退、辞职的暂行规定与公务员辞职、辞退的暂行规定的不完善之处，影响了国家机关与事业单位人员的出口，造成了想出去的人出不去，不胜任的人该走却走不了的局面，这些都导致了人才市场供需主体难以完全到位，人才市场运行机制不够健全，市场供求、价格、竞争机制对人才资源配置的调节作用不能充分发挥。

4. 人才市场管理体制没有完全理顺

就全国范围而言，很多地方还没有建立起人才流动与人才市场活动的执法检查制度，未对人才流动与人才市场活动实行日常即时性的监督管理，人才市场的就业歧视、职业安全和权益保护问题突出，影响了人才市场的健康发展。由相关内容得知，2010 年专业技术人才至少缺 1746 万。

报告统计分析表明，人才发展与经济发展有着高度的相关性。从年均增长速度方面考察，1978 年至 2003 年，人才总量的增长速度年均为 7. 34%，实际经济总量 GDP 的增长速度年均为 9. 38%，经济增长对人才总量增长的弹性系数为 1. 28，即人才总量每增长 1%，拉动经济增长 1. 28%。

假日期间，人才网站的招聘活动热火朝天。长假正好成为那些准备跳槽者的绝好机会，不仅可以事先在网上搜寻好“东家”，还能在网上学习应聘、面试的技巧，既省却了奔波之苦，又能获得许多免费学习的机会。八方人才等人才网站在假期中均安排了不同类型的网上招聘活动。

此次人才市场走势有三个特点：

1. 招聘单位和求职人数大幅增加

上周进场招聘单位是 948 个，进场求职人数达 45 868 人，仅 10 月 8 日和 9 日平均进场人数就在万人以上，招聘单位和进场人数分别比前周增长 64. 9% 和 40. 2%。

（续表）

2. 招聘岗位超过 1.8 万

上周到深圳人才大市场投放的招聘位岗位有 18 169 个，比前周增加 98.8%，是市场同期投放招聘岗位较多的一周。但招聘岗位需求有所侧重，各岗位需求增加的幅度也不一样。需求量比较大的岗位是计算机技术、电子、通信工程等岗位。

3. 高科技和经济类专业受青睐

在众多的招聘专业中最受欢迎的专业是电子专业，占岗位需求的 48%，比前一周增加 22%。其次是经济管理岗位，此岗位需求量也比较大，占岗位需求的 20%。

在人才市场，你也许会听到"找工作，我痛苦"的呻吟，但世事兴衰沉浮，喜忧参半。在当前受金融危机影响的经济形势下，我们青年更要用丰富的知识武装自己，把自己融入社会潮流，从而锻炼自己。

为了搞好人才队伍建设，我们采取了一系列有效措施开发人才资源。主要措施有：

1. 制定了积极的人才政策

徐州根据不同时期的发展要求，先后出台了 40 多项人才政策，尤其是"九五"以来，分别制定了《徐州市"九五"期间人才工程规划》《徐州市 1996—2010 年人才资源开发规划》和《关于进一步加强我市人才引进、培养和使用工作的若干意见》等指导性文件及一系列相关的配套政策，并建立了人才发展资金。各项人才政策的制定和实施，指导和保证了人才工作的有效开展。

2. 积极搞好人才的引进和培养

建市以来，人力资源部共引进各类高层欢和急需人才 5000 多名，引进国外智力 70 余项，通过各种形式培养高中等人才 4000 多名，并开展了委托培养硕士研究生和出国留学工作；近年开展的各类培训达 3 万人次。

3. 加强了人才市场建设

现初步形成了以市县（区）人力资源部为主，行业和社会中介机构为辅的人才市场体系。市场的服务功能和服务水平不断得到完善和提高，1997 年以来，到人才市场求职人数达 3.3 万人次；入场招聘单位 2400 家次，有 5000 多人通过人才市场实现了就业。

4. 通过深化人事制度改革

人才分类管理的格局基本形成并正在逐步完善。公开、平等、竞争、择优的选人用人机制已开始运行，并取得了初步成效。

来也匆匆，去也匆匆。整个人才市场中，大概有 1000 余人吧。应届的占 60% 以上，企业以中小型为主，行业以医药、保健类需求量较大，职位以销售为主。上午 9：00—11：30算是求职的高峰期，各个摊位面前都人员拥挤。11：00 以后求职者陆续离开了现场。作为一个观望者，询问了几家公司，多数对现场招聘不满意，反映人杂，层次低，应届毕业生较多。而问求职者呢，则说知名单位太少，公司的规模较小，高不成低不就。

（续表）

缘份就这样擦肩而过。 为什么会出现这样的现象呢？大量的求职者找不到工作，而每一个发展中的单位却在渴求人才。我想这应该和学校的教育有关，和社会整体发展有关，和我们这个城市安逸的文化氛围有关，而重要的是与个人对自我的认识有关。每个人都在高喊压力大，竞争激烈，可谁又为能够在这激烈的斗争中生存做好了足够的准备，而谁又为此付出了努力？我想能做到这些的，就不会再在这个社会上不停地流浪或是停滞不前了。 通过这次活动，我们积累了经验，获取了各方面比较全面真实的材料，对以后的研究和教学工作提供了素材，可见选人用人机制已开始运行，并取得了初步成效。 这次活动培养了我的工作能力，提高了自身素质，丰富了我的社会经验，充实了假期生活。很高兴能有这次社会实践，可以说我真真正正学到了社会经验，相信这次社会实践将在我的人生中留下深刻的印象，也将影响我一生的足迹。

6.3.4 述职报告的写作要点与范本

1. 述职报告的写作要点汇总表

表格名称	述职报告的写作要点汇总表	
述职报告的概念		
述职报告是领导干部向所属的干部和职工或向上级组织和领导陈述自己任职一定时期内的工作情况的自我评述性报告。述职报告的种类很多，从时间上分，有任期述职报告、年度述职报告和临时述职报告；从范围上分，有个人述职报告和集体述职报告；从内容上分，则有专题（单项）述职报告和综合述职报告。		
述职报告的写作格式		
标题	四种写法	只写“述职报告”4个字。
		“××年任××职务期间的工作汇报”的公文写法。
		“×××（姓名）×××（职务）××会议上的汇报（或报告）”的写法。
		新闻标题式的写法。

Chapter 6

（续表）

署名及日期	可以写在题下，也可以写在正文后。	
正文	包括三部分内容	第一部分是任职概况和述职评估，包括何时任职、工作变动情况、背景情况、岗位职责、目标及对个人尽职的总体估价、确定述职范围和基调。
		第二部分是尽职情况，这是述职报告的主体，主要写工作实绩、经验和问题。对于核心内容的写作，多数是按性质不同分成几个方面（可列小标题）来写，每个方面可先写实绩，后写认识和做法；也可先写认识和做法，后写实绩。但不管怎么写，都要实现个人的工作能力和管理水平，尤其是在处理敏感、棘手问题方面，以及突发事件或重大事件方面，更能表现出个人的素质、才能和领导水平。在具体业务工作中，党的方针、政策和上级的批示、部署的任务，是如何在自己分管的部门或单位得以贯彻实施的……
		第三部分是今后的设想和决心，要从实际出发，在科学分析的基础上，对今后的工作做出战略性规划，表明尽职的态度。

2. 述职报告的写作范本

总经理述职报告

尊敬的公司董事会：

2003 年 1 月份，由于工作需要，安排我担任百联东方广场的总经理。回首将近一年来的工作，我们在董事会的正确领导下，带领公司全体干部职工，团结拼搏，真抓实干，深化销售的各项内容，圆满完成了各项任务目标。下面我把具体情况向大会述职，请领导和同志们予以审议。

1. 认真履行职责，扎实开展工作

自 2003 年 1 月受命以来，我就以高度的责任心、务实的精神全身心投入到项目的筹建中。一来到长沙，就和班子其他成员一起马不停蹄地开始进行市场调研，构思项目的经营思路和方向。新项目的筹备可谓困难重重：项目规模体态大，工程建设复杂，地段较偏；长沙繁华，但是地处内地，采购中心鞭长莫及，导致项目招商难度较大；异地观念文化的差异及项目遗留的诸如动拆迁、商铺回租等棘手问题接踵而至。在这种情况下，我和团队其他成员一起，想方设法寻求解决的最佳途径，必胜的信念和共同的目标是我们强有力的支撑。为确保试营业如期进行，我和其他团队成员一样，放弃节假日休

（续表）

息，长期驻守长沙，不分昼夜奋战在一线，抓进度，保质量，身先士卒，带领骨干员工一道克服恶劣环境，团结一致，有序推动各项筹备工作的进程。在上级领导的大力支持下，全体同仁众志成城，百联东方广场终于在2006年9月16日震撼开幕，并以其档次最高、环境最好的形象获得了各大媒体、市民的高度肯定和评价，不仅填补了长沙真正意义上“高档”购物中心的空白，也在长沙市民心中形成了良好的口碑。 2. 统筹兼顾，有序推进项目进程 新项目的筹建千头万绪，在全面熟悉项目的情况下，我和团队其他成员经常协调沟通，抓重点、抓关键，有计划、有步骤地推进各项工作进程。 （1）完善经营规划。经营规划是否准确是项目成功与否的关键，对项目未来的发展方向起着决定性的作用。经营定位较高，前期的规划布局十分重要。我们在认真吸取外地开店成功经验的基础上，通过对当地市场深入的调研及对竞争对手和不同业态的分析比较，多方汲取行家的意见和建议，大胆提出把最初考虑的“纯百货”业态调整为“购物中心”的业态，同时对每一个楼层的业态组合、品牌组合、细节处理都提出了一个完整的规划。我和其他团队成员针对商场布局规划进行了反复讨论和论证，最终确定走中、高档路线，以知名品牌为基础，以功能设施为优势。将百联东方广场打造成湖南规模最大、档次最高、场地最新、服务最优、功能性配套最齐的现代都市时尚百货商场作为我们长远的发展方向。 （2）项目工程建设。本次工程具有一定的特殊性，在严重缺少资金、长期拖欠款项的情况下，要同时面对上海、长沙两地的设计单位、八家主要施工单位、两个监理单位，管理的难度与协调的内容远远超过常规的工程项目。为了保证项目的正常进行，我采用主动沟通、刚柔并济等多种手段，以大量的时间、精力为代价，经常在股份公司、施工单位、业主之间协调，保证工程款的到位，推进工程管理的正常开展，保证工程进度的到位。采取招标、比价等方式，通过业主和我公司双方的相互牵制，监控工程造价。同时我还经常深入工地，检查工程进度，控制工程质量。 （3）推进品牌招商。项目自招商以来，就先后在上海、长沙两地举办了品牌招商会。我一直都非常重视，精心准备，去年11月和今年1月分别在长沙华天大酒店和上海新锦江饭店召开的供应商招商会，由于前期准备充分，在会上我们全面展示了项目优势和前景，获得了各大品牌供应商的一致认可。除了积极配合采购总部的招商外，还在长沙独立自主开展招商工作，通过努力先后引进了如肯德基、尚食坊、元祖、振雄音像、梦洁等知名品牌。 （4）打造管理团队。在任何企业，人都是摆在第一位的。对于外派员工，我采取“观念整合、充分使用、严格管理”的方式合理安排工作岗位，以发挥各人所长。同时我也非常重视对当地精心挑选出来的主管进行培养，考虑到地区观念及文化的差异，特意安排主管到上海接受培训，以加快团队的融合，加强对企业的忠诚度，提高凝练力。

（续表）

共同的目标让这些骨干力量很快融合在一起，形成了一股坚不可摧的力量。

（5）创新营销理念。对一个新的市场、新的企业，对外宣传至关重要。我非常注重媒体的宣传推广，成功运用了媒体的“软炒作”，通过软文宣传的形式，结合新闻发布会在一定力度上对公司的经营定位、经营思路进行推广，媒体的宣传为公司建立了良好的口碑，在市民中形成了一定的影响力。

为配合整体的经营定位，营造一流舒适的购物环境，公司在店招、倒钩标识设计制作、绿化布置等店内装饰方面下了很多功夫，整体搭配力求简洁统一。

在一线品牌及大部分化妆品未到位的前提下，公司大胆举办了“东方之最”奢侈品展系列活动，通过展示不仅弥补了开业之初品牌缺位遗憾，丰实了商场布局，而且准确地向顾客传达了公司的经营定位，赢得了良好的品牌口碑。

（6）加强成本控制。在成本控制方面，我一直强调节约意识，并将这一项作为重要的考核要素。通过合理调整照明、选择节能产品等措施节能降耗，并加强检查，培养全员良好的节约习惯。物料采购和工程制作方面坚持比价原则，降低采购成本。通过内域网优势全面推行无纸化办公，并严格控制各项差旅费、业务费用的支出。

3. 加强招商、细化考核、深化管理

公司开业以后即面临严峻的竞争，和我司同期开业的香港新世界百货采用“轰炸式”广告投放吸引大量人气，与此同时，当地的竞争对手如平和堂、王府井、春天百货等都开展了一系列的促销活动，在名品、化妆品、功能缺位的情况下，经营十分艰难。但是我始终抱着必胜的信念，剖析项目前景，鼓舞员工斗志，同时制定了一系列的经营措施并实施。

（1）加快名品入驻，推进商品调整。为加快一线品牌的进场，公司主动配合品牌供应商开展各项工作，带供应商看场地、联系装修事宜、办理相关手续等等，在公司的主动配合下，一线品牌如Cerruti1881、Gieves&Hawkes、雅格狮丹、万宝龙、Momo等从8月底开始已经陆续开店迎客。

根据前期市场反应，针对商品丰满度不高、分布密度低的实际情况，在采购总部的配合下，公司对长沙、武汉两地展开了市场调查，通过对同行的考察和深入了解分析，提出商品调整方案并落实。通过和武汉中介公司接触，开始积极推进大型功能餐饮的合作事宜。

（2）加大营销力度，提高公司知名度。营销始终是公司工作的重心，为扩大公司影响，公司制定了营销战略，从武汉等商业城市引进专业营销人才，为迎接12月份正式开业，开始实施一系列营销举措。同时，我们还积极向省市推荐将公司列为重点对外观光介绍单位，以提高公司知名度及美誉度。

（3）制定激励机制，全面推进考核。为做到科学管理，全面调动全员的主观能动性，我和团队其他成员通过认真讨论，拟定ABCD考核办法，采用经济指标与管理指标

（续表）

相结合，按标准对各商场、各部室实行全面考核，考核结果与个人经济收入直接挂钩。 （4）建设企业文化，营造良好工作氛围。为提升团队凝聚力，形成良好的企业文化氛围，我们成立了党支部，目前正在加紧进行工会的筹建。在集团党委精神指导下，我们组织开展了“弘扬百联精神，成就百联事业”的主题实践活动，全体员工均积极参与，通过宣传栏、晨会等形式让员工加深了对企业的认识。 4. 存在的不足 新的市场环境和强烈的竞争，使本来体态大的项目更加困难重重，我深知任重道远，总结不足之处主要有三个：经营管理能力存在一定的差距，有待提高；还需加强政治学习和业务学习，认真借鉴各兄弟单位的优秀经验，拓宽思路以争创佳绩；在严格要求属下员工的同时，还要多关心员工生活，营造良好的工作氛围。 上级让我担任百联东方商厦有限公司总经理，这不是权力的象征，而是赋予我一种责任。因此，这次述职对我来说是一次非常难得的受教育过程。感谢领导对我的关心，我一定虚心接受批评。认真对照整改，加倍努力工作。虽然百联东方广场实际工作中还困难重重，但我将始终以一名党员干部的标准来严格要求自己，始终以高度的责任感，保持锐意进取、勇于创新、与时俱进的精神状态，挑战风险、迎难而上、勤奋敬业，为百联东方广场的未来奉献自己的力量。

6.4 行政公务类文书写作要点与范本

6.4.1 通知的写作要点与范本

1. 通知的写作要点汇总表

<table>
<tr><td>表格名称</td><td colspan="2">通知的写作要点汇总表</td></tr>
<tr><td colspan="3">通知的概念</td></tr>
<tr><td colspan="3">通知是上级对下级、组织对成员或平行单位之间部署工作、传达事情或召开会议等所使用的应用文，是我国党政军各级机关乃至企事业单位、群众团体经常使用的公文文种，是应用写作中常见的一种文体。</td></tr>
<tr><td colspan="3">通知的写作格式</td></tr>
<tr><td rowspan="3">标题</td><td rowspan="3">三种形式</td><td>“发文机关名称＋事由＋文种名称”。</td></tr>
<tr><td>“事由＋文种名称”。</td></tr>
<tr><td>用文种名称——“通知”做标题。</td></tr>
<tr><td rowspan="3">正文</td><td>开头</td><td>开头主要交代通知缘由、根据。</td></tr>
<tr><td>主体</td><td>主体说明通知事项。</td></tr>
<tr><td>结尾</td><td>结尾提出执行要求。在写正文之前，要在标题之下、正文之上顶格写出被通知对象的名称，在名称后加冒号，或将名称以“抄送”形式写于最后一页的最下方。</td></tr>
<tr><td>落款</td><td colspan="2">写出发文机关名称和发文时间。如已在标题中写了机关名称和时间，这里可以省略不写。</td></tr>
</table>

2. 通知的写作范本

会议通知

各分公司各厂：

为贯彻市政府安全工作会议精神，研究落实我公司安全生产事宜，总公司决定召开××××年度安全生产工作会议，现将有关事项通知如下：

1. 参加会议人员：各车队队长、修理厂厂长。
2. 会议时间：________月________日，会期1天。
3. 报到时间：________月________日至________月________日上午________时前。
4. 报到地点：____________________，联系人：____________________。
5. 各单位报送的经验材料，请打印________份，于________月________日前报公司技安科。

特此通知

____________________总公司

________年________月________日

6.4.2 通报的写作要点与范本

1. 通报的写作要点汇总表

<table>
<tr><td>表格名称</td><td colspan="3">通报的写作要点汇总表</td></tr>
<tr><td colspan="4">通报的概念</td></tr>
<tr><td colspan="4">通报是国家机关、社会团体、企事业单位表彰先进、批评错误、传达重要精神或情况所使用的一种下行公文。</td></tr>
<tr><td colspan="4">通报的写作格式</td></tr>
<tr><td rowspan="4">标题</td><td rowspan="4">四种类型</td><td colspan="2">“发文机关的名称 + 事由 + 文种名称”。</td></tr>
<tr><td colspan="2">“事由 + 文种名称”。</td></tr>
<tr><td colspan="2">“发文机关 + 文种名称”。</td></tr>
<tr><td colspan="2">用文种名称——“通报”做标题。</td></tr>
<tr><td>正文</td><td colspan="3">这是通报的主体部分。因通报种类不同，写法也就不同。</td></tr>
<tr><td>署名和日期</td><td colspan="3">写在正文后。</td></tr>
</table>

2. 通报的写作范本

关于对市×××化工厂实现安全生产年的表彰通报

市×××化工厂采取有力措施，切实贯彻《安全生产条例》，建立安全生产责任制，××××年实现全年生产无事故，成为我市第一个安全生产年优秀企业。为此，市政府决定对×××化工厂给予通报表扬，并奖给锦旗一面，奖金×××××元。

市政府号召全市各企业以×××化工厂为榜样，层层建立健全安全生产岗位责任制，扎扎实实抓好安全生产，争创安全生产年企业，把我市安全生产推上一个新台阶。

××市人民政府（印章）

××××年××月××日

6.4.3 通告的写作要点与范本

1. 通告的写作要点汇总表

表格名称	通告的写作要点汇总表	
通告的概念		
通告是党和国家机关、人民团体、企事业单位在一定范围内公布应当遵守或者周知的事项时使用的下行公文。		
通告的写作格式		
标题	四种构成形式	“发文机关名称+事由+文种名称”。
		“发文机关+文种名称”。
		“事由+文种名称”。
		用文种名称——“通告”做标题。

（续表）

正文	开头	开头主要交代通告的缘由、根据和目的。
	主体	主体要求明确写出通告的内容、通告事项的要求和实施措施。
	结束语	结束语一般单独设段，用“特此通告”“此布”等习惯用语作结。
落款	通告的落款应写明发文机关名称和发文时间。在标题中有发文机关名称的，落款处可以省略，只写年、月、日，或将发文时间年、月、日写在标题下方、正文上方。	

2. 通告的写作范本

文明停车的通告

为引导广大业主文明规范停车，创造良好停车秩序，给您及他人提供停车便利，______物业服务中心特提示广大车友朋友们规范、安全停车应注意以下事项：

1. 请不要冲闯出入口岗，不要占用他人固定地下停车位，临停车辆请您将车辆停靠在临时停车位上。

2. 不在非停车位区域停车，不在各组团出入口、公共通道和消防通道上停车。

3. 骑线、压线停车等于一车占两位，致使他人车辆无法停靠，属侵犯他人利益的行为，请您将车辆按照车位停放整齐。

4. 如您发现有车阻碍通行或其他乱停车现象，请您及时与服务中心取得联系，我们将尽快联系该业主移车。

5. 车辆停靠完毕请及时关好门窗，车卡分离，以防物品丢失。

让我们携起手来，从我做起、从现在做起，倡导文明停车、规范停车，拒绝违停，共同创建和谐的社区。

____________物业服务有限公司

____________物业服务中心

________年______月______日

6.4.4 公告的写作要点与范本

1. 公告的写作要点汇总表

<table>
<tr><td>表格名称</td><td colspan="2">公告的写作要点汇总表</td></tr>
<tr><td colspan="3">公告的概念</td></tr>
<tr><td colspan="3">公告是上至国家高级权力机关、行政机关向国内外宣布重要事项或法定事项，下至各机关部门、人民团体、企事业单位向有关方面或人民群众宣布重要事项的知照性公文。</td></tr>
<tr><td colspan="3">公告的写作格式</td></tr>
<tr><td rowspan="3">标题</td><td rowspan="3">三种形式</td><td>“发文机关名称 + 事项 + 文种名称”。</td></tr>
<tr><td>“发文机关名称 + 文种名称”。</td></tr>
<tr><td>写出文种“公告”即可。</td></tr>
<tr><td rowspan="3">正文</td><td>因由</td><td>因由要求用简要的语言写出公告的依据、原因和目的。</td></tr>
<tr><td>事项</td><td>事项是公告的主体，要求明确写出公告的决定和要求。</td></tr>
<tr><td>结语</td><td>结语一般用“现予公告”“特此公告”等习惯用语，体现公告的庄重性和严肃性。</td></tr>
<tr><td>落款</td><td colspan="2">公告的落款要求写出发布机关的名称和年、月、日。如果机关名称已在标题中出现，在落款处也可不写，只写年、月、日，或将发布时间年、月、日写在标题的下方、正文的上方。</td></tr>
</table>

2. 公告的写作范本

店铺春节放假公告

活动刚刚开始几天，各位美妞太踊跃了，订单如雪花般飞来，谢谢抬爱。热烈欢迎各种“晒货”，只要将收到的产品拍成照片外加您的心得感受，发到微博并且@微凉店铺；或者将产品发布在美丽说、蘑菇街、淘宝等各种分享网站，并将发布链接发到旺旺上，再次购物即可享受任意购物免运费的优惠哦！

另外，微凉店铺促销活动日期为 12 月 24 日—次年 1 月 6 日，促销结束后，不再接单，全部商品下架，只会处理活动订单和接受咨询，如果 11 月代购的精油纯露到了，这

（续表）

批订单也会一并处理。春节前只营业到 1 月 6 日，需要下单的，趁着有活动，快抓紧哟！春节后，店铺 1 月 27 日重新开业。 　　主要原因是南方要成立工作室啦！希望未来可以更加独立、专业、全面地做出各种品质优良的产品。所以，1 月份会购买，增添一些大型消毒制作器具，各种瓶瓶罐罐，订做仓储架等等，从 10 号开始做各种准备工作，工作量浩大，所以只能暂停店铺，也是为了即将到来的 2015 年，可以更好地为你们服务。当然，产品价格暂时不会变动，敬请放心。 　　2015 年会是崭新的开始，期待我们共同的蜕变！ 微凉店铺 ××××年××月××日

6.4.5 请示的写作要点与范本

1. 请示的写作要点汇总表

表格名称	请示的写作要点汇总表	
请示的概念		
请示是下级机关或企事业单位向上级机关或单位请求对某项工作、问题作出指示，对某项政策或计划界限给予明确批复，对某事予以审核批准时使用的一种请求性公文，是应用写作实践中的一种常用文体。请示可分为解决某种问题的请示和请求批准某种事项的请示。		
请示的写作格式		
首部	标题	“发文机关名称＋事由＋文种名称”，如《××县人民政府关于××××××的请示》。
		“事＋文种名称”，如《关于开展春节拥军优属工作的请示》。
	主送机关	请示的主送机关是指负责受理和答复该文件的机关。每个请示只能写一个主送机关，不能多头请示。

（续表）

<table>
<tr><td rowspan="3">正文</td><td>开头</td><td>主要交代请示的缘由。它是请示事项能否成立的前提条件，也是上级机关批复的根据。原因讲得客观、具体，理由讲得合理、充分，上级机关才好及时决断，予以有针对性的批复。</td></tr>
<tr><td>主体</td><td>主要说明请求事项。它是向上级机关提出的具体请求，也是陈述缘由的目的所在。这部分内容要单一，只宜请求一件事。另外，请示事项要写得具体、明确、条项清楚，以便上级机关给予明确批复。</td></tr>
<tr><td>结语</td><td>应另起段，习惯用语一般有“当否，请批示”“妥否，请批复”“以上请示，请予审批”或“以上请示如无不妥，请批转各地区、各部门研究执行”等。</td></tr>
<tr><td>落款</td><td colspan="2">一般包括署名和成文时间两个项目内容。标题写明发文机关的，这里可不再署名，但需加盖单位公章；成文时间××××年××月××日。</td></tr>
</table>

2. 请示的写作范本

××化工厂关于贯彻按劳分配政策两个具体问题的请示

××省劳动厅：

按劳分配是社会主义分配的基本原则，也是社会主义优越性之一。近年来，我厂由于认真贯彻了按劳分配政策，极大地激发了广大职工的社会主义劳动积极性，使得生产率成倍地增长，乃至几倍的增长。

为全面贯彻按劳分配原则，进一步调动职工的劳动积极性，现就两项劳资政策问题请示如下：

1. 拟用××年全厂超额利润的______%为全厂职工晋升工资。其中，××××年××月××日在册职工每人晋升一级，凡班（组）长和车间先进生产（工作）者及其以上领导和先进人物再依次晋升一级；全厂技术突击组成员每人浮动一级工资，组长每人浮动两级工资。

2. 拟用××××年全厂超额利润的______%一次性为全厂职工每人增发奖金平均××元，具体金额按劳动出勤率和完成定额计算。

以上请示，妥否，请批示。

××化工厂

××××年××月××日

6.4.6 批复的写作要点与范本

1. 批复的写作要点汇总表

表格名称	批复的写作要点汇总表	
批复的概念		
批复是用于答复下级机关或单位请示事项的公文。它是机关和企事业单位应用写作活动中的一种常用公务文书。		
批复的写作格式		
标题	两种形式	最常见的完全式标题，即“发文机关＋事由＋文种名称”。在事由中一般将下级机关及请示的事由和问题写进去。
		“发文机关 ＋ 表态词 ＋ 请示事项 ＋ 文种名称”，这种完全式的标题较为简明、全面和常用。
主送机关	主送机关一般只有一个，是报送请示的下级机关。其位置同一般行政公文，写于标题之下，正文之前，左起顶格。批复不能越级行文，当所请示的机关不能答复下级机关的问题而需要向更上一级机关转报“请示”时，更上一级机关所作批复的主机关不应是原请示机关，而是“转报机关”。如果批复的内容同时涉及其他的机关和单位，则要采用抄送的形式送达。	
正文	批复引语	批复引语要点出批复对象，一般称收到某文或某文收悉；要写明是对于何时、何号、关于何事的请示的答复，时间和文号可省略。
	批复意见	批复意见是针对请示中提出的问题所做的答复和指示，意思要明确，语气要适当，什么同意、什么不同意、为什么某些条款不同意、注意事项等都要写清楚。
	批复要求	批复要求（其实可以单独算作结尾），是从上级机关的角度提出的一些补充性意见，或是表明希望、提出号召。如果同意，可写要求；不同意，亦可提供其他解决办法。
落款	这部分写在批复正文右下方，署成文日期并加盖公章，成文日期用汉字，标全××××年××月××日，“零”写为“○”。	

2. 批复的写作范本

关于增补人文学院党委委员的批复
人文学院党委：
你院《关于增补××、×××两同志为党委委员的请示》收悉。经校党委常委会研究，同意增补××，×××两同志为人文学院党委委员。
此复。
中共××大学委员会
××××年××月××日

6.4.7 函的写作要点与范本

1. 函的写作要点汇总表

表格名称	函的写作要点汇总表	
函的概念		
函是不相隶属的机关之间相互商洽工作、询问和答复问题或向有关主管部门请求批准事项时使用的平行公文。		
函的写作格式		
标题	两种形式	“发文机关名称＋事由＋文种名称”，如“××大学关于×××的复函”。
		“事由＋文种名称”，如“关于恳求×××的函”或“关于申请×××的函”。
主送机关	顶格写明主送机关的全称或者规范化简称，其后用冒号。	
正文	开头	开头概括交代发函的原因和目的，常用“现将有关问题说明如下：”“现将有关问题复函如下：”等习惯用语过渡转入主体。
	主体部分	主体部分要简洁得体，问题、意见要写得明确。
	结语	根据不同类型的函件事项，选择“特此函告”“特此复函”等习惯用语结束正文。
落款	在右下方署明发文单位名称。	
日期	加盖公章并在下面写明年、月、日。	

2. 函的写作范本

×××告知函
敬启者：
贵方订购货物的出口许可证已获批准。货物即于八至十天内制作完成，特此奉告。我方建议，以见到由中华人民共和国中国银行开出的不可撤销信用证后付款。
我方一接到贵方确认书后，信用证就已开出，而货物即行启运并将文件寄出，作为向银行结账的依据。
敬上
发函者
××××年××月××日

6.4.8 会议纪要的写作要点与范本

1. 会议纪要的写作要点汇总表

表格名称	会议纪要的写作要点汇总表	
会议纪要的概念		
会议纪要是一种记载和传达会议基本情况或主要精神、议定事项等内容的规定性公文。会议纪要具有指导性、纪实性和概括性的效果。		
会议纪要的写作格式		
标题	会议纪要的标题一般由会议名称和文种两项构成。	
正文	前言	前言概括交代会议的名称、时间、地点、参加人、主持人、会期和形式等组织情况，说明主要议题，然后用“现将这次会议讨论的主要问题综述如下”过渡转入主体。
	主体	主体是会议纪要的核心内容，主要反映会议情况和会议结果。写作时要注意紧紧围绕中心议题，把会议的基本精神，特别是会议形成的决定、决议，准确地概述清楚。
	结尾	结尾即会议纪要的结束语，一般是向收文单位提出希望和要求，有的会议纪要没有结尾部分，主体内容写完，全文就结束了。
落款	包括署名和时间两项内容。署名只用于办公室会议纪要，署上召开会议的领导机关的全称，下面写上成文的年、月、日，加盖公章。一般会议纪要不署名，只写成文时间，加盖公章。	

2. 会议纪要的写作范本

会议纪要

第×次××会议于×年×月×日在×××举行会议就目前形势，××工作计划以及建立××体制后的各项工作，听取了广泛的意见，并达成了共识。参加会议的有：（详细列出）共×人。

这次会议是团结的会议、胜利的会议，与会人员以高度的责任感和使命感，紧紧围绕××工作展开了广泛的讨论。大家各抒己见，畅所欲言，提出了许多积极的建议和建设性的意见。

会议认为，新的形势、新的起点、新的任务，给××工作提出了更新更高的要求，工作的开展要围绕一个“新”字，突出××、××两大主题，开创出××工作的新局面。

会议要求，要认真贯彻执行××精神和××政策，坚持以经济建设为中心，以××建设为重点，共同推进三个文明建设；要进一步巩固和加强××体系的建设，加大对工作的监督力度；要进一步加强自身建设，开展批评与自我批评，富而思进，致富思源，崇尚科学，不搞歪门邪道。

会议强调，要保持××持续、稳定、快速发展，必须坚持两手抓，两手都要硬。一方面，要搞好××建设，这是关系到社会发展以及国计民生的大事，要坚决防止不该出现的事情发生，谨防出现××现象。另一方面，要端正思想，旗帜鲜明，要增强自身抵御××风险的能力，防止出现“豆腐渣”工程。

会议还听取了××所做的关于××工作的报告和××所做的关于××工作的报告。会议对两个报告给予了充分的肯定，报告中提出的××工作和××工作计划符合实际，体现了群众的愿望和要求，是切实可行的。

最后×××做了总结发言：在过去一年里，各部门、各单位紧紧围绕××工作，切实履行职责，充分调动了各方面的积极性，为巩固和发展××工作，推进文明建设，做出了积极的贡献和不懈的努力。××工作取得了新的进展，为今后的工作打下了坚实的基础，下一步我们一定要抓住机遇，战胜困难，确保××工作的全面完成。×××还提出了××建设的×年计划和分“×步走”的战略目标。

会议号召，要在××精神和××政策的指引下，以经济建设为中心，以××建设为重点，坚定信心、团结一致，解放思想、实事求是，艰苦奋斗、同舟共济，知难而进、抢抓机遇，为实现××建设的×年计划和分“×步走”的战略目标而共同奋斗，努力开创××工作的新局面。

××××公司

××××年××月××日

6.5 章程类文书写作要点与范本

6.5.1 章程的写作要点与范本

1. 章程类文书写作要点汇总表

<table>
<tr><td>表格名称</td><td colspan="2">章程类文书的写作要点汇总表</td></tr>
<tr><td colspan="3">章程类文书的概念</td></tr>
<tr><td colspan="3">章程是一个党派组织、社会团体、学术组织和公司企业为保证其组织活动的正常运行，系统阐明自己的性质、宗旨、任务以及规定成员的条件、权利、义务、纪律及组织结构、活动规则，要求全体成员共同遵守的一种规则性文书。
一个正规的政党、社会团体、学术组织和公司企业，都应该有自己的章程。</td></tr>
<tr><td colspan="3">章程类文书的写作格式</td></tr>
<tr><td rowspan="4">标题和日期</td><td>标题</td><td>章程的标题由组织名称和文种构成，如《中国共产党章程》《中国写作学会章程》。如果尚未得到通过和批准，可在标题后加括号注明“草案”。如《中国写作学会青年写作理论家协会章程（草案）》。</td></tr>
<tr><td rowspan="3">日期</td><td>“会议名称＋通过日期”，如“中国科协第二次全国代表大会1980年3月22日通过”。</td></tr>
<tr><td>“通过日期＋会议名称”，如“1988年6月7日中国写作学会第三届理事会修订通过”。</td></tr>
<tr><td>只写明通过日期，如“1999年7月17日通过”。</td></tr>
<tr><td>正文</td><td>分章式写法</td><td>内容丰富的章程采用分章式写法。这种写法是篇下分章、章下分条，条下分款。通常第一章是总纲（或总则），以下各章是分则，最后一章是附则。如《中国科学技术协会章程》，第一章为“总则”，共三条，分述了组织的名称、性质和任务。第二、三、四、五章为分则，共十一条，分述了会员的条件、权利和义务、组织结构、经费来源等内容。第六章为附则，共两条，是一些补充说明。</td></tr>
</table>

（续表）

正文	分条式写法	内容简单的章程直接分条撰写，如《曾宪梓教育基金会章程》，共有六条。第一条是性质；第二条是宗旨；第三条是基金的使用；第四条是组织结构及职责，其中又分为三款；第五条是注册；第六条是办事处的设置及各自的职责。 撰写章程要注意符合政策规定，内容系统周密，条理明确清晰，语言精当质朴。

2. 章程类文书写作范本

××有限责任公司章程

为适应社会主义市场经济的要求，发展生产力，依据《中华人民共和国公司法》（以下简称《公司法》）及其他有关法律、行政法规的规定，由____方共同出资设立××有限责任公司（以下简称“公司”），特制定本章程。

第一章　公司名称和住所

第一条　公司名称：××有限公司

第二条　公司住所：北京市××区××路××号××室

第二章　公司经营范围

第三条　公司经营范围：种植、养殖；农副产品开发研究；房地产信息咨询、自有房屋出租。

第三章　公司注册资本

第四条　公司注册资本：人民币50万元

公司增加或减少注册资本，必须召开股东会并由全体股东通过并作出决议。公司减少注册资本，还应当自作出决议之日起10日内通知债权人，并于30日内在报纸上至少公告3次。公司变更注册资本应依法向登记机关办理变更登记手续。

第四章　股东的名称、出资方式、出资额

第五条　股东的姓名、出资方式及出资额如下：

股东姓名	身份证号码	出资方式	资　额
股东－1		货币	人民币10万元
股东－2		货币	人民币10万元
股东－3		货币	人民币10万元
股东－4		货币	人民币10万元
股东－5		货币	人民币10万元

（续表）

第六条　公司成立后，应向股东签发出资证明书。
第五章　股东的权利和义务
第七条　股东享有如下权利： 1. 参加或推选代表参加股东会并根据其出资份额享有表决权。 2. 了解公司经营状况和财务状况。 3. 选举和被选举为执行董事或监事。 4. 依照法律、法规和公司章程的规定获取股利并转让。 5. 优先购买其他股东转让的出资。 6. 优先购买公司新增的注册资本。 7. 公司终止后，依法分得公司的剩余财产。 8. 有权查阅股东会会议记录和公司财务报告。 第八条　股东承担以下义务： 1. 遵守公司章程。 2. 按期缴纳所认缴的出资。 3. 依其所认缴的出资额承担公司的债务。 4. 在公司办理登记注册手续后，股东不得抽回投资。
第六章　股东转让出资的条件
第九条　股东之间可以相互转让其全部或者部分出资。 第十条　股东转让出资由股东会讨论通过。股东向股东以外的人转让其出资时，必须经全体股东一致同意；不同意转让的股东应当购买该转让的出资，如果不购买该转让的出资，视为同意转让。 第十一条　股东依法转让其出资后，由公司将受让人的名称、住所以及受让的出资额记载于股东名册。
第七章　公司的机构及其产生办法、职权和议事规则
第十二条 股东会由全体股东组成，是公司的权力机构，行使下列职权： 1. 决定公司的经营方针和投资计划。 2. 选举和更换执行董事，决定有关执行董事的报酬事项。 3. 选举和更换由股东代表出任的监事，决定监事的报酬事项。 4. 审议批准执行董事的报告。 5. 审议批准监事的报告。 6. 审议批准公司的年度财务预算方案、决算方案。 7. 审议批准公司的利润分配方案和弥补亏损的方案。 8. 对公司增加或者减少注册资本作出决议。 9. 对股东向股东以外的人转让出资作出决议。

（续表）

10. 对公司合并、分立、变更公司形式，解散和清算等事项作出决议。

11. 修改公司章程。

12. 聘任或解聘公司经理。

第十三条　股东会的首次会议由出资最多的股东召集和主持。

第十四条　股东会会议由股东按照出资比例行使表决权。

第十五条　股东会会议分为定期会议和临时会议，并应当于会议召开 15 日以前通知全体股东。定期会议应每半年召开 1 次，临时会议由代表 1/4 以上表决权的股东或者监事提议方可召开。股东出席股东会议也可书面委托他人参加股东会议，行使委托书中载明的权利。

第十六条　股东会会议由执行董事召集并主持。执行董事因特殊原因不能履行职务时，由执行董事书面委托其他人召集并主持，被委托人全权履行执行董事的职权。

第十七条　股东会会议应对所议事项作出决议，决议应由全体股东表决通过，股东会应当对所议事项的决定做会议纪录，出席会议的股东应当在会议记录上签名。

第十八条　不设董事会，设执行董事 1 人，执行董事为公司法定代表人，对公司股东会负责，由股东会选举产生。执行董事任期 3 年，任期届满，可连选连任。执行董事在任期届满前，股东会不得无故解除其职务。

第十九条　执行董事对股东会负责，行使下列职权：

1. 负责召集和主持股东会，检查股东会会议的落实情况，并向股东会报告工作。

2. 执行股东会决议。

3. 决定公司的经营计划和投资方案。

4. 制订公司的年度财务方案、决算方案。

5. 制订公司的利润分配方案和弥补亏损方案。

6. 制订公司增加或者减少注册资本的方案。

7. 拟订公司合并、分立、变更公司形式以及解散的方案。

8. 决定公司内部管理机构的设置。

9. 提名公司经理人选，根据经理的提名，聘任或者解聘公司副经理、财务负责人，决定其报酬事项。

10. 制定公司的基本管理制度。

11. 代表公司签署有关文件。

12. 在发生战争、特大自然灾害等紧急情况下，对公司事务行使特别裁决权和处置权，但这类裁决权和处置权须符合公司利益，并在事后向股东会报告。

第二十条　公司设经理一名，由股东会聘任或解聘。经理对股东会负责，行使下列职权：

1. 主持公司的生产经营管理工作。

（续表）

2. 组织实施公司年度经营计划和投资方案。

3. 拟定公司内部管理机构设置方案。

4. 拟定公司的基本管理制度。

5. 制定公司的具体规章。

6. 提请聘任或者解聘公司副经理、财务负责人。

7. 聘任或者解聘除应由执行董事聘任或者解聘以外的负责管理人员。

8. 经理列席股东会会议。

第二十一条　公司设监事 1 人，由公司股东会选举产生。监事对股东会负责，监事任期每届 3 年，任期届满，可连选连任。

监事行使下列职权：

1. 检查公司财务。

2. 对执行董事、经理行使公司职务时违反法律、法规或者公司章程的行为进行监督。

3. 当执行董事、经理的行为损害公司的利益时，要求执行董事、经理予以纠正。

4. 提议召开临时股东会。

5. 监事列席股东会会议。

第二十二条　公司执行董事、经理、财务负责人不得兼任公司监事。

第八章　财务、会计、利润分配及劳动用工制度

第二十三条　公司应当依照法律、行政法规和国务院财政主管部门的规定建立本公司的财务、会计制度，并应在每一会计年度终了时制作财务会计报告，并应于次年 3 月 31 日前送交各股东。

第二十四条　公司利润分配按照《公司法》及有关法律、法规，国务院财政主管部门的规定执行。

第二十五条　劳动用工制度按国家法律、法规及国务院劳动部门的有关规定执行。

第九章　公司的解散事由与清算办法

第二十六条　公司的营业期限为 50 年，从《企业法人营业执照》签发之日起计算。

第二十七条　公司有下列情形之一的，可以解散：

1. 公司章程规定的营业期限届满或者公司章程规定的其他解散事由出现时。

2. 股东会决议解散。

3. 因公司合并或者分立需要解散的。

4. 公司违反法律、行政法规被依法责令关闭的。

5. 因不可抗力事件致使公司无法继续经营时。

6. 宣告破产。

（续表）

第二十八条　公司解散时，应依《公司法》的规定成立清算组对公司进行清算。清算结束后，清算组应当制作清算报告，报股东会或者有关主管机关确认，并报送公司登记机关，申请注销公司登记，公告公司终止。 **第十章　股东认为需要规定的其他事项** 第二十九条　公司根据需要或涉及公司登记事项变更的可修改公司章程，修改后的公司章程不得与法律、法规相抵触，修改公司章程应由全体股东表决通过。修改后的公司章程应送原公司登记机关备案，涉及变更登记事项的，同时应向公司登记机关做变更登记。 第三十条　公司章程的解释权属于股东会。 第三十一条　公司登记事项以公司登记机关核定的为准。 第三十二条　公司章程条款如与国家法律、法规相抵触的，以国家法律法规为准。 第三十三条　本章程经各方出资人共同订立，自公司设立之日起生效。 第三十四条　本章程一式七份，公司留存一份，并报公司登记机关备案一份。 全体股东签字（盖章）： ××××年××月××日

6.5.2　制度的写作要点与范本

1. 制度的写作要点汇总表

表格名称	制度的写作要点汇总表	
制度的概念		
制度是党政机关、社会团体、企事业单位为加强对某项工作的管理而制定的要求有关人员共同遵守的规范性文书。制度可分为岗位性制度和法规性制度两种类型。		
制度的写作格式		
标题	两种构成形式	“适用对象＋文种名称”，如《保密制度》《档案管理制度》。
		“单位名称＋适用对象＋文种名称”，如《××大学校产管理制度》《××市工业局廉政制度》。

（续表）

正文	引言、条文、结语式	先写一段引言，主要用来阐述制定制度的根据、目的、意义和适用范围等，然后将有关规定一一分条列出，最后再写一段结语，强调执行中的注意事项。
	通篇条文式	将全部内容都列入条文，包括开头部分的根据、目的、意义，主体部分的种种规定，以及结尾部分的执行要求等，逐条表达，形式整齐。
	多层条文式	这种写法适用于内容复杂、篇幅较长的制度，特点是将全文分为多层序码，篇下分项、项下分条、条下分款。如某省制定的《档案管理制度》，用“一、二、三……”来表示大项，用“（一）（二）（三）……”来表示大项下的条，用“1、2、3……”来表示条下的款。
制发单位和日期	如有必要，可在标题下方正中加括号注明制发单位名称和日期，其位置也可以在正文之下，相当于公文落款的地方。	

2. 制度的写作范本

××有限责任公司管理制度

为加强公司的规范化管理，完善各项工作制度，促进公司发展壮大，提高经济效益，根据国家有关法律、法规及公司章程的规定，特制订本公司管理制度大纲。

一、公司全体员工必须遵守公司章程，遵守公司的各项规章制度和决定。

二、公司倡导树立“一盘棋”思想，禁止任何部门、个人做有损公司利益、形象、声誉或破坏公司发展的事情。

三、公司通过发挥全体员工的积极性、创造性和提高全体员工的技术、管理、经营水平，不断完善公司的经营、管理体系，实行多种形式的责任制，不断壮大公司实力和提高经济效益。

四、公司提倡全体员工刻苦学习科学技术和文化知识，为员工提供学习、深造的条件和机会，努力提高员工的整体素质和水平，造就一支思想新、作风硬、业务强、技术精的员工队伍。

五、公司鼓励员工积极参与公司的决策和管理，鼓励员工发挥才智，提出合理化建议。

六、公司实行“岗薪制”的分配制度，为员工提供收入和福利保证，并随着经济效益的提高逐步提高员工各方面待遇；公司为员工提供平等的竞争环境和晋升机会；公司

（续表）

推行岗位责任制，实行考勤、考核制度，评先树优，对做出贡献者予以表彰、奖励。 七、公司提倡求真务实的工作作风，提高工作效率；提倡厉行节约，反对铺张浪费；倡导员工团结互助，同舟共济，发扬集体合作和集体创造精神，增强团体的凝聚力和向心力。 八、员工必须维护公司纪律，对任何违反公司章程和各项规章制度的行为，都要予以追究。

6.5.3 规定的写作要点与范本

1. 规定的写作要点汇总表

表格名称	规定的写作要点汇总表	
规定的概念		
规定是规范性公文中使用范围最广、使用频率最高的一个文种。它是领导机关对特定范围内的工作和事务制订相应措施，要求所属部门和下级机关贯彻执行的法规性公文。规定是局限于落实某一法律、法规；加强某项管理工作而制定的，具有较强的约束力，而且内容细致，可操作性较强。		
规定的写作格式		
首部	标题	一般有两种构成形式：“发文单位＋事由＋文种名称”及“事由＋文种名称”。
	时间和依据	用括号在标题之下注明规定发布和签发的时间和依据。有的规定是随“命令”“令”等文种同时发布的。
正文	总则	总则交代制定规定的缘由、依据、指导思想、适用原则和范围等。
	分则	分则即规范项目，包括规定的实质性内容和要求具体执行的依据。
	附则	附则说明有关执行要求等。
	正文的表述形式一般采用条款式或章条式。	

2. 规定的写作范本

××有限责任公司值班考勤规定

第一章 总则

第一条 为加强公司职工考勤管理，特制定本规定。

第二条 本规定适用于公司总部，各下属全资或控股企业或参照执行或另行规定，各企业自定的考勤管理规定须由总公司规范化管理委员会审核签发。

第二章 分则

第三条 员工正常工作时间为上午8：30—12：00，下午1：30—5：00，每周六下午不上班，因季节变化需调整工作时间时由总裁办公室另行通知。

第四条 公司职工一律实行上下班打卡登记制度。

第五条 所有员工上下班均需亲自打卡，任何人不得代理他人或由他人代理打卡，违犯此条规定者，代理人和被代理人均给予记过一次的处分。

第六条 公司每天安排人员监督员工上下班打卡，并负责将员工出勤情况报告值班领导，由值班领导报至劳资部，劳资部据此核发全勤奖金及填报员工考核表。

第七条 所有人员须先到公司打卡报到后，方能外出办理各项业务。特殊情况需经主管领导签卡批准，不办理批准手续者，按迟到或旷工处理。

第八条 上班时间开始后5分钟至30分钟内到班者，按迟到论处；超过30分钟以上者，按旷工半日论处。提前30分钟以内下班者按早退论处，超过30分钟者按旷工半天论处。

第九条 员工外出办理业务前须向本部门负责人（或其授权人）申明外出原因及返回公司时间，否则按外出办私事处理。

第十条 上班时间外出办私事者，一经发现，即扣除当月全勤奖，并给予警告一次的处分。

第十一条 员工一个月内迟到、早退累计达3次者扣发全勤奖50%，达5次者扣发100%全勤奖，并给予一次警告处分。

第十二条 员工无故旷工半日者，扣发当月全勤奖，并给予一次警告处分，每月累计3天旷工者，扣除当月工资，并给予记过一次处分；无故旷工达一个星期以上者，给予除名处理。

第十三条 职工因公出差，须事先填写出差登记表，副经理以下人员由部门经理批准；各部门经理出差由主管领导批准；高层管理人员出差须报经总裁或董事长批准，工作紧急无法向总裁或董事长请假时，须在董事长秘书室备案，到达出差地后应及时与公司取得联系。出差人员应于出差前先办理出差登记手续并交至劳动工资部备案。凡过期或未填写出差登记表者不再补发全勤奖，不予报销出差费用，特殊情况须报总经理审批。

（续表）

第十四条　当月全勤者，获得全勤奖金 200 元。
第三章　附则
第十五条　本规定的解释权归公司行政部所有。
第十六条　本规定自提交通过之日起实施。

6.5.4　细则的写作要点与范本

1. 细则的写作要点汇总表

<table>
<tr><td>表格名称</td><td colspan="3">细则的写作要点汇总表</td></tr>
<tr><td colspan="4">细则的概念</td></tr>
<tr><td colspan="4">细则是由有关机关、企事业单位为实施某一法律、法规和规章而制定的详细具体的法规性文书。</td></tr>
<tr><td colspan="4">细则的写作格式</td></tr>
<tr><td rowspan="2">标题和日期</td><td>标题</td><td colspan="2">细则的标题由原法规名称加实施细则或施行细则组成，如《中华人民共和国安全法实施细则》《国家行政机关人员贪污贿赂行政处分暂行规定实施细则》。</td></tr>
<tr><td>日期和制发机关</td><td colspan="2">在标题之下正中，加括号标注发布日期和制发机关名称，或者批准、修订日期和机关名称。随命令、通知等颁布的细则，可不列此项。</td></tr>
<tr><td rowspan="4">正文</td><td rowspan="3">章条式写法</td><td>总则</td><td>总则是开头部分，主要用来说明制定细则的根据、目的、指导思想、基本原则和实施机关等。总则一般排为第一章，分若干条。</td></tr>
<tr><td>分则</td><td>分则是细则的主体部分，分若干章，每章再分若干条。分则用来对原法律、法规进行解释、补充，作出细致周密、切实可行的规定。</td></tr>
<tr><td>附则</td><td>附则是细则的结尾部分，主要用来提出执行要求。</td></tr>
<tr><td>条款式写法</td><td colspan="2">这种写法不分章，直接列条，适用于内容较简单、篇幅较短的细则。根据、目的、基本原则和指导思想等内容，写入前几条；解释、补充和规定，写在中间，条款最多；执行要求写在最后。</td></tr>
</table>

2. 细则的写作范本

××公司营销部门人员考核细则

根据公司绩效考核的整体要求以及营销部门的特点，现制定针对营销部门人员的考核细则，自发布之日起实施。

1. 目的

考核细则的制定，是为了更好地贯彻公司绩效考核的总体要求，为了激励后进，奖励先进，同时有效提升公司营销业绩。

2. 原则

考核细则的主要原则坚持总监负责制，营销总监承担下属部门的业绩考核责任，有对下属各部门员工的考核权力，营销总监有权力根据各个时期的业绩状况，以及下属各部门的业绩变化，对所属部门的负责人进行调整。

3. 考核

（1）营销总监

①营销总监按照月度总收入的40%进行绩效考核，按照所属部门的权重指标进行如下分配：销售部15%，策划部10%，商业地产部10%，客服部5%。

②以上各部门分配权重，为营销总监40%绩效考核的最高上限，即各个部门的业绩目标完成情况，营销总监负有连带责任，原则上，营销总监扣款数额应不小于下属各部门业绩目标扣款金额，但是上限不超过营销总监月收入及相应部门的分配比重。

③营销总监的具体考核由公司人力资源部门根据营销总监提报的各部门经营管理完成情况进行。

（2）部门经理

①部门经理的考核由营销总监根据各部门业绩一并考核，考核比重为月收入总额的30%，考核的比重分配为：

业绩目标（50%）+管理目标（30%）+日常工作（20%）

策划部门：

业绩目标（50%）+销售目标（50%）

销售部业绩目标主要包括住宅销售和商铺出售；管理目标主要包括销售部门管理、培训、考核和各售楼处管理；日常工作包括会议纪要贯彻情况、各类临时性工作完成状况和销售部日常工作。

策划部业绩目标主要包括：对销售部提供的推广需求进行审批、执行，公司各类节日活动策划，公司报纸正常运作，策划部门管理、考核，会议纪要贯彻情况，各类临时性工作完成状况，策划部日常工作。根据销售部完成计划的情况，对策划部进行系列考核。

（续表）

②营销部门各部门经理的考核严格按照上述标准进行。根据每月工作计划以及书面文件，连续2个月完不成下达任务的85%（包括业绩目标、管理目标和日常工作），营销总监有权利对其采取最高至降级处理；连续3个月完不成下达任务的85%，营销总监有权利对其进行最高至免职处理。 ③部门经理对下属员工和主管完成业绩目标状况负有连带责任，原则上，部门经理扣款数额应不小于下属员工和主管业绩目标扣款金额，但是上限不超过部门经理月收入相应分配比重。 （3）主管以下人员 ①各部门主管以下人员考核由各部门经理进行考核，每月度考核报营销总监签字后，交人力资源部统一执行。 ②销售部门的主管以下人员按照销售管理办法规定的具体细则执行。 ③策划部和商业地产部主管以下人员由各部门根据部门实际情况考核，但是应该细化岗位职责，严格执行考核制度。 4. 实施 本细则自________年______月______日起实施，原有相关规定与之冲突的，按照此细则执行。

6.5.5 办法的写作要点与范本

1. 办法的写作要点汇总表

表格名称	办法的写作要点汇总表	
办法的概念		
办法是行政机关为贯彻某一法令或者做好某方面工作而制定的法规性文书。办法一般用“命令”或“通知”的方式发布，在行政管理领域运用得非常普遍。		
办法的写作格式		
标题、制发时间、依据	标题	标题一般为“主要内容＋文种名称”。主要内容包括基本事项、适用范围或阐释依据，如《储蓄存款利息所得个人所得税征收管理办法》《统计上岗资格证书颁发实施办法》《〈国务院关于职工工作时间的规定〉的实施办法》。 如果是试行或暂行，在标题中要写明，如《外商投资企业采购国产设备退税管理试行办法》。

（续表）

标题、制发时间、依据	制发时间	加括号标于标题之下正中，有多种写法：制发时间和通过的会议；通过的会议和通过的时间；发布机关和发布时间；发布机关、首次发布时间和修订时间。
	依据	随命令和通知发布的办法，自身不显示制发时间和依据，但以后单独使用时，应将原命令和通知的发布时间标注于标题之下。
正文	总则、分则、附则	总则写明制定办法的目的、依据、意义、适用范围和实施部门等分则列出具体的方法、步骤、措施和要求等，可分若干章展开附则用来写特殊规定、补充规定和生效时间。
	直接分条式写法	内容简单的办法，直接分条即可。前若干条写目的、依据、宗旨等，中间较多的条款写方法、步骤、措施等，最后一两条写补充规定和实施要求。

2. 办法的写作范本

××公司仓库管理办法

第一章　总则

第一条　为保障公司正常生产的连续性和秩序，使仓库作业合理化，减少库存资金占用，特制定本办法。

第二条　本办法适用于公司生产、销售、办公所需各种原辅材料、在制品、半成品、成品、包装物、备品备件、工具、办公和卫生用品等物料的库存管理规定。

第二章　内容

第三条　管理原则和体制

1. 公司实行仓库分散管理体制。各类物料分别由其使用部门设立仓库保存。其中，原辅材料仓库由采购部主管，在制品、半成品和包装物仓库由生产制造部门主管，成品、备品备件和工具仓库由营销部门主管，办公、卫生用品仓库由行政总务部门主管。

2. 仓库管理应保证满足公司生产经营所需的物资需要，不缺货断档，并使库存物资、采购成本总额资金费用最小化。

3. 公司各仓库根据仓库工作量和重要性，设专职或兼职仓库管理员。

4. 仓库对各类物资进行分类统计，分为 A 类、B 类和 C 类，分别以重点、次要和一般性级别管理。

5. 根据公司生产经营时间特点，制定仓库入、出库工作时间。

（续表）

第四条　存货计划与控制 1. 仓库以适质、适量、适时、适地为原则，供应所需物资，避免资金呆滞和供货不足。 2. 仓库会同有关部门，根据销售记录与计划、生产计划等制定最优订购点、订货单、安全库存和订购提前时间等标准。 3. 仓库对定有标准的物资品种进行控制，实际库存量降到订购点时，即可提出补充采购计划申请。 第五条　入库 1. 所有物料，无论是新购入还是退货、领后收回，均应由仓管部门检验后方准物品入库。 2. 办理入库手续时，对照物品与订购单、提货单、验收单、发票所列的品名、型号或规格是否相符。如发现品名、型号或规格不同或包装破损的，应通知采购主办处理。 3. 仓管员于物料入库时发现问题，未及时于下一个工作日内报告处理的，该物料视为合格。 4. 仓库管理员对所有入库物品及时入账，对在存仓库物品造册登记。 第六条　出货 1. 凡持经各级主管签批的领用单、领料单经确认后，方可领料出库。仓库管理员对所有出库物品及时入账。 2. 仓管部门对领用要求，应于规定的时间内发货或调拨。如缺货或不足，则应回复预定或供货的日期。 3. 根据要货申请单，供领双方在确认出库物料的品种、规格、数量和质量后，均应在一式多联领料单据上签字，各联分送仓管、领用、财务等有关部门。 4. 领料人于物料出库时发现问题，未及时当场处理的，该物料视为合格。 5. 物料出库提运过程中，禁止领料人随意进入仓库内部场所，对不听规劝的可拒绝出货并报主管。 6. 坚持原则，不徇私情，严格按批准数量、质量领取、发放物品。仓库管理员应态度和蔼，热情主动服务。 7. 对非常设仓管员的仓库可规定特定时间领用物品。对紧急事项可即时领用。 第七条　物料保管 1. 按品种、规格、体积和重量等特征决定堆码方式及区位。 2. 仓库物品堆放整齐、平稳，分类清楚。 3. 储物空间分区及编号，标示醒目、朝外，便于盘存和领取。 4. 对危险物品隔离管制。

（续表）

5. 地面负荷不得过大、超限。 6. 通道不得乱堆放物品。 7. 保持适当的温度、湿度、通风、照明等条件。 第八条　仓储物资入、出库按先进先出原则堆放和提取。 第九条　仓管员加强对仓库的日常防火、防盗、防潮、防漏和防虫工作，注意清洁卫生，定期实施安全检查。 第十条　维护仓库装卸、计量、传送、消防、监测和其他设备、器械，保持良好使用状态，须更换维修的应及时上报。 第十一条　仓库严禁吸烟，非仓库人员，未经同意，不准入内。 第十二条　仓库建立库存物资台账、总账、明细账和库存卡系统。应做到账实相符、账账相符。及时做好日常账簿登记、整理和保管工作。 第十三条　定期结仓库盘存。 1. 小盘点，每月底一次。主要核查账实是否相符及呆滞物料增减情况。 2. 中盘点，每半年一次。各仓库核查账实是否相符，并矫正成本。 3. 大盘点，每年一次。公司资产全面盘存。 4. 每年年终，仓管部门会同财务、营销部门总盘存。对盘点情况，填写库存物资统计表，各方在清册上签名。 5. 对盘点出的过期、变质不能使用物品及时处理。对盘盈、盘亏情况，报主管批准后调整账目；涉及仓管员责任短缺的，由其赔偿。 第十四条　仓管员岗位调动的，由交接双方及监交人员办理清册移交及必要的财物清点工作。 第十五条　仓管员每日做出物料入出库的统计报表以及每月和年度的出入库和库存统计。各种统计报表一式多联分送有关财务、生产、营销部门。 第十六条　仓管员会同财务人员分解库存费用，努力减少库存消耗，降低库存成本，提出建议，改进仓库管理。 第十七条　物料运输 1. 新购物料从车、船、机货场到公司仓库的运输问题由采购部门与供货厂商协商解决。 2. 本仓管单位协助有关单位做好出入库货物的运输工作，包括运输人员、运输车辆、车辆调配、包装托寄和保险索赔等事务。 3. 物料装运前，仓管员应妥善处理装箱、包装、搬运等工作，确保运输安全；交运时将运输物料详细明示于运单上，并开具出门检查证件。 **第三章　附则** 第十八条　为提高仓库管理效率，公司鼓励引进电脑化进销存管理软件系统。 第十九条　本办法由仓管部门解释、补充，由公司总经理颁发生效。

6.6 礼仪类文书的写作要点与范本

6.6.1 请柬的写作要点与范本

1. 请柬的写作要点汇总表

<table>
<tr><td>表格名称</td><td colspan="2">请柬的写作要点汇总表</td></tr>
<tr><td colspan="3">请柬的概念</td></tr>
<tr><td colspan="3">请柬又称请帖，是人们在节日和各种喜事中请客用的一种简便邀请信。请柬是为邀请宾客参加某一活动时所使用的一种书面形式的通知。一般用于联谊会、与友好交往的各种纪念活动、婚宴、诞辰或重要会议等，发送请柬是为了表示活动举行的隆重。</td></tr>
<tr><td colspan="3">请柬的写作格式</td></tr>
<tr><td>形式</td><td colspan="2">请柬从形式上又分为横式写法和竖式写法两种。竖式写法从右边向左边写。</td></tr>
<tr><td rowspan="5">其他构成</td><td>标题</td><td>在封面上写的“请柬”或“请帖”二字就是标准，一般要做一些艺术加工，可用美术体的文字，文字的色彩可以烫金，可以有图案装饰等。需说明的是，通常请柬已按照书信格式印制好，发文者只需填写正文而已。封面也已直接印上了名称“请柬”或“请帖”字样。</td></tr>
<tr><td>称呼</td><td>要顶格写出被邀请者（单位或个人）的姓名名称，如“××先生”“××单位”等。称呼后要加上冒号。</td></tr>
<tr><td>正文</td><td>要写清活动内容，如开座谈会、联欢晚会、生日派对、国庆宴会、婚礼或寿诞等。写明时间 、地点和方式。如果是请人看戏或其他表演还应将入场券附上。若有其他要求也需注明，如“请准备发言”“请准备节目”等。</td></tr>
<tr><td>结尾</td><td>要写上礼节性问候语或恭候语，如“致以——敬礼”“顺致——崇高的敬意”“敬请光临”等，在古代这叫作“具礼”。</td></tr>
<tr><td>落款</td><td>署上邀请者（单位或个人）的名称和发柬日期。</td></tr>
</table>

2. 请柬的写作范本

请　　柬
×××同志： 　　兹定于十一月四日上午九时，在本社召开建社十周年座谈会。敬请光临指导。 　　此致 敬礼 ×××××出版社 ××××年××月××日

6.6.2　聘书的写作要点与范本

表格名称	聘书的写作要点汇总表
聘书的概念	
聘书，也称聘请书。一般指机关、团体、企事业单位聘请某些有专业特长或有威望的人完成某项任务或担任某项职务时所发的邀请性质的专用书信。	
聘书的写作格式	
标题	聘书往往在正中写上“聘书”或“聘请书”字样，有的聘书也可以不写标题。已印制好的聘书标题常用烫金或大写的“聘书”“聘请书”字样组成。
称谓	聘请书上被聘者的姓名称呼可以在开头顶格写，然后再加冒号；也可以在正文中写明受聘人的姓名称呼。常见的印制好的聘书则大都在第一行空两格写“兹聘请××……”。
正文	首先，交待聘请的原因和请去所干的工作，或所要去担任的职务。
	其次，写明聘任期限。如“聘期两年”“聘期自2000年2月20日至2005年2月20日”。
	再者，聘任待遇。聘任待遇可直接写在聘书之上，也可另附详尽的聘约或公函写明具体的待遇，这要视情况而定。
	另外，正文还要写上对被聘者的希望。这一点一般可以写在聘书上，但也可以不写，而通过其他的途径使受聘人切实明白自己的职责。
结尾	聘书的结尾一般写上表示敬意和祝颂的结束用语。如“此致——敬礼”“此聘”等。
落款	落款要署上发文单位名称或单位领导的姓名、职务，并署上发文日期，同时要加盖公章。

2. 聘书的写作范本

聘请书
兹聘请×××同志为××家电集团维修部总工程师、主任，聘期自××××年××月××日至××××年××月××日，聘任期间享受集团高级工程师全额工资待遇。
××家电集团（章） ××××年××月××日

6.6.3　欢迎词的写作要点与范本

表格名称	欢迎词的写作要点汇总表	
欢迎词的概念		
欢迎词是由东道主出面对宾客的到来表示欢迎的讲话文稿。欢迎词指行政机关、企业事单位、社会团体或个人在公共场合欢迎友好团体或个人来访时致辞所用的讲话稿。		
欢迎词的写作格式		
标题	两种形式	欢迎场合或对象加文种构成，如《在校庆75周年纪念会上的欢迎词》。
		用文种“欢迎词”做标题。
称呼	开头项格加冒号称呼对象。面对宾客，宜用亲切的尊称，如“亲爱的朋友：”“尊敬的领导：”等。	
开头	用一句话表示欢迎的意思。	
正文	说明欢迎的情由，可叙述彼此的交往、情谊，说明交往的意义。对初次来访者，可多介绍本组织的情况。	
结语	用敬语表示祝愿。	
署名	用于讲话的欢迎词无需署名。若需刊载，则应在题目下面或文末署名。	

2. 欢迎词的写作范本

工作会议欢迎词

各位同仁：

大家上午好！

春回大地，万象更新！转眼之间2014年已经过去，充满新的挑战与机遇的2015年已然来临。今天，我们欢聚一堂，召开××房地产公司2014年度工作总结大会。首先，我谨代表公司向各位参会人员表示热烈的欢迎，再则，向全体员工在过去一年里的辛勤工作致以深深的谢意！

2014年，是公司大跨步发展的一年，也是充满挑战的一年。公司自2006年成立以来，已然走过八个年头，在这八年的时间里公司承接了数个地产项目，项目涉及区域遍及全国多个县市地区。机遇和挑战是并存的，尤其是在近几年整个市场经济处于一个较为动荡的时期，致使房地产市场局势变幻莫测，给我们的销售工作带来了很大的挑战。但是通过公司全体员工的不懈努力，公司获得了健康、稳步、持续的发展，做到了稳健运营，实现持续发展的目标。

在2014年，公司总部经历了办公场所的搬迁和工作人员的扩编，由原先的狭小办公场所搬到了现在正规、宽敞、明亮的专业商务写字楼，公司各职位也逐渐达到齐全的人员配备状态，这些方方面面都是公司在不断发展壮大的实际体现。当然，公司的发展是伴随着全体员工的辛勤劳动和不断努力的，也凝聚着每位员工在各自岗位上的自我突破和无私奉献。为此，我谨代表公司再次向全体员工表示衷心的感谢，并通过你们向你们的家人表示由衷的感谢！

展望2015年，我们将面临新的机遇和更大挑战，希望大家继续努力，开拓创新，与时俱进，以新的姿态、新的步伐，谱写出公司全新的篇章！

我相信2015年，在公司的正确决策下，有我们全体员工的共同努力和齐心协力，通过强化管理，提升效率，我们的员工和企业一定能够携起手来，共同进步，在激烈的市场竞争中求得新的发展，公司一定会有更美好的未来！

最后，祝我们的年度会议圆满成功！谢谢大家！

6.6.4 演讲稿的写作要点与范本

1. 演讲稿的写作要点汇总表

<table>
<tr><td>表格名称</td><td colspan="3">演讲稿的写作要点汇总表</td></tr>
<tr><td colspan="4">演讲稿的概念</td></tr>
<tr><td colspan="4">讲演稿也叫演说词，是在较隆重的集会和会议上发表的讲话文稿。可以用来交流思想、感情，表达主张、见解，具有宣传、鼓动和教育作用。</td></tr>
<tr><td colspan="4">演讲稿的写作格式</td></tr>
<tr><td rowspan="4">标题</td><td>揭示主题型</td><td colspan="2">如《人应该有奉献精神》。</td></tr>
<tr><td>揭示内容型</td><td colspan="2">如《在省科技工作会议的讲话》。</td></tr>
<tr><td>提出问题型</td><td colspan="2">如《当代大学生应具备什么素质》。</td></tr>
<tr><td>思考问题型</td><td colspan="2">如《象牙塔与蜗牛庐》。</td></tr>
<tr><td>称呼</td><td colspan="3">开头顶格加冒号，根据受听对象和讲演内容需要决定称呼。常用“同志们:”“朋友们:”等，也可加定语渲染气氛，如“年轻的朋友们:”等。</td></tr>
<tr><td rowspan="5">正文</td><td>开头语</td><td colspan="2">开头语的任务是吸引听众、引出下文。有六种形式：
（1）由背景、问候和感谢语开始。
（2）概括讲演内容或揭示中心论点。
（3）从讲演题目谈起。
（4）从讲演缘由引起。
（5）从另件事引入正题。
（6）用发人深思问题开头。</td></tr>
<tr><td rowspan="3">主体</td><td>记叙性讲演稿</td><td>以对人物事件的叙述和生活画面描述行文。</td></tr>
<tr><td>议论性讲演稿</td><td>以典型事例和理论为论据，用逻辑方式行文，用观点说服听众。</td></tr>
<tr><td>抒情性讲演稿</td><td>用热烈抒情性语言表明观点，以情感人，说服听众，寓情于事、寓情于理、寓情于物。</td></tr>
<tr><td>结语</td><td colspan="2">是讲演能否走向成功的关键，常用总结全文，加深印象；提出希望，给人鼓舞；表示决心，誓言结束；照应题目，完整文意等方法在激动人心的结语中结束全文。</td></tr>
</table>

2. 演讲稿的写作范本

××公司领导元旦节讲话稿

全体职工及家属同志们：

我们满怀辛勤耕耘的丰收喜悦，迈着奔向新征程的豪迈步伐，迎来了新世纪又一个元旦。值此一元复始、万家欢乐之际，我代表公司党委和总部，向大家祝贺新年！向节日期间仍坚守岗位的同志们表示诚挚的问候和衷心的感谢！

过去的一年，是我们党和国家历史上具有重要意义的一年，也是举国捷报频传、高歌猛进、成果丰硕的一年。在党中央、国务院的正确领导下，我国经济继续保持了“一枝独秀的良好发展势头，经济总量突破××万亿元大关，综合国力迈上新台阶。我们党胜利召开了第十六次代表大会，进一步勾画了新世纪全面建设小康社会的宏伟蓝图，中华民族正以前所未有的勃勃发展生机为全世界所瞩目和景仰。

伴随伟大祖国前进的脚步，公司广大职工胸怀大局，放眼世界，共图做强做大，抢抓机遇，扎实工作，再创历史佳绩。继“十五”良好开局，××年公司生产经营在全行业高速增长的背景下，继续表现出更加强劲的发展势头，汽车产销突破××万辆，销售收入超过××亿元，经营效益较上年再翻一番，市场占有率提高××个百分点。一批代表国内先进水平的新品陆续问世，为××下一步参与市场竞争增添了实力，公司在市场竞争中的地位进一步巩固。尤具深远意义的是，分别与××××、××××等签署了长期合作协议，着眼于做强做大的国际合作取得重大进展，改革发展的各项事业形势喜人。一个脱困不久、还在巩固改革成果的××，开始向着追求做强做大，实现跨越式发展的××迈进；一个长期立足国内、局限于××发展的××，开始向着主动融入世界，全方位对外开放的××迈进！

新的一年，是全面贯彻十六大精神的第一年，也是“十五”发展关键的一年。纵观各方面形势，对××来讲，既充满机遇，也面临着众多压力和挑战。我们要以十六大精神为指导，只争朝夕，奋发进取，创新求实，坚持以发展为主题，把做强做大作为第一要务，继续着力结构调整和技术进步，提升管理水平，转换经营机制，全面增强企业素质，确保效益稳步增长和战略重组稳步推进，努力开创公司改革、发展、稳定的新局面。

面对新的形势、新的要求、新的任务，公司党委和总部希望广大干部职工，继续万众一心，群策群力，以更加饱满的热情和奋发有为的精神状态，再谱新年的胜利乐章！

祝同志们新年愉快，合家欢乐，万事顺意！

6.6.5 贺电的写作要点与范本

1. 贺电的写作要点汇总表

表格名称	贺电的写作要点汇总表
贺电的概念	
贺电是一种表示庆贺的公关礼仪电报。贺电是用电报的形式拍发给对方的表示祝贺、赞颂的一种电讯文书。贺电一般篇幅短小，感情充沛，文字明快。它多是领导机关或领导人以代表人物名义发给有关单位、集体或个人的。贺电也可以登报、广播，这时往往会产生很大的鼓舞作用。	
贺电的写作格式	
标题	贺电的标题，可直接由文种名构成，即在第一行正中写“贺电”二字。有的贺电标题也可由文种名和发电双方名称共同构成，如“国务院致中国体操队的贺电”。有的还用副标题，即 以发电单位、受电单位和文种作为主标题，而用副标题说明内容。
称呼	称呼要写上收电单位或个人的名称、姓名，是个人的还应在姓名后加上“同志”“先生”或职务名称等称呼。要顶格写，称呼后加冒号。
正文	贺电的正文要根据内容而定，若发给单位或某一地区庆祝活动的，宜在表示祝贺的同时，对其做出的各种成绩、取得的巨大成就给以充分肯定，并给以鼓舞，提出希望。一般私人之间的交往，则一般把内容放在祝贺上就可以了。
结尾	贺电结尾要表达热烈的祝贺和祝福之意，有的也提出希望。
落款	即在正文右下方署上发电单位或个人的姓名，并写上发电日期。

2. 贺电的写作范本

××市委、市政府对某校的贺电

××大学：

欣悉贵校举办首届“挑战杯”大学生科技节，我谨代表××市委、市政府并以我个人的名义，向科技节表示诚挚的祝贺！

多年来，××大学坚持党的教育方针，大力推进教育改革，发挥自身优势，教、科、研并举，培养输送了大批符合现代化建设要求的合格人才，为全省特别是××市的经济社会发展做出了重要的贡献，赢得了社会各界的广泛赞誉。

（续表）

世纪之交，继往开来。当今世界竞争日趋激烈，科技和人才的竞争已成为经济腾飞的关键因素。大学是培养和造就高素质、创造性人才的摇篮。举办大学生科技节活动，对于引导大学生树立崇尚科学、锐意创新的精神，促进教科研结合具有积极的推动作用。相信贵校一定能够在跨世纪发展的历史进程中，坚持教育改革发展的正确方向，继续发挥科技兴×（具体省的简称）、科技兴×（具体市的简称）的生力军作用，不断开创人才培养、知识创新的新局面，为我省、我市改革开放和现代化建设提供更多的人才支持和知识贡献！ 预祝科技节圆满成功！ 中共××省委常委、××市委书记×××

6.6.6 贺信的写作要点与范本

1. 贺信的写作要点汇总表

表格名称	贺信的写作要点汇总表
贺信的概念	
贺信是表示庆祝的书信的总称。它是指行政机关、企事业单位、社会团体或个人向其他集体单位或个人表示祝贺的一种专用书信。今天贺信已成为表彰、赞扬、庆贺对方在某个方面所做贡献的一种常用形式，它还兼有表示慰问和赞扬的功能。	
贺信的写作格式	
标题	贺信的标题通常由文种名构成。如在第一行正中书写“贺信”二字。
称谓	顶格写明被祝贺单位或个人的名称或姓名。写给个人的，要在姓名后加上相应的礼仪名称如“同志”。称呼之后要用冒号。
正文	第一，结合当前的形势状况，说明对方取得成绩的大背景，或者某个重要会议召开的历史条件。
	第二，概括说明对方都在哪些方面取得了成绩，分析其成功的主观、客观原因。贺寿的贺信，要概括说明对方的贡献及他的宝贵品质。总之，这一部分是贺信的中心部分，一定要交待清祝贺的原因。
	第三，表示热烈的祝贺。要写出自己祝贺的心情，由衷地表达自己真诚的慰问和祝福。要写些鼓励的话，提出希望和共同理想。
结尾	结尾要写上祝愿的话。如“此致——敬礼”“祝争取更大的胜利”“祝您健康长寿”等 。
落款	写明发文的单位或个人的姓名、名称，并署上成文的时间。

2. 贺信的写作范本

贺信

尊敬的×××公司×××董事长并全体同仁：

欣闻×××药业公司成功改制为×××公司，这是×××发展历程中具有里程碑意义的大喜事。值此×××公司揭牌之际，×××公司董事长兼总经理×××携全体员工向×××公司×××董事长及全体同仁致以最热烈的祝贺！

×××公司诞生于革命战争年代，发展壮大于改革开放的新时代。具有××年革命光荣历史的×××公司秉承“×××，×××”的企业精神，解放思想，更新观念，抢抓机遇，求真务实，开拓进取，创造了一个又一个药业奇迹，为我国医药工业的发展和现代化建设做出了突出的贡献，成为国内医药界学习、尊敬和推崇的楷模。

×××药业有限公司改制为×××公司掀开了企业发展崭新的一页，也标志着×××公司向着现代化、国际化大公司又迈出了更加坚实的一步。我们坚信，在×××董事长及董事会的正确领导下，通过经营层和全体员工的不懈努力，贵公司必将迎来更加辉煌和灿烂的明天！

最后，借×××公司揭牌之际，衷心希望我们同心携手，进一步增进相互间的友谊，不断加强双方的合作，用智慧和双手创造我们更加美好的未来。

衷心祝愿×××公司蒸蒸日上，兴旺发达！

衷心祝愿贵公司全体员工身体健康，生活更加美好！

×××公司

××××年××月××日

- 行政公文处理规范
- 计划的写作要点汇总表
- 计划的写作范本
- 总结的写作要点汇总表
- 总结的写作范本
- 报告的写作要点汇总表
- 报告的写作范本
- 述职报告的写作要点汇总表
- 述职报告的写作范本
- 通知的写作要点汇总表
- 通知的写作范本
- 通报的写作要点汇总表
- 通报的写作范本
- 通告的写作要点汇总表
- 通告的写作范本
- 公告的写作要点汇总表
- 公告的写作范本
- 请示的写作要点汇总表
- 请示的写作范本
- 批复的写作要点汇总表
- 批复的写作范本
- 函的写作要点汇总表
- 函的写作范本
- 会议纪要的写作要点汇总表
- 会议纪要的写作范本
- 章程类文书的写作要点汇总表
- 章程类文书写作范本
- 制度的写作要点汇总表
- 制度的写作范本
- 规定的写作要点汇总表
- 规定的写作范本
- 细则的写作要点汇总表
- 细则的写作范本
- 办法的写作要点汇总表
- 办法的写作范本
- 请柬的写作要点汇总表
- 请柬的写作范本
- 聘书的写作要点与范本
- 聘书的写作范本
- 欢迎词的写作要点汇总表
- 欢迎词的写作范本
- 演讲稿的写作要点汇总表
- 演讲稿的写作范本
- 贺电的写作要点汇总表
- 贺电的写作范本
- 贺信的写作要点汇总表
- 贺信的写作范本